Stefan Welzk
Leipzig 1968
Unser Protest gegen die Kirchensprengung und seine Folgen

Schriftenreihe des Sächsischen Landesbeauftragten für die
Stasi-Unterlagen
Band 11

Folgende Bände sind erschienen:

Band 1   Achim Beyer: 130 Jahre Zuchthaus. Jugendwiderstand in der
             DDR und der Prozess gegen die »Werdauer Oberschüler« 1951,
             2003, 3. Auflage 2008, 112 Seiten, ISBN: 978-3-374-02070-6

Band 2   Regine Möbius: Panzer gegen die Freiheit. Zeitzeugen des 17. Juni
             1953 berichten, 2003, 176 Seiten, ISBN: 978-3-374-02084-3

Band 3   Lenore Lobeck: Die Schwarzenberg-Utopie. Geschichte und
             Legende im »Niemandsland«, 2004, 3. Auflage 2005, 192 Seiten,
             ISBN: 978-3-374-02231-1

Band 4   Jens Niederhut: Die Reisekader. Auswahl und Disziplinierung
             einer privilegierten Minderheit in der DDR, 2005, 152 Seiten,
             ISBN: 978-3-374-02339-4

Band 5   Jürgen Gottschalk: Druckstellen. Die Zerstörung einer Künstler-Bio-
             graphie durch die Stasi, 2006, 120 Seiten, ISBN: 978-3-374-02361-5

Band 6   Jörg Rudolph, Frank Drauschke und Alexander Sachse: Hinge-
             richtet in Moskau. Opfer des Stalinismus aus Sachsen 1950–1953,
             2007, 192 Seiten, ISBN: 978-3-374-02450-6

Band 7   Martin Jankowski: Der Tag, der Deutschland veränderte. 9. Oktober
             1989, 2007, 2. Auflage 2009, 176 Seiten, ISBN: 978-3-374-02506-0

Band 8   Jens Schöne: Das sozialistische Dorf. Bodenreform und Kollek-
             tivierung in der Sowjetzone und DDR, 2008, 2. Auflage 2011,
             176 Seiten, ISBN: 978-3-374-02595-4

Band 9   Hrg. von Sebastian Pflugbeil: Aufrecht im Gegenwind, Kinder
             von 89ern erinnern sich, 2010, 2. Auflage 2011, 400 Seiten, ISBN
             978-3-374-02802-3

Band 10 Thomas Mayer, Helden der Friedlichen Revolution. 18 Porträts
             von Wegbereitern aus Sachsen, 2009, 2. Auflage 2009, 160 Seiten,
             ISBN: 978-3-374-02712-5

Der Sächsische Landesbeauftragte für die Unterlagen des
Staatssicherheitsdienstes der ehemaligen DDR

Stefan Welzk

Leipzig 1968

Unser Protest gegen die Kirchensprengung und seine Folgen

EVANGELISCHE VERLAGSANSTALT
Leipzig

Die Deutsche Bibliothek – Bibliographische Informationen
Die Deutsche Bibliothek verzeichnet diese Publikation in der Deutschen
Nationalbibliographie; detaillierte bibliographische Daten sind im Internet
über ‹http://dnb.ddb.de› abrufbar

Gesamtgestaltung: behnelux gestaltung, Halle/Saale
Umschlagfoto: Archiv: Gudrun Vogel/Foto: Ullrich
Druck und Binden: Druckhaus Köthen GmbH

ISBN 978-3-374-02849-8
www.eva-leipzig.de
www.lstu-sachsen.de

Für Annerose, Günter und Charly,
die in der Haft schlimm gelitten haben.

Inhalt

Vorwort 11

Ausbruch 15
Kinder, Kader, Kommandeure –
Wirrungen eines politisch Frühreifen 20
Die Romantik der Resistance 25
Bitterfelder Impressionen 29
Die wunderbaren Jahre 34
Die Sprengung 51
Der Protest 59
Verfemt und überwacht –
Kontaktaufnahme zu einem Poeten 61
Kongresshalle tobt. Stasi im Jagdfieber 66
Navigare necesse est. Die Flucht 75
Türkische Sicherheit. Istanbuler Episoden 88
Drüben 100
Startversuche 106
APO 113
Traumzeit in der Denkfabrik 115
Fluchthunger 122
Zugriff. IM Boris Buch 125
Operativ-Vorgang Atom – »CIA-Agent von Weizsäcker« 132
Katastrophe 137
Honeckers staatsgefährdender Menschenhandel 140

»Alle Oppositionellen in die SED!« –
Stasi-Neurosen und Ermittlungsblockaden   142

Die Tragödie eskaliert   150

Vollzug   156

Verzweiflung   164

Entlassen   170

Forschungsversuche   177

Exkurs: Peter Huchel – das Wiedersehen   180

Sozialistischer Realfeudalismus –
paradoxe Modernisierungsfalle   185

Überlebt die Wohlstandsdemokratie?   189

»Am Grunde der Moldau wandern die Steine ...«   192

Wendeschauer   197

Tiefschlag   205

Bilanz   211

AN DIESER STELLE STAND DIE
UNIVERSITÄTSKIRCHE ST. PAULI
ERRICHTET ALS KIRCHE DES DOMINI-
KANERKLOSTERS WAR SIE SEIT 1543
EIGENTUM DER UNIVERSITÄT · SIE
ÜBERSTAND ALLE KRIEGE UNVERSEHRT

AM 30. MAI 1968
WURDE DIE UNIVERSITÄTSKIRCHE
—GESPRENGT—
DIESEN AKT DER WILLKÜR
VERHINDERTEN WEDER DIE
STADTVERORDNETEN
NOCH DIE LEIPZIGER
UNIVERSITÄT—
SIE WIDERSTANDEN NICHT DEM DRUCK
EINES DIKTATORISCHEN REGIMES

Gedenktafel zur Erinnerung an die Sprengung

Vorwort

»Ich habe [...] auch Steine geworfen. Allerdings auf sowjetische Panzer, die 1968, Richtung Prag, durch Zwickau rollten. Aber das hat im Westen keiner mitbekommen. Wir kannten die Bilder aus dem Westen, zum Beispiel dieses berühmte Spruchband ›Unter den Talaren Mief von tausend Jahren‹. Aber das Transparent, das im Juni 1968 in Leipzigs Kongresshalle runtergelassen wurde, das kennt im Westen niemand. [...] Was meinen Sie, was da los war, wie das provoziert hat. Aber die Bilder unseres Protestes landeten in den Archiven der Stasi, nicht in Zeitungsredaktionen.« So blickte der Bürgerrechtler und spätere Bundestagsabgeordnete Werner Schulz 2001 in einem Spiegel-Interview unter dem Titel »Ohne '68 kein '89« auf den Protest gegen die Kirchensprengung im Jahr 1968 zurück.

Das Jahr 1968, das in der Bundesrepublik gemeinhin mit den Studentenprotesten assoziiert wird, bedeutet für jene, die diese Zeit in der DDR erlebt haben, oft etwas ganz anderes. Neben dem Prager Frühling, der für viele ein Hoffnungszeichen war und vieles in Gang setzte, war der Protest gegen die Kirchensprengung, Jahre nach dem Mauerbau, in einer Zeit, in der sich die Machtstrukturen verfestigt hatten, in der es kaum öffentlich wahrnehmbaren Protest gab, ein Hoffnungszeichen, dass sich auch in der DDR Widerspruch und Gegenwehr gegen das übermächtig scheinende System regte. Die Plakataktion hatte Strahlkraft, gleichzeitig war sie nur die Spitze des Eisbergs. Die oppositionelle Protestkultur, die sich vielerorts in der DDR in alternativen Lesezirkeln, in Gesprächskreisen und Künstlergruppen auslebte, blieb meist im Verborgenen. Nur wenig davon drang an die Öffentlichkeit. Das Protestplakat blieb eine Ausnahme. Wollen wir heute etwas über jene politische Subkultur erfahren, bleiben die Erinnerungen der Beteiligten, oft nur die Stasi-Akten.

Stefan Welzk, einer der Hauptakteure des Kirchenprotestes, hat sich auf Spurensuche begeben und die damaligen Geschehnisse – ihre Vorboten und Folgen in die Gegenwart zurückgeholt. Er hat mit Beteiligten gesprochen, Akten studiert und die eigenen Erinnerungen zu Papier gebracht. Ihm ist es zu verdanken, dass wir in der vorliegenden Publikation einen atmosphärisch dichten Einblick in die 1950er und 1960er Jahre erhalten, dass wir einen Eindruck von der massiven politisch-ideologischen Umformung der Gesellschaft bekommen. Dank seiner Schilderungen erfahren wir von den vielfältigen Verweigerungstaktiken der aufmüpfigen Jugendlichen, vom Witz und Esprit ihrer Lebenshaltung, die schließlich auch in der mutigen Plakataktion Niederschlag fand. Wir werden hineingezogen in die Protestaktion, in die Vorbereitung und deren Geheimhaltung. Wir begeben uns mit dem Autor auf die Flucht in die Türkei übers Schwarze Meer und erfahren davon, wie der Neuanfang im Westen verlief. Stefan Welzk erzählt aber nicht nur von sich, sondern vor allem von denen, die später in den Fokus der Staatssicherheit gerieten und jahrelang unter Repressionen zu leiden hatten. Es wirkt beinahe wie eine makabre Kehrseite der erfolgreichen Aktion, dass die Hauptakteure des Protestes nie von der Staatssicherheit gefasst wurden, währenddessen dafür Freunde und Bekannte unter fadenscheinigen Vorwürfen stellvertretend zur Verantwortung gezogen wurden. Hätten die späteren Stasi-Ermittlungen nicht so fatale Folgen gehabt, so könnte man die Berichte über Stefan Welzk als Zentrum eines CIA-Schleusernetzwerkes heute als überzeichnete, nicht ernstzunehmende Phantastereien belustigt zur Seite legen. Bedauerlicherweise waren die Konsequenzen, die aus den Ermittlungen gezogen wurden, andere und die Folgen für die Betroffenen überaus schwerwiegend. Letztlich waren es inoffizielle Mitarbeiter der Staatssicherheit, die die entscheidenden Hinweise lieferten und die Verfolgungsmaschinerie in Gang setzten. Stefan Welzk zeigt minutiös, wie aus unbedachten Äußerungen und falschen Vertraulichkeiten Freunde belastet wurden und die Spur schließlich zu den Protagonisten des Protestes führte.

Das vorliegende Buch bietet einen Blick auf verschiedene Biografien, die sich im Jugendalter im subkulturellen Milieu überschnitten. Auch wenn die einzelnen Lebensgeschichten sich später in ganz unterschiedliche Richtungen entwickelten, entwickeln mussten, so ist ihnen allen die Sehnsucht nach Freiheit und ein wacher, widerständiger Geist eigen. Wie diese Lebenshaltung und die DDR-Prägung sich später im bundesdeutschen Alltag niederschlugen, welche Möglichkeiten und Grenzen es gab, zeigt Stefan Welzk auf spannende Weise. Dabei führt seine Betrachtung bis in die Gegenwart.

Nicht zuletzt ist die vorliegende Publikation auch ein Beitrag zu einem behutsamen Umgang mit Vergangenheit und eine Reflexion über die Deutungshoheit von Geschichte. Stefan Welzk zeigt auf eindrückliche Weise, dass sich nur in Verbindung von Aktenstudium und den persönlichen Erfahrungen der Beteiligten ein realitätsnahes Bild der Vergangenheit zeichnen lässt. Geschichte lässt sich nicht gegen, sondern nur mit den Hauptakteuren schreiben. Sobald bewusst verschiedene Komponenten ausgeklammert werden, entstehen Schieflagen, die für Beteiligte und Betroffene gravierende Folgen haben.

Es ist dem Autor zu danken, dass er sich dieser Herausforderung gestellt hat. Den Betroffenen ist zu danken, dass sie für Gespräche Zeit und Kraft gefunden haben, dass sie Dokumente und Fotos zur Verfügung gestellt haben. Ebenso ist der Bundesbeauftragten für die Stasi-Unterlagen, dem Universitätsarchiv Leipzig und dem Paulinerverein für die Unterstützung bei der Recherche zu danken.

Möge dieses Buch dazu beitragen, das Wissen über den Widerstand in der DDR facettenreicher zu machen. Fern jeder öffentlichen Wahrnehmung gab es Menschen, die widerstanden haben, die sich dem Mitmachen verweigert haben, die mit viel Lebenslust und Humor alternative Wege gegangen sind.

Widerstehen war möglich, doch oft war der Preis dafür sehr hoch!

Dr. Nancy Aris

Stellvertretende Sächsische Landesbeauftragte
für die Stasi-Unterlagen

Ausbruch

Da raus? Mit einem schon halb ramponierten Faltboot? In diese Wellen? Schwärzer konnte auch das Schwarze Meer nicht sein. Erst kurz vorm Strand brachen die hohen Schaumkronen seltsam hell aus dem Dunkel. Da draußen, Hunderte von Kilometern weg, die Türkei. Hinter uns die Stasi. Fingerabdrücke gab es zur Genüge. Es konnte nur eine Frage von Wochen sein. Es war mein Geburtstag. Tschornoje Morje – ein launiges, unberechenbares Teufelsmeer sei das, hatten mir Bulgaren gesagt. Morgen Abend also. Da war Neumond. Das versprach Unsichtbarkeit.

Das Faltboot war offenbar nicht fürs Meer gebaut, nicht für dieses Wetter. Bei Probefahrten hatten die kurzen, halbmeterhohen stoßartigen Wellen Nieten aus dem Holz des Gestänges gedrückt, Scharniere zerrissen. In einer Tankstelle hinterm Campingplatz hatten Harald und ich das Ganze mit viel Draht wieder zusammengeflickt. Es sah hanebüchen aus, doch die nächsten Probefahrten hielt das Konstrukt. Offenbar war es flexibler geworden gegen die Wellenstöße.

Ich hatte mich verquatscht. Kollegen im Akademie-Institut für Geomagnetismus in Potsdam hatten von einer unglaublichen Protestaktion gegen die Sprengung der gotischen Universitätskirche in der Woche zuvor in Leipzig erzählt. Ein Tuch mit Protestspruch und Kirchenbild habe sich in einem Konzertsaal oder einer Kirche beim Bedienen der Orgel gesenkt. Ich präzisierte: Das sei in der Kongresshalle gewesen, und nicht von der Orgel, sondern auf offener Bühne, vor den Augen von Ministern und Westjournalisten, vor deren Kameras, etwa zwei mal drei Meter, ein gelbes Tuch, mit schwarzen Strichen. Darauf die vor drei Wochen gesprengte, im Krieg unversehrt gebliebene Kirche, neben dem Dachreiter die Jahreszahl »1968« und ein Kreuz, unten in balkengroßen Lettern die Schrift »Wir FORDERN WIEDERAUFBAU!«.

Einer der Kollegen bei dieser Unterhaltung hatte das »Bonbon« am Revers, das ovale Parteiabzeichen, freilich ein schlichter, gutmütiger Typ, so schien es mir damals. Doch beflissen hat er als IM Omega seine Spitzelberichte geschrieben. Auch Treumann war im Raum, Rudolf Treumann. Sein Gesicht wurde aschfahl. Er hatte das Transparent gemalt, auf dem Fußboden meines Zimmers in Potsdam, nach einer Postkarte. Harald hatte den Zeitauslöser konstruiert und ich das Ganze dann über der Bühne der Kongresshalle in Leipzig angebracht. Nichts, so glaubte ich, war jetzt eben von mir gesagt worden, was nicht einer aus dem Publikum im Saal hätte sehen können. Und schließlich war ich Leipziger. Doch an dem Tag hatte ich gefehlt am Institut und meine Erzählweise war irgendwie auffallend gewesen, zu begeistert vielleicht und zugleich zu genau. Rudolf hatte zwei kleine Kinder. Ein Fluchtversuch kam für ihn damals nicht infrage. Niemand außer mir wusste von seiner Beteiligung. Und ich war mir sicher, zu sicher, im Ernstfall ihn nicht preiszugeben, zu behaupten, ich selbst hätte das Transparent gemalt. Wenn man so was machte in der DDR, hatte man irgendwie abgeschlossen. Folter in der Tradition von Stalins NKWD hielt ich für unwahrscheinlich in dieser Zeit und hoffte – sollte ich mich irren – auf eine Chance zum Ausstieg. Doch keiner kann wissen, was er letztlich im Stasi-Verhör preisgibt, bei noch so felsenfester Entschlossenheit zur heroischen Selbstaufgabe. Auch wenn sie physische Folter nicht mehr praktizieren sollten: wie man psychisch durch den Wolf gedreht wird und was dann nach Monaten oder Jahren an seelischer Substanz bleibt – war ich wirklich so vermessen, meiner selbst da sicher zu sein?

Gut, dass eine Flucht bereits angedacht war, seit langem schon, noch vor dem Aufkommen der Kongresshallenidee. Reisegenehmigungen, »Anlagen zum Visa-freien Reiseverkehr«, wie das DDR-amtlich hieß, hatte ich für Ungarn und Bulgarien seit Monaten schon im Schreibtisch. Diese Zettel

Reiseanlage für den angeblichen Sommerurlaub in der Volksrepublik Bulgarien

vergab man anstelle in einen Pass zu stempelnder Ausreisevisa. Denn Pässe pflegte die DDR ihren Insassen im Normalfall nicht auszuhändigen, wegen »Missbrauchsgefahr«. Beantragt hatte ich diese Genehmigungen mit getürkten Einladungsbriefen von nichtexistenten Freunden aus diesen Ländern, selbst von dort aus geschrieben im Jahr zuvor.

Wie ich war Harald Doktorand der Akademie in Potsdam, am Institut für Gravitationsforschung. Wir kannten uns schon vom Physikstudium und von unseren subversiv-subkulturellen Abenden in Leipzig. Er war mit der Faltboot-Idee gekommen, ein paar Wochen vorher. Seit Jahren schon besaß er das Boot, mit aufsetzbarem Mini-Motor, Besegelung und Seitenschwertern, hatte lange Fahrten auf der Weichsel und auf Binnenseen hinter sich. Aufs Meer, auf die Ostsee, durfte man nicht mit einem Faltboot. Das galt schon in unmittelbarer

Strandnähe als versuchte Republikflucht. Und wie eine ferne Straßenbeleuchtung sah man nachts auf Rügen und dem Darß vom Strand die Lichterkette der Wachboote.

Ursprünglich hatte ich über die Ostsee schwimmen wollen, zumindest die 17 Kilometer zum Feuerschiff Gedser. Das war dänisch. Einen Schwimmer würden sie nachts nicht entdecken. Wenn Hochtrainierte den Kanal zwischen Calais und Dover schaffen, warum sollte ich nicht die halbe Entfernung in der milderen Ostsee bewältigen können? Voraussetzung war freilich ein Wärmeschutzanzug aus dem Westen. Den hatte ich noch nicht. Doch fast jeden Abend hatte ich trainiert, hatte im Seddiner See südlich von Potsdam meine Runden gezogen, im milden Dämmerlicht bis zur tiefen Dunkelheit. Die Fischer kannten mich schon alle, sprachen mich an aus ihren Booten. »Ich trainiere für eine Wette«, hatte ich sie beschieden. Doch ein Schulfreund, Seemann, Hochseefischer der DDR-Flotte, warnte eindringlich: Mehrere Zwangsschifffahrtswege kreuzten sich am Feuerschiff. Ich würde untergepflügt werden, ohne dass irgendjemand etwas bemerke. Die Schifffahrtsdichte dort sei zu hoch. Ausweichen wäre chancenlos, die Schiffe seien viel zu schnell. Ich hatte auch keine Ahnung, ob dieses Feuerschiff überhaupt bemannt war, und wenn, ob ich eine Chance hätte, hochzukommen aus dem Wasser, ob es da ständig eine erreichbare Leiter gab oder ob sie einen Schwimmer bemerken würden. Die Vorstellung, bis zum bitteren Ende ungesehen das Feuerschiff schwimmend zu umkreisen, war nicht erbaulich. Noch ein Gegenargument kam hinzu. Wer wegen versuchter Republikflucht verurteilt worden war, bekam keine Reisegenehmigung mehr in die sozialistischen Bruderländer. Also war es sinnvoll, zunächst einen Versuch über deren Grenzen zu wagen. Wenn das schiefginge, bliebe nach der Haft noch immer die Ostsee.

So war ich dankbar, als Harald vorschlug, es übers Schwarze Meer zu versuchen. In meiner Zeit als Hilfsassistent am mathematischen Institut der Universität Leipzig war er mir beim Korrigieren von Übungen als Hochbegabung aufgefallen und ich hatte Professoren auf ihn hingewiesen. Die Kongresshallen-Aktion hat uns dann zusammengeschweißt. Eng befreundet war ich lange schon mit seinem Cousin Günter Fritzsch, einem meiner Kommilitonen. Er hatte mich, den Atheisten, immer wieder mitgeschleppt zu Abenden der Studentengemeinde, wenn kulturelle und ideologische Konterbande geboten wurde. Unser eigener Kreis, 20 bis 30 ideologisch abtrünnige Gestalten, zunächst nur Physikstudenten, dann quer durch die Fakultäten, angewidert und gedemütigt von einer primitiv verlogenen Propaganda, traf sich seit langem in lockerer Regelmäßigkeit in wechselnden Wohnungen zu Lesungen gemeinhin nicht verfügbaren Schrifttums und zu Diskussionen: Milovan Djilas, Leszek Kołakowski, Robert Havemann, Pasternak und Solschenizyn, Camus, Sartre und Popper und die »Gruppe 47«. Kurzum, alles, was gebannt war, unerwünscht oder verboten, faszinierte. Wir lebten in provokanter Leichtfertigkeit. Wir verstanden uns klar als Gegenkultur. Der Kreis uferte aus. Politisch exponierte Pfarrer wurden zu Vorträgen eingeladen und Dozenten diverser Fakultäten. Am Rande waren die Abende zugleich Umschlagplätze für »Spiegel« und »Zeit« und was immer an verfemten Druck-Erzeugnissen so kursierte. Wenn um die 20 Personen gen Mitternacht sich die Treppen von Mietshäusern behutsam, doch unüberhörbar herunterbewegten, das musste doch längst aufgefallen sein, so dachten wir. Auch in meinem Fünfetagenhaus wohnten nicht wenige Regimetreue, die zu den einschlägigen Feiertagen flaggten. Doch in den Stasi-Akten fand sich später nicht der geringste Hinweis auf diese Abende. Die politisch brisanteren Gespräche beschränkten wir freilich auf einen engeren Kreis.

Kinder, Kader, Kommandeure –
Wirrungen eines politisch Frühreifen

Dann, 1968 die Kirchensprengung. Mit Kirche hatte ich zunächst wenig am Hut. Ich bin weder konfirmiert noch getauft. Früh ab sechs hatte meine Mutter an ihrem Volljährigkeitsgeburtstag einst am Standesamt angestanden, um auszutreten aus der Kirche. Noch immer erzählte sie von den Misshandlungen durch den Pfarrer im Religionsunterricht. Ihre erstaunten Fragen zu den Wundern in der Bibel wurden mit Schlägen des Lineals auf die ausgestreckt darzubietenden Finger bestraft. In redlicher Überzeugung hatte ich mich der sozialistischen Jugendweihe unterzogen. Mein Grundschulzeugnis fiel freilich derart dürftig aus, dass die Bewerbung auf einen Platz an der Oberschule gar nicht erst infrage kam. Unserer Mutter war ihr heißer Wunsch auf ein Studium versperrt geblieben. Aufgewachsen bei einer krankhaft geizigen Großmutter – Besitzerin von drei Mietshäusern im proletarischen Leipziger Osten, den Schrank halbvoll mit kleinen Säckchen gefüllt mit Goldmünzen – war sie dort fast verhungert und grausam misshandelt worden. Trotz eindringlicher Hausbesuche des Schulleiters hatte ihr diese Großmutter das Lyzeum verboten: »Die soll Strümpfe stopfen lernen!« Nun drohte ihr Traum, wenigstens ihre Kinder würden studieren können, an meinen miserablen Noten zu scheitern. Und so schrieb sie schließlich an Wilhelm Pieck, den Staatspräsidenten, kurz vor Beginn des Schuljahres. Mein Vergnügungsleben bei den Jungen Pionieren wurde zum politischen Engagement umgelogen. Bitterlich beklagte sie, dass sie selbst vorm Krieg als Arbeiterkind trotz Einsatz des Schuldirektors nicht hatte studieren dürfen und nun, in der neuen Ordnung, erleben müsse, dass ihr Sohn außen vor blieb. Die Aufnahmekommission habe meine frühe politische Reife nicht hinreichend gewürdigt, so befand bald die Präsidialkanzlei. Der Präsident setze hohe Erwartungen in meine politische Entwicklung. Ich denke, ich bin dem gerecht geworden. Ich durfte antreten an der »Karl-Marx-Oberschule«, einer Art Kaderschmiede fast. Sofort wurde ich, wohl dank der Zuweisung aus der Präsidialkanzlei, zum »Klassenkommandeur« ernannt und scheiterte kläglich. Es wurde mir bereits zum Ekel, zu jedem Stundenbeginn zu bellen: »Klasse 9b3 mit 26 Schülern zum Unterricht angetreten!« Vor Dimitrij Kalinskij, einem Ex-Militär, dann auch noch in Russisch, das wurde zur unüberwindbaren Barriere. Ich überredete eine Mitschülerin, zumindest für den Russisch-Unterricht diesen Part zu übernehmen. Diese Anstalt war durchzogen von einem »Kommandeursystem«. In jeder Klasse gab es einen Sportkommandeur, einen Schulspeisungskommandeur, einen Kulturkommandeur, vier wöchentlich rotierende Kommandeure fürs Allgemeine, die jeden Morgen vor Direktor und FDJ-Sekretär zum Befehlsempfang anzutreten hatten, und dann eben den Klassenkommandeur schlechthin.

>   »Heimat im sonnigen Kleide,
>   wagt es die feindliche Gier,
>   werden wir sieghaft dich hüten.
>   Heimat, das schwören wir Dir!«

grölten wir verdrossen zu den wöchentlichen Fahnenappellen vor uns hin. Und so schworen wir uns durch die Schuljahre, oder taten zum Appell dem Karl Marx huldigen, dem dergleichen wohl ein Gräuel gewesen wäre:

>   »Sein rotes Banner vor uns her
>   erstürmen wir den Sieg.
>   Der Friede schultert sein Gewehr
>   und schützt die Republik.«

Immerhin, das Gewehr mussten wir nicht schultern in diesen Schuljahren. Meinen Bruder Frank, fünf Jahre vor mir in die nämliche Anstalt geraten und dort alsbald Schulsprecher der FDJ, hatte ich noch sechzehnjährig mit Knarre über der Schulter beim Marschieren bewundern dürfen. Wir, in den späten 1950er Jahren, wurden nur noch mit Gleichschrittübungen und eben mit Kampfliedergegröle maltraitiert. Vom jährlichen Kampfliederwettbewerb der Schulklassen wurde ich freilich bald freigestellt. Die schrille Falschheit meiner Tonlagen brachte jeden Chor zum Scheitern. Das war keineswegs gewollt. Ich konnte einfach nicht singen. Eine Zeit lang musste ich noch dabeistehen und schweigend das Maul öffnen und schließen. Als sänge ich mit. Meinem Bruder war das Militärische, überhaupt eine straff geführte Gemeinschaft mit klarer Ideologie, weniger zuwider als mir. Und so blieb die Erinnerung an diesen vielversprechenden Kader, der sich nach dem Abi zur Offizierslaufbahn bei der Luftwaffe hatte gewinnen lassen, das Vorbild, mit dem ich von der Schulobrigkeit verachtungsvoll verglichen wurde.

Schon im zehnten Schuljahr wäre meine Oberschulzeit fast wieder zu Ende gewesen. Ich hatte mich mit dem Fahrrad nach West-Berlin aufgemacht, der Internationalen Bauausstellung im Tiergarten wegen. Den Stalinbarock in den Stadtzentren empfand ich als beleidigend und atmete bei Mies van der Rohe, Le Corbusier und all den lichtvollen Glas- und Stahlkonstrukten der wirklichen Moderne ein Lebensgefühl, das Weite und Raum verhieß. Ich schlief im Tiergarten im Gebüsch, dann in einer Turnhalle, und machte mich nach zwei Tagen auf den Rückweg. Leider fiel die linke Pedale ab, so dass ich die 178 Kilometer mit der einen verbliebenen Pedale runtertreten musste und einen Tag zu spät wieder in Leipzig auftauchte. Mein Vater hatte in der Schule irgendeine Entschuldigung zusammengelogen und wurde bei dieser Gelegenheit eindringlich gebeten, mich von dieser Anstalt zu entfernen. Ich sei nur an Clownerien interessiert und an Provokationen, würde penetrant und permanent stören, zöge jedwede Disziplin ins Lächerliche und das bei ziemlich dürftigen Leistungen. Vater war fast soweit, tieftraurig nachzugeben. Doch Mutter stellte sich empört und störrisch quer und sah die Probleme eher in der Lehrerschaft. Ich blieb. Entscheidend für die Bewerbung auf den gewünschten Studienplatz war schließlich erst das Zeugnis des elften Schuljahres.

Eine seltsame Gestalt schlurfte durch die Korridore dieser Schule, hinkend mit beiden Beinen, mit herabhängendem runden Glatzengesicht, formlosem Anzug und einer stets offenen schmuddeligen Aktentasche. Ich glaubte zunächst, ein Penner habe sich ins Gebäude verirrt, erfuhr aber bald, dass der Mann der Parteisekretär war und zudem in seinen Klassen beliebt, da verständnisvoll, milde und mit treffsicherem Sarkasmus. Gestapo-Verhöre hatten sein Nervensystem und seine Gesundheit ruiniert. Ganz anders der Direktor. Kerniges klares Auftreten. Mitglied der SED-Kreisleitung. Er hatte im spanischen Bürgerkrieg gekämpft, bei der Legion Kondor freilich, auf Seiten Francos. Ihm zur Seite die Vize-Direktorin, einst engagierte BDM-Führerin und dies hin und wieder unaufgefordert und reuevoll bekennend. Jetzt wollte sie das wiedergut- und alles richtig machen und tat im Grunde das Gleiche wie früher auch. Das Verhältnis zwischen diesen beiden und den Altkommunisten aus dem Widerstand war frostig.

Bei allem Angewidertsein von der Realität dieser »Republik« war die reine Lehre von der Selbstbefreiung der Arbeiterklasse und sonstiger Unterdrückter als historisches Gesetz doch von großer Faszination. Mit Fünfzehn hatte ich mich zum zwiespältigen Erstaunen von Lehrern durch das Kommunistische Manifest gegraben, ja dieses Papier gar von Seite eins an auswendig zu lernen versucht, dann einen »Zirkel Junger Sozialisten« in der Klasse gegründet, der sich die grandiosen

Gedankengebäude des dialektischen und historischen Materialismus vornehmen sollte, die faszinierende Entwicklungslogik von Natur und Gesellschaft, von der Urgemeinschaft bis zum Kommunismus, vom Einzeller über den Australopithecus bis zum Parteisekretär, der kraft seiner Einsicht in die historischen Gesetzmäßigkeiten zum Subjekt der Geschichte wird, statt deren Spielball zu bleiben. Mit gequältem Opportunismus hatten sich die Mitschüler diesem Jungsozialistenzirkel allesamt angeschlossen, der politischen Beurteilung für einen Studienplatz wegen. Der Klassenlehrer dozierte dort und beauftragte mich mit dem Führen einer Anwesenheitsliste. Dieser Lehrer, Karl-Heinz Dost, ursprünglich Drucker, war eine redliche Haut. In der Nazizeit hatte er wegen kommunistischer Widerstandsarbeit, Flugblättern und dergleichen, im Zuchthaus Waldheim eingesessen, gemeinsam mit dem 1945 hingerichteten Georg Schumann, einer der eindrucksvollsten Gestalten des Widerstandes. Er war dann ins berüchtigte Strafbataillon 999 geschickt worden und in amerikanische Gefangenschaft geraten. Nach dem Krieg wurde er Schulleiter, wurde jedoch gefeuert, weil er sich weigerte, Zensuren von Arbeiterkindern willkürlich heraufzusetzen. Nach Stalins Tod versuchte man, ihn mit der Würdigung als »Verdienter Lehrer des Volkes« und mit der Versetzung in die Oberschule für die erlittene Schmach zu entschädigen.

Zum Eklat zwischen ihm und mir kam es, als ich mich weigerte, die Anwesenheitsliste dieses Jungsozialistenzirkels für seine politischen Willfährigkeitsbenotungen rauszurücken, als die Bewerbungen um Studienplätze anstanden. Politischer Opportunismus der Karriere wegen verdiene keine Belohnung, befand ich. Nach lautstarker Auseinandersetzung hatte er diese Weigerung schließlich geschluckt, vielleicht auch eingesehen, und auf die Anwesenheitsliste verzichtet. Ein konformer Durchschnittsgenosse war Dost weiß Gott nicht. So hielt er der Klasse an einem Abend einen ausführlichen, ziemlich konkreten sexuellen Aufklärungsvortrag. In der DDR der 1950er Jahre war dergleichen schier unvorstellbar.

In fast lustvoll ausgetragene Kontroversen mit diesem »Verdienten Lehrer des Volkes« geriet ich nicht selten. So wurde damals in der DDR Zahlenlotto eingeführt. Ich empörte mich, dass damit die Erziehung zum sozialistischen Bewusstsein sabotiert würde. Deren entscheidendes Moment sei es doch gerade, nicht auf Gewinn aus zu sein, weder an der Börse noch im Glücksspiel, sondern auf redlichen Lohn für redliche Arbeit. Dost hielt entgegen, es würden doch nur sehr wenige so viel gewinnen, dass sie nicht mehr arbeiten müssten. Ja, hielt ich dagegen, aber bei Millionen werde der Wunsch erzeugt, Geld ohne Arbeit zu erlangen, Ansprüche ohne Gegenleistung. Und das sei das Gegenteil einer sozialistischen Erziehung. In Dosts Notizbuch, er hatte es einmal auf dem Pult vergessen, fand ich unter meinem Namen die Worte »verschroben, eigenbrötlerisch, leicht trottelig«. Immerhin war er nach dem Abitur bereit, für meinen Eintritt in die Partei zu bürgen, schließlich musste jeder Kandidat für die SED zwei Parteimitglieder als Bürgen vorweisen. Zu diesem Aufnahmeantrag kam es dann schließlich doch nicht. Gut ein Jahrzehnt später habe ich ihm dann eine Postkarte aus London geschickt, mit dem Bild des Grabes von Karl Marx.

Die Romantik der Resistance

Ungeachtet meiner frühen Umtriebigkeit mit marxistischen Sichtweisen hatte ich so im Alter von 16 Jahren eine illegale Gruppe gebildet, mit Freunden aus der Grundschulzeit und deren Freunden. OED, »Organisation Einheitliches Deutschland«, nannten wir uns bescheiden. So rund ein Dutzend waren wir. Ich war fasziniert vom Heldentum und der Romantik kommunistischer Resistance in der Nazizeit, wie sie in Filmen und Geschichtsunterricht nachzuerleben waren. Die Versuchung, dem nachzueifern, wurde unwiderstehlich. In einer Diktatur lebten wir schließlich auch und im Unterschied zur Nazizeit war die der überwältigenden Mehrheit im Volke verhasst. So etwas wie ein Programm, auch nur eine klare politische Absicht, das gab es freilich nicht. Immerhin, zu einer brisanten Aktion war es dann doch gekommen. Das war wohl 1959, Berlin war noch offen. Es gab neue, scharfe Einschränkungen für Reisen nach Westdeutschland. Mit Farbeimer und Pinsel zogen wir zu dritt am spätdunklen Abend in den Pausenhof meiner Karl-Marx-Oberschule. »WEG MIT DEM VERBOT VON WESTREISEN!« pinselten wir an das backsteinrote Gemäuer. Ich hörte durch das Turnhallentor hindurch das Gebell des Sportlehrers, der mit irgendwelchen Trainingsgruppen zu Gange war, die Knie zitterten und mir wurde flau im Magen. Das Absurde war, dass ich überhaupt niemanden kannte in Westdeutschland und keinerlei Absicht hatte, dorthin zu reisen. Wir wollten halt Resistance spielen. Wir versuchten in der gleichen Nacht noch die Mauern zweier anderer Oberschulen zu beschriften, kamen aber unserer wachsenden Angst wegen über einige unleserliche Krakel nicht hinaus, zogen kälteklamm nach Hause und versenkten unterwegs in Mülleimern Handschuhe, Farbe und Pinsel.

Am nächsten Tag in der großen Pause prozessierte die gesamte Schülerschaft an unserer Losung vorbei und unser urkommunistischer Klassenlehrer posierte davor wie ein verbissener Wachtposten. »Das ward doch ihr und Dost hält Wache!«, kam Arnd Ballin grinsend auf mich zu, ein Klassengefährte, doch weit älter als wir. Seine Tuberkulose hatte ihn für zwei Jahre in eine Mottenburg verbannt. Er war ein belesener Kenner der »bürgerlichen Dekadenz« und vor allem der West-Berliner Kino- und Theaterwelt. »Halt um Himmels Willen die Schnauze!«, raunzte ich ihn an. Am Abend zuvor, als wir die Schule verließen, war uns auf dem Korridor der FDJ-Sekretär der Schule entgegengekommen, ultralinientreu und späterer Topkader. Doch gedankenverloren hatte er uns wohl nicht wahrgenommen. Acht Verdächtige wurden von Stasi und Lehrerkollegium aufgelistet und dieser Kreis dann auf neun erweitert, erzählte mir die Kunstlehrerin. Ich war nicht darunter. Die Ermittlungen liefen ins Leere. Doch unsere »OED« vergaßen wir dann bald. Denn über die Konsequenzen für unsere Lebenschancen und für unsere Eltern, sollten die Staatsorgane fündig werden, waren wir uns völlig im Klaren.

Nach dem Ableben des Vaters aller Werktätigen und weisen Führers der Arbeiterklasse hatte sich das Regime zu einer Art Stalinismus mit fast menschlichem Antlitz entschärft. 1958 war wieder eine »Wahl« zur »Volkskammer« fällig. Diesem Wahlkrampf ging jeweils eine Art Wahlkampf voraus, freilich ohne Opposition. Über nicht wenige Wochen wurde das Land zugekleistert mit Transparenten und Plakaten und Tag für Tag wuchs in den Zeitungen die Zahl von Deklarationen, in denen Hausgemeinschaften oder Brigaden gelobten, gemeinsam bis zehn Uhr morgens zur Wahl zu gehen und offen für die Kandidaten der Nationalen Front zu stimmen. Doch offen abgestimmt werden musste ja sowieso. Im Volk kochte ob dieser Demütigung die gleißende Wut und das Regime scheute nicht Aufwand noch Kosten, um die ansonsten leidlich resignierten Massen zur Weißglut zu bringen.

Als diesmal der Wahltag nahte, organisierte ich in der Klasse eine Wette über den Wahlausgang. Jeder zahlte eine Mark und trug in einer Liste ein, welches Resultat von ihm erwartet wurde. Wer dem offiziellen Ergebnis am nächsten kam, erhielt die gesamte Knete. 99,83 %, 99,915 %, 99,94 % wurden gelistet. Die gesamte Schule genoss mit Häme diese Verhöhnung des Wahlspektakels. Einen hatten wir in der Klasse, der wegen seines hochgestellten Vaters schon vor dem

Mit Pauken und Trompeten zur Volkskammerwahl 1958

vorgeschriebenen Mindestalter von 18 Jahren in die Partei aufgenommen worden war. Doch seinen Hang zum Sarkasmus konnte er nicht bändigen. Und so wettete er auf ein Ergebnis von 100,14 %. Dafür wäre er um ein Haar wieder aus der SED rausgeflogen. Diese Wahlwette war unübersehbar auch für jeden aus der Lehrerschaft eine Unverfrorenheit. Die Farce dieser Volkskammerwahl wurde öffentlich vorgeführt. Unter Stalin wäre man dafür einfach abgeholt worden und für ein paar Jahre oder für immer verschwunden, ohne genaue Begründung, vielleicht wegen Hetze oder einfach so. Ein Anruf hätte genügt. Das ging nicht mehr. Um gegen mich vorzugehen, hätte man einräumen müssen, dass dies keine richtige Wahl war. Und genau das war unmöglich. Zu einer karriereschädlichen Notiz in der Kaderakte freilich kann es schon gekommen sein.

Bitterfelder Impressionen

Nach dem Abi als Chemiearbeiter in Bitterfeld oder zwei Jahre Dienst im »schmucken Waffenrock« der Nationalen Volksarmee? Das war Bedingung, wollte man Chemie studieren, Wehrpflicht gab es noch nicht, die kam aus guten Gründen erst nach dem Mauerbau. Deshalb ließ man sich Einiges einfallen, um diese Armee zu füllen. Ich entschied mich für die erste Variante. Bitterfeld: zahllose backsteinerne Bauten, mit einer Patina von Schäbigkeit, vielfach verbunden mit Kabeln, Leitungen und Rohren, manche meterdick, fast alles offenbar Erbmasse aus vorsozialistischen Zeiten. Das Terrain durchzogen von Bahngleisen, verdreckten Straßen, zwischen Haufen von Abfall, Schrott, Gerümpel, Kohle, Kalk und sonstigen Rohstoffen. Daneben Tagebau und Aluminiumfabrik. Nördlich davon Film- und Farbenfabrik Agfa Wolfen. Die Felder ringsum hatte das Kombinat aufgekauft, denn Brauchbares wuchs da nicht mehr. Und gelbbraun hing über dem riesigen Gelände die Wolke aus Stickstoffdioxyd, das ungefiltert aus den Schloten quoll und über den gesamten Himmel eine giftige, nihilistische Atmosphäre breitete. Eine Industrielandschaft wie aus einem Albtraum, ein Panorama von Tristesse und Lebensfeindlichkeit.

Im Titanweißbetrieb: Überall Lachen von Salzsäure, grüngelb, auf den Böden neben den schweren, frühindustriell anmutenden Filterpressen, auf den eisernen Treppenstufen. Und von denen tropfte oder rieselte sie herunter ins Erdgeschoss. Säurefeste Kleidung aus Asbest, säurefeste Kappe. Der tägliche Ekel, sich mit drecksteifen Fußlappen in die Gummistiefel zu zwängen. Überall Salzsäurenebel. Ein Atemschwamm vor dem Mund sollte schützen. Doch in dem schlug sich die Atemfeuchtigkeit nieder und darin löste sich der Säurenebel. Ständig schmierte man sich deshalb Salzsäure ums Maul. Viele der Fensterscheiben waren

Bitterfeld Ende der 1950er Jahre

zerbrochen. Deshalb zog zumindest einiges vom Säurenebel ab nach draußen.

Schichtbetrieb, werktags drei, sonntags zwei Schichten, die zu zwölf Stunden, dafür jeden dritten Sonntag frei. Jede Woche Schichtwechsel. Frauen im Dreischichtbetrieb sahen etwa zehn Jahre älter aus als sie waren. Früh um drei klingelte Zu Hause in Leipzig der Wecker. Vier Uhr dreizehn fuhr vom Hauptbahnhof der Doppelstockzug nach Bitterfeld, rappelvoll stets. Den musste ich nehmen, um den Schichtwechsel um fünf Uhr dreißig zu schaffen. Wie von einem Sog erfasst, zogen in Dunkelheit oder Morgengrauen die Kolonnen vom Bahnhof zum einen Kilometer entfernten Werktor und verloren sich dahinter im grauen Gelände. Nach drei Monaten kapitulierte ich vor diesem Tagesrhythmus, verlegte meinen Schlafplatz nach Bitterfeld und bezog ein ansonsten leeres Vierbettzimmer im »Haus des Friedens«, in der »Straße der Technik«, Querstraße der »Straße der Nationen«, einem Barackenlager, Pullenkloster genannt. Sonntagabends lag man in den Fenstern und erbaute sich daran, wie die Polizei die Besoffenen angeschleppt brachte, auf dass sie am nächsten Morgen wieder an die Produktionsfront wanken konnten.

Die Arbeit war hart. Die Belegschaft, jede Schicht rund ein Dutzend Leute, bestand zum Teil aus Ex-Häftlingen auf Bewährung. Es war ihnen vorzeitige Entlassung angeboten worden, wenn sie einwilligten, einige Jahre in diesem Betrieb zu arbeiten. Sie durften die Fabrik nicht sehen, bevor sie unterschrieben hatten. Andere Kollegen waren wegen Fehlverhaltens für ein oder zwei Jahre zur Bewährung in die Produktion geschickt worden, darunter ein Lehrer, Alkoholiker. Ich verdanke ihm gute Gespräche über Kunst und Literatur des Nachts, wenn wir mit kundigem Griff den Fahrstuhl lahmgelegt und Ruhe hatten. Denn ohne den schweren, uralten Fahrstuhl konnte der Rohstoff, eine schwarze, humusartige, schwere Masse, nicht zu den Kesseln gebracht werden und die Produktion stand. Wir labten uns an Rilke, Benn und Georg Heym. »Verfall, Verflammen, Verfehlen in toxischen Sphären kalt« kommentierten wir mit Gottfried Benn die Industrieruine im Salzsäurenebel, in der wir zu klägen hatten. »Klägen« war im Anhaltinischen der abfällige Ausdruck für Schuften. Die Arbeit hieß »die Mistkläge«. Der Lehrer versah mich mit Kunst- und Kulturtheorie aus seinem Bücherschrank. Er schien mir nicht so unglücklich zu sein wie vordem in seinem Lehrerdasein; er musste sich hier seelisch weniger verbiegen. War er zu blau, legten wir ihn in eine Ecke und versuchten, ein Auge darauf zu haben, dass er nicht in einen Kessel mit kochender Säure stürzt.

Gelbgrün und noch hochkonzentriert floss die Salzsäure ab aus dem Titanweißbetrieb, in einem schmalen Kanal. Einer der Jobs war es, da Kalk reinzuschippen, um diese Brühe zu neutralisieren, bevor sie sich, nicht weit weg, in den Muldefluss ergoss. So fünfzehn Meter vom Kalkhaufen entfernt stand ein Messgerät, eine Sonde. Die zeichnete den Säuregrad im Abfluss auf. Ich schaffte es einfach nicht, von meiner Kraft her, da soviel Kalk reinzuschippen, dass der Messzeiger in die Nähe des Sollwertes kam. »Mach es doch wie die anderen«, sagten die Kollegen. »Kipp einfach eine Schippe Kalk direkt vor die Messsonde.«

Nach drei Monaten war es mir gelungen, mich mit Hilfe eines betriebsärztlichen Attestes wegversetzen zu lassen, wegen der Salzsäureempfindlichkeit meiner Haut. Ich fühlte mich schäbig, wie ein Verräter gegenüber denen, die ich zurückließ. »Warum sind Sie denn so aufgeregt?«, fragte der Direktor des Titanweißbetriebes, als ich das Attest in seinem Büro abgab. Doch mit achtzehn ein Jahr lang Salzsäurenebel zu atmen, da graute es mir doch vor Spätfolgen.

Der neue Job war leicht, in einer Entwicklungsabteilung. Endlos wurde eine etwa zehn Meter hohe Ofenanlage getestet, soweit ich mich erinnere, zur elektrolytischen Magnesiumproduktion. In einem anderen Teil dieser Halle wurden Zirkonverbindungen hergestellt. Das Ganze roch verflucht giftig, war hochexplosiv und mit dicken eisernen Sprengnetzen gesichert. Dahinter arbeiteten nur junge Vietnamesen, die zur Ausbildung in die DDR delegiert worden waren. Für die bisweilen vorbeiziehenden Chlorgasschwaden stand »Chlorschnaps« in einem »Erste-Hilfe-Schrank« bereit, siebzigprozentiger Primasprit mit Anis. Doch es war kaum nachweisbar, dass irgendwann keine Chlorgaswolke vorbeigezogen war. Und so floss das Zeug in Strömen in die Kehlen, meist, aber nicht immer verdünnt, und nicht selten wankte man nach Schichtende eher zu seinem Spind, statt zu gehen. Wochen vor Weihnachten schon begann man, Schnaps ins Kombinat zu schmuggeln, denn in den Tagen kurz zuvor wurde am Werkstor auf Schnaps gefilzt. Ich verbrachte den Heiligabend allein in einer Zwölfstundenschicht am Kanalofen, hatte nur stündlich alle Messwerte zu kontrollieren und aufzuschreiben und Alarm zu geben, wenn irgendein Notventil fiel oder sonst was aus dem Ruder lief. Den ganzen »Malte Laurids Brigge« von Rilke konnte ich fast ungestört in dieser einen Nacht lesen.

Über dem Tor dieser Fabrik hing halbverwittert ein Transparent, wie immer weiß auf rot: »Unsere Solidarität gilt den streikenden dänischen Werftarbeitern.« Niemand wusste mehr, wann, wo und warum da mal gestreikt worden war. Doch was den bis dato einzigen Streik in diesem Kombinat betraf, am 17. Juni 1953 – davon erzählte man noch immer mit Feuer. Von den Fabriken des Kombinats erschien mir eine runtergekommener als die andere, und alles irgendwie noch wie provisorisch zusammengehalten. Vom Hexachlorcyclohexan-Betrieb fehlten nach Explosionen Dach und eine Außenwand. Dort klägten nur Knastentkommene, auf Bewährung entlassen, und Praktikanten wie ich. Der Kaliumpermanganat-Betrieb erinnerte mich an Horror-Bilder aus der frühen Industrialisierung in England. Ein Arbeiter neben mir konnte seinen Finger in das eine Nasenloch hineinstecken und zum anderen wieder heraus. Die Nasenscheidewand war weggefressen. Ich stellte mir vor, wie es in seiner Lunge aussah.

Chemie, das war meine Leidenschaft gewesen, sobald dieses Fach im Schulunterricht aufgetaucht war. Mein eigenes Labor zu Hause war kaum kleiner als das der Schule und barg auch Stoffe, die ich nie hätte haben dürfen, bis hin zu weißem Phosphor. Doch in Bitterfeld verging mir die Lust auf ein Dasein als Chemiker. In einem Freizeitkurs im Kombinat hatte ich zudem begriffen, dass ich schon als Laborant kläglich scheitern musste. Ich hatte nicht das Naturell, nicht die geringste Fähigkeit für milligrammgenaue Analysen. Präparate waren verbrannt, bevor ich sie wiegen konnte. Das feinfingerige Pipettengefummel war meine Sache nicht. Ich sei doch eher ein Mann des Geistes, sagte ich mir, und verabschiedete mich von meinem Traumberuf. Ich hatte auf meinem Baracken-Bett Hochschullehrbücher der Physik gelesen, begriff sie auf Anhieb, begriff, was in der Schule nie begreifbar gewesen war, begriff, dass ich dort so sehr an diesem Fach gelitten hatte, weil ich wohl der Einzige war, der gemerkt hat, dass er etwas nicht begriff. Ich wechselte zur Physik. Doch die hätte ich gleich nach dem Abi studieren können. War Bitterfeld ein verlorenes Jahr?

Trotz allem hatte ich irgendwann im Kombinat einen Aufnahmeantrag in die Partei eingehändigt, mit dem Argument gegenüber den entsetzten Freunden: Egal, ob die mit ihrer Grundidee richtig liegen oder nicht – verändern oder verhindern kann man kaum etwas, wenn man nicht dabei ist. Dass man sich von mir in diesem Fall zurückziehen würde, das war aus ihren Reaktionen schon spürbar. Dank des Himmels Fügung wurde dieser Antrag bis Studienbeginn zurückgestellt und dann vergessen.

Die wunderbaren Jahre

Vom Mauerbau selbst war ich zunächst weder überrascht noch schockiert. Noch am 12. August war ich vom Zelten in Mecklenburg kommend mit der S-Bahn durch West-Berlin gerollt und hatte mich zuvor gewundert über die endlosen Militärtransporte an der Eisenbahnstrecke Richtung Berlin. Das müssen auch die Amerikaner gesehen haben, die von den Luftkorridoren her die DDR observierten. Es war offenkundig,

Die Propaganda überzieht das ganze Land: Bitterfeld am 29. August 1961

dass die DDR nicht aufrechterhalten werden konnte, wenn Berlin offen blieb. Die Fluchtzahlen, dieser tägliche Schwund in Fabriken, Verwaltungen und Krankenhäusern, das war für eine moderne hocharbeitsteilige Wirtschaft nicht verkraftbar. Doch angewidert von dem faschistoiden Gebaren des Regimes in den Monaten nach dem Dichtmachen der Grenze verwandelte ich mich im Zeitraffer zum Opponenten und Dauerprovokateur. Schon das Propagandagedröhne in den Tagen nach dem Abriegeln West-Berlins bot einen neuen Grad an Widerwärtigkeit. »Am 13. August, da schlossen wir die Grenze und keiner hat's gewusst!«, grölten Kampfgruppenchöre im Rundfunk. »Der 13. August, was war das für ne Lust!« und »Klappe zu, Affe tot« wurde in anderen Tonschöpfungen geschmettert.

Studenten, die in Versammlungen eine kritische Lippe zu Details des aktuellen Vorgehens gewagt hatten, bekamen das FDJ-Hemd heruntergerissen und kamen blutig nach Hause, waren sofort von der Uni gefeuert und fanden sich bald darauf, nach Einführung der Wehrpflicht, in der Armee wieder. Eines dieser Opfer lernte ich drei Jahre später auf dem Kartoffelacker beim Dorfe Pilgram kennen. Eberhard Zeidler hatte den Professoren als der begabteste Mathematikstudent seit Kriegsende gegolten. Als Mitglied der FDJ-Kreisleitung wurde er aufgefordert, den Mauerbau in einer Resolution zu unterstützen. Er hielt entgegen, Schüsse auf Zivilisten könne er nicht rechtfertigen. Er bekam zu hören, er stelle sich mit Eichmann auf eine Stufe. Seine Antwort: »In SA-Manier diskutiere ich nicht!«. Auch er, so wurde mir erzählt, wurde zusammengeschlagen. Nach einem Jahr in der Produktion und zwei Jahren Volksarmee wurde ihm schließlich eine Chance zur universitären Resozialisierung gewährt. Als ich in den 1990er Jahren wieder auf ihn traf, war er erster geschäftsführender Direktor des »Max-Planck-Institutes für Mathematik in den Naturwissenschaften« in Leipzig.

Mit einer hysterischen landesweiten Kampagne, der »Aktion Ochsenkopf«, wurden nur wenige Wochen nach dem Mauerbau Westantennen durch FDJ-Trupps von den Dächern geholt. Vorsorgliche Gemüter montierten sie selbst beizeiten ab und brachten sie unterm Dachstuhl wieder an. Jetzt *musste* sich jeder Studienanfänger freiwillig zur Armee melden. Wer sich weigerte, flog von der Uni und wurde von der kurz danach verhängten Wehrpflicht geholt. Die »Freiwilligen« blieben dann das Studium über verschont. Aber das konnte man vorher nicht wissen. Ich hatte bis dahin niemals die Absicht gehabt, »rüberzumachen«. Jetzt wollte ich weg. Meine schwer krebskranke Mutter begriff das, als sie bei meiner Abreise in den Ernteeinsatz einen ererbten Goldring an meiner Hand sah. Über ihre Angst, ich könnte abgeschossen werden, konnte ich nicht hinweg. Ich blieb.

Die Studienzeit war eine Lust und die Mathematik eine faszinierende Herausforderung. In die Regimefeindlichkeit wurde man geradezu hineingezwungen. Es war nicht die nur bescheidene Wirtschaftsleistung, die mich politisch polarisierte, und nicht die Kluft zum westdeutschen Lebensstandard. Dafür hatte ich Verständnis. Statt Marshallplan-Hilfe Demontagen und Reparationen, deren Berechtigung man den Russen nach diesem Krieg kaum bestreiten konnte, dazu eine schwache Rohstoffbasis und millionenfache »Republikflucht«, vor allem von großen Teilen der Intelligenz und des früheren Mittelstandes – das musste durchschlagen. Doch fast krank wurde ich von der Demütigung durch die Propaganda. Die musste nicht nur Tag für Tag ertragen werden. Hin und wieder hatte man sich zu diesem Kosmos der Verlogenheit zu bekennen, in den widerwärtigen »Wahl«-Prozeduren und in Vorbeimärschen an Ehrentribünen ohnehin, aber nicht selten eben auch mit Worten. War diese jedermann irgendwie abverlangte Entwürdigung durchdachte Strategie, Identität zu erodieren? Im Mathematik- und Physikstudium wurde ein Höchstmaß an wissenschaftlicher Redlichkeit und Präzision abverlangt. Doch im gesellschaftswissenschaftlichen Pflichtseminar mussten wir uns was anhören von der Verelendung des westdeutschen Proletariats, just im Zenit des Wirtschaftswunders. Und wer die für jedermann offenkundige Tatsache ausgesprochen hätte, dass der »Antifaschistische Schutzwall« kaum der Abwehr von Brandstiftern aus dem Westen diente, sondern errichtet war, um die Fluchtbewegung zu stoppen, der hatte Schlimmeres zu erwarten als nur die sofortige Exmatrikulation.

Tag für Tag lesen und hören zu müssen, wie das Volk seiner Obrigkeit zujubelt und aus vollem Herzen ihren Kurs unterstützt, wo doch die politische Wut und die Verachtung für dieses Regime rundum mit Händen zu greifen war, das ging auf Dauer schon irgendwie an die mentale Substanz. Die Kluft zwischen der Wirklichkeit, zwischen dem für jedermann Evidenten und dessen Bild in den Medien war grotesk. Fast nic hatte ich Nachrichtensendungen des DDR-Rundfunks gehört und ich kannte auch niemanden, der sich das antat. Es ging einfach nicht. Vorfristig oder übererfüllte Pläne in irgendwelchen Kombinaten, abgezwungene Selbstverpflichtungen von Brigaden zu Ehren von Parteitagen – wer opfert auch nur Sekunden seines Lebens, sich dieser informativen Ödnis auszusetzen? Die Wirklichkeit kam darin nicht vor. Man war schlicht gezwungen, Westsender zu hören, wollte man etwas von der Welt mitbekommen. Die Verlogenheit des Regimes war kriminell. So hatte ein Unglück im Steinkohlenbergbau im Raum Zwickau damals eine dreistellige Zahl von Toten gefordert. Studenten aus der Region erzählten, Kumpel krepierten da unten im Feuer, während der westdeutsche Grubenrettungsdienst mit seinem Gerät an der Grenze stehe und nicht reingelassen werde, damit die katastrophalen Sicherheitsbedingungen unter Tage nicht publik würden.

In dieser depressiven, politisch aussichtslosen Zeit brauchten wir dringend einen offenen Gesprächskreis, wo wir uns über all das austauschen konnten, was uns wirklich interessierte und was in der Regel zumindest kulturell subversiv war, über Literatur, Kunst, Philosophie und Wissenschaften, über all das Verdrängte, Verfemte und auch über Verhaltensweisen in der Auseinandersetzung mit dem tagespolitischen Agitprop, und wo wir reden konnten über die Abwehr der fast täglichen intellektuellen und politischen Demütigungen. Ab dem zweiten Semester traf sich bei mir wöchentlich zunächst eine Studiengruppe für nichtmarxistische Philosophie, acht Physikstudenten meines Jahrganges. Ein Theologiestudent höheren Semesters, bärtig, mit stechenden Augen und fasziniert wohl von Martin Heidegger, lehrte uns die Vorsokratiker mit der Eindringlichkeit und dem Sendungsbewusstsein eines Propheten. Später, viel später wohl, wurde er IM und, nach der Wende enttarnt, Gemüsehändler. Über diesen Kreis hat er meines Wissens nie berichtet.

Diese Runde uferte aus, in der Zahl der Teilnehmer ebenso wie in der Thematik, und es verschärfte sich die Brisanz der Gespräche. Rasch entstand damit auch im Studienjahr eine Clique arroganter Gestalten mit einem nicht zu bändigendem Hang zur Provokation. Lustvoll gaben wir uns der »politisch-ideologischen Diversion« hin, im Stasi-Jargon abgekürzt PID. Wir waren die fachliche Elite des Studienjahres. Das gab uns Autorität und auch etwas Sicherheit. Mein Kommilitone und Freund »Dutch« etwa, stets in den damals ideologisch geächteten Jeans und mit seiner Tasche von der PanAm im Hörsaal, war ein Großmeister im politischen Sarkasmus. Als wir in einem Telefonat ein Knacken vernahmen und es kurzzeitig leiser wurde, rief er mit warmer Stimme in die Leitung: »Und in diesem Moment begrüßen wir die Hörer vom Staatssicherheitsdienst, die soeben zu uns gestoßen sind.« Bei einer »Zeitungsschau«, wie sie bei Ernteeinsätzen verlangt wurden, bei der aus dem Neuen Deutschland die politischen Höhepunkte zusammengefasst wurden, erzählte er von den fantastischen Bildern, die von der amerikanischen Venus-Sonde gefunkt worden waren. Mahnend fügte er hinzu: »Genossen, wir dürfen aber nicht vergessen, dass die Mariner 2 den Weg zur Venus nur finden konnte, weil er ihr von der sowjetischen Sonde geebnet worden ist«. Doch die war wenig vorher spurlos in den Tiefen des Alls verschwunden.

Diese Ernteeinsätze waren bei aller Verpöntheit doch Höhepunkte studentischer Unbändigkeit und Provokation. Im vollen Speisesaal setzte ich mich dem Leitgenossen des Studienjahres, unverblümt »Stalin« genannt, gegenüber, hielt das Neue Deutschland in den Händen und fragte ihn vernehmlich: »Du, ist das Folgende nicht ziemlich übel?«, und zitierte einige Sätze über Kunst und Weltanschauung. Er verteidigte diese Sichtweisen entschlossen, bis ich ihm unter dem Gejohle der anderen sagte: »Du, das steht gar nicht im Neuen Deutschland. Das ist von Goebbels.« Auch wenn er es gewollt hätte, er konnte diese Provokation nicht denunzieren. Denn dann wäre aktenkundig geworden, dass er Goebbels nicht von der Kulturpolitik der SED zu unterscheiden vermocht hatte, was freilich auch objektiv nicht leicht war. Diese Anekdote lief um, nicht nur an der Uni. Ich hörte, wie sie sich zwei mir Unbekannte in der Straßenbahn erzählten.

Unsere Pflichtseminare zum Marxismus-Leninismus wurden geradezu zu Happenings. Arbeitsteilig lasen wir in der Deutschen Bücherei in Leipzig alte Partei- und sonstige Dokumente und trieben die Marxismus-Leninismus-Dozenten in die Enge, eine Dozentin immerhin soweit, dass sie heulend aus dem Seminarraum stürzte. Wir hatten mit Zitaten aus Dokumenten dargetan, dass die KPD bis zum Januar 1933 die Sozialdemokraten und nicht die Nazis zum Hauptfeind erklärt hatte. Zudem habe sie den Machtantritt Hitlers mitverursacht, weil sie 1925 bei der Reichspräsidentenwahl durch Aufstellung des völlig aussichtslosen Ernst Thälmann dem SPD-Kandidaten die entscheidenden Stimmen entzogen und damit Hindenburg ins Amt gebracht habe. Mehrfach wurden die Lehrkräfte für unsere Ideologie-Seminare ausgetauscht.

Im dritten Jahr befand man, eine konterrevolutionäre Situation sei entstanden. Damit wurde die Lage ernst. Wir hatten uns geweigert, die verlangten Kandidaten für die Wahl der FDJ-Leitung aufzustellen. Als die von oben nominiert wurden, schlugen wir zahlreiche andere Kandidaten zusätzlich vor. »Das geht nicht! So viele können nicht in die Leitung.« »Deshalb wird doch gewählt.« »Es darf nur im Block abgestimmt werden und es sind zu viele!« »Dann wählen wir im Block und stimmen vorher einzeln ab, wer im Block dann kandidieren darf.« Versammlung auf Versammlung wurde angeordnet. Schließlich wurde die verlangte FDJ-Leitung durchgesetzt, bei weiterem Widerstand wären wir wohl exmatrikuliert worden. Es gab eine letzte, repressive Vollversammlung, mit scharfen Tönen von höheren Funktionären im Präsidium, die als Gäste das Ganze fest im Griff hatten. Jedem war klar: Widerworte jetzt noch bedeuteten Exmatrikulation. Vor mir saß M., der »Stalin« des Studienjahres. Ich reichte ihm einen aufgeschlagenen Gedichtband, angestrichen die Hölderlin-Zeilen »Weh mir, woher nehm' ich, wenn es Winter ist, die Blumen und wo den Sonnenschein und Schatten der Erde? Die Mauern stehen sprachlos und kalt, im Winde klirren die Fahnen.« Er las und reichte das Buch schweigend zurück. In diesem letzten, demütigenden Meeting lutschte ich ein Stück Kupfervitriol, um mich zu erbrechen. Nach hörbarem Würgen mit überzeugendem Brechreiz kam einer vom Präsidium und legte mir mitfühlend nahe, nach Hause zu gehen, vor der Abstimmung. Ich spülte mir draußen den Mund und kam noch rechtzeitig ins »Capitol« zum Filmbeginn. Es lief »Das Urteil von Nürnberg«.

Namentlich wurden Günter Fritzsch und »Dutch« in der »Universitätszeitung« angegriffen. Günter glaube, Kommunismus sei Uniformierung des geistigen Lebens und mache sich damit zum Handlanger jener Kräfte in Westdeutschland, welche die Jugend blind machen, um sie für ihre verbrecherischen imperialistischen Raubkriege zu missbrauchen. »Dutch« fehle es an Optimismus, denn er »hat einfach noch nicht die objektiven Gesetzmäßigkeiten der gesellschaftlichen Entwicklung begriffen«: Günter hatte zudem die Unverfrorenheit besessen, sich von der Universität Uppsala Aufzeichnungen zu den sowjetischen Atombombentests schicken und dann auch noch seine Bestürzung über deren Ausmaß erkennen zu lassen.

Eine Frau aus der Bezirksparteileitung Leipzig übernahm unsere Marxismus-Leninismus-Seminare, der konterrevolutionären Situation wegen. Sie war intelligent und clever, erzählte politische Witze und unterteilte die Seminare mit Pausen, um uns in lockerer Unterhaltung auszuhorchen.

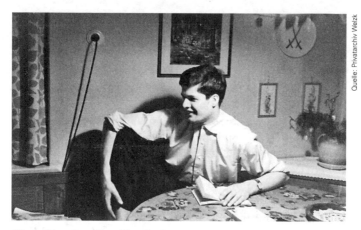

Günter Fritzsch während des Studiums

»Was lesen Sie denn so?« »Marx und Goethe.« Jeder hatte die Gefahr begriffen und wir schalteten um auf eine völlig überzogene, schon kabarettistische Linientreue, palaverten wie Schulungskader, lobhudelten das Politbüro und priesen die wirtschaftlichen Erfolge der DDR. Die Partei-Dame vergeudete ihre Zeit.

Bei einem der Ernteeinsätze kam es zum Streik. Ich war dagegen. Ein richtiger Streik war das auch nicht. Es war Sonntag und man wollte deshalb an diesem einen Tag nicht arbeiten. Doch wir waren erst am Vortag angereist und gleich am Anfang einen Ruhetag durchzusetzen, das sah nicht gut aus. Ich konnte den anderen noch ausreden, in die Nachbardörfer zu trotten und damit diesen »Streik« weiterzutragen. Am nächsten Morgen waren die Funktionäre der zentralen Einsatzleitung vor Ort, wütend, wortkarg und entschlossen durchzugreifen, wie Tschekisten, die im russischen Bürgerkrieg eine wankende Front halten müssen. Arbeitsverweigerung war gleich Streik und »Streik«, das war das Alarmsignal. Das kam in der Denke dieser Kader unmittelbar vor einem Aufstand. Für die war von vornherein klar, dass nur Günter Fritzsch und ich den Streik losgetreten haben konnten. Abreise! Wir seien von der Uni gefeuert. Keiner der Kommilitonen machte in dieser bedrückenden Versammlung den Mund auf und informierte, dass wir beide keineswegs diese sonntägliche Arbeitsverweigerung ausgelöst hatten – eine schon irgendwie prägende Erfahrung. Mit gepacktem Koffer in der Kreisstadt konnten wir erreichen, in einem anderen Dorf eingesetzt zu werden, um dort noch eine Bewährungschance zu bekommen, in Pilgram. Dort waren die Arbeitsergebnisse der Kartoffelbrigaden miserabel. Herzlich begrüßte uns dort der Einsatzleiter. Sie würden jetzt ranklotzen. Das könnten wir dann als unsere Leistung behaupten und so unsere Studienplätze hoffentlich retten.

Wir hatten eine gute Zeit in Pilgram, zwischen Pharmazie-Studentinnen und Mathematikern. Dort lernte ich Eberhard Zeidler kennen, jene nach dem 13. August 1961 unter Schlägen aus der Uni getriebene mathematische Hochbegabung, und auch Monika, später Frau des Pfarrers Christian Führer. Und ich stieß in Pilgram auf Charly, bürgerlich Karlheinz Niendorf, auch er begabter Mathematikstudent, lebenshungrig, weltoffen, genussfreudig, voller sublimen Sarkasmus und mit lyrischem Talent.

Ein Beispiel fantasiereicher Provokation war ein Fasching der Hochschule für Architektur in Dresden, 1965 wohl oder 1966, im »Haus Altmarkt«, dem ersten Haus der Gastronomie daselbst. Die Eintrittskarten waren verboten worden. Denn auf dem Teil der Karten, der abgerissen wird, stand deutlich »Abriss« und darunter ein Bild der 1945 ausgebrannten gotischen Sophienkirche. Deren restaurierbare Ruine war wenig vorher weggeräumt worden. Verboten wurden auch die Plakate, das meiste der Dekoration und von den elf Programmpunkten neun. Vor dem Haus wartete Bereitschaftspolizei in zwei Lkw. Gestalten der Stasi durchstreiften die Säle. Trotz ihrer Versuche, faschingsgemäß lässig auszuschauen, in lockerem Outfit, waren sie auch dem kaum geübten Auge mühelos erkennbar. Ich war kostümiert als Henker, mit großer roter Kapuze bis zum Gürtel, und trug auf dem Rücken ein gelbes Tuch mit der schwarzen Aufschrift »STIRB NICHT WAHLLOS! BENUTZE DIE STRAFVOLLZUGSOR-GANE!« Schließlich strömten alle in den größten Saal und die zwei nicht der Zensur zum Opfer gefallenen Darbietungen wurden aufgeführt. Dann sagte der Veranstaltungsleiter ins Mikrofon: »Die anderen neun Programmpunkte können wir leider nicht bringen. Wir singen dafür gemeinsam das Lied »We shall overcome!«. Das geschah dann mit Inbrunst. Das »Neue Deutschland« monierte hernach, dieses Lied dürfe sich in der DDR nicht zur Hymne auswachsen, es sei nicht zu vergessen, welchen konkreten historischen Umständen es zugehöre.

Ich schlug Freunden eine spontane Demonstration vor, gegen die Bombardements von Vietnam durch die USA, mit Losungen, gegen die der Staat nichts einwenden konnte. Damit sollte das Instrument spontaner Demos Akzeptanz erlangen. Die anderen hielten diese Idee für abwegig, wohl zu recht: »Da können wir gleich selbst zur ›Runden Ecke‹ ziehen!«, dem Sitz der Stasi. In unsere semi-subversiven Abende brachte ich die heikle Frage sinnvoller Strategien politischer Opposition ein und legte dazu ein Papier vor: Bisher besteht die Haltung der übergroßen Bevölkerungsmehrheit gegenüber dem Regime in einer Art hinhaltendem Boykott, in einer sich in Sarkasmus flüchtenden Passivität. Vom Abverlangten leistet man das Unvermeidbare und lehnt sich kaum kritisch aus dem Fenster. Das hat über Jahrzehnte nichts gebracht. Gestützt auf die sowjetischen Truppen und einer Minderheit von Mitläufern und Opportunisten gewinnt das Regime nach und nach an Boden. Der ziemlich lautlose Boykott der

Bevölkerung ist fast folgenlos und für das Regime sogar bequem. Denn recht leicht sind auf diese Weise Sympathisanten und Gegner unterscheidbar. Ein Strategiewechsel sei geboten. Jeder solle, soweit möglich, in die Partei eintreten, die verlangten Lippendienste ableisten und die jeweiligen Anweisungen und Vorgaben uminterpretieren, aufweichen und kreativ missverstehen. Gegen für das Regime existenznotwendige Entscheidungen Sturm zu laufen gefährde nur Handlungschancen und dazu die eigene Existenz. Ein Durchsickern von Partei und Apparat mit Andersgesinnten werde auch zu einer anderen Partei führen und eröffne Raum für einen Regimewechsel, sobald die politische Großwetterlage das zulässt. Wäre es nicht doch denkbar, dass Moskau ein stärkeres Interesse an liberalen und deshalb leistungs- und tributfähigeren Satelliten bekommen könnte als an Imitationen der sowjetischen Misere, sofern die Bündnistreue dieser Staaten gesichert bliebe und sei es durch Besatzungstruppen? – Die Freunde reagierten unerbaut. Ich hätte gut reden. Mich würde die Partei ohnehin nicht mehr nehmen angesichts meiner Kaderakte. Und jeder, der einträte, müsse alsbald als Verlässlichkeitsprüfung Spitzeldienste leisten. Unvermeidbar würde man sich mitschuldig machen, würde einbezogen in das Lügensystem des Regimes und seinen Repressionsapparat. Ich hielt entgegen, bei aller Unappetitlichkeit sei die DDR weder ein Auschwitz- oder Buchenwaldregime und in jenen 1960er Jahren auch kein Gulag-System. Das Risiko, sich in der Partei selbst zu verändern und das vielleicht stärker, als man selbst verändernd wirken würde, ließ mich jedoch unsicher werden.

Kurzum, meine Idee stieß kaum auf Sympathie. Ich sammelte mein Papier wieder ein und vernichtete es. Freilich war man dann in Prag und in späteren Jahrzehnten in Budapest wohl etwa einer solchen Hoffnung gefolgt. Doch es wäre abwegig, Kadar oder Dubček zu unterstellen, von vornherein mit der Absicht, die Partei aufzuweichen, ihr beigetreten zu sein. Rückblickend war es der Konflikt zwischen Haltungs- und Handlungsethik und mein »Programm« eine radikale Abkehr von bloßer Haltungsethik. Später, im Westen, am Forschungsinstitut der Europäischen Gemeinschaft in Florenz, lernte ich, dass Elite-Dissens eine notwendige Vorbedingung für den Sturz oder Kollaps einer jeden Diktatur ist. Das ist ein gesichertes empirisches Resultat der Politikwissenschaften. Solange die Cliquen an der Macht einig sind, den Repressionsapparat skrupellos und ohne Zögern einzusetzen, hat kein Volk eine Chance. Deshalb sind Spaltpilze im Apparat unverzichtbar. Die Stasi übrigens stand mir näher als die Freunde, was die Einschätzung der Chancen und der Gefährlichkeit einer solchen Strategie betraf.

Im letzten Studienjahr fand man schließlich einen formalen Anlass, gegen zwei Freunde und mich vorzugehen, wegen »Missachtung der FDJ«. Ein FDJ-Strafverfahren wurde angesetzt.

Es fanden sich Kommilitonen, bisher politisch eher unauffällig, die sich jetzt, wohl im Hinblick auf Karrierechancen, zu idiotischen und dazu noch falschen Vorwürfen bereit fanden, Vernachlässigung meiner Aufgabe als Kassierer der FDJ-Beiträge von den acht Studenten der theoretischen Physik unseres Jahrganges und dergleichen. Man entschied, keineswegs dürfe ich Einfluss auf Studenten haben und deshalb nach dem Studium auf keinen Fall an der Uni bleiben. Auch die angebahnte Promotion an der Akademie in Moskau wurde untersagt. Ich sei nicht würdig, die DDR im Ausland zu vertreten. Überraschend warnte mich ein Mitstudent, Sobotka, ein ansonsten engagierter Genosse. Den hatte ich unter Stasi-Verdacht und seine Seminargruppe gegen seine Wahl zum Sekretär aufgewiegelt. Ich hatte ihn immer gesehen als eine »Graue Eminenz des politischen Apparates«, die sich meist im Hintergrund hielt. »Sieh zu, dass du schnell fertig wirst. Die wollen dich feuern.« Und er fügte hinzu: »Andere sind viel reaktionärer

Leipzig, den 19. 11. 65

Gesellschaftliche Beurteilung für Jugendfreund Stefan Welzk
(Physik/Diplom V, Abt. Theorie) von der Studienjahresleitung
V. Studienjahr

1. Wie hat sich der Jugendfreund im letzten Jahr gesellschaftlich betätigt ?
   Jugendfreund Welzk bekam die Funktion des FDJ-Kassierers
   in der Abteilung theoretische Physik übertragen. In dieser
   Funktion arbeitete er nachlässig und zeigte keine Eigen-
   initiative.
   Der Student Alexander Heyn wurde in seiner Prüfungsvorbe-
   reitung vom Jugendfreund Welzk erfolgreich unterstützt.

2. Wie half der Student, die ideologischen Probleme, in der
   Gruppe zu klären ?
   Er half sehr wenig bei der Klärung ideologischer Probleme,
   sondern erschwerte häufig durch unsachliche Haarspaltereien
   die Diskussion.

3. Wie unterstützten die Studenten die Arbeit der FDJ-Leitung ?
   Die Studienjahresleitung und die Fachschaftsleitung spürte
   von ihm keine positive Aktivität.
   Jugendfreund Welzk fällt gegenüber den anderen Studenten,
   für die 80,-- MDN Leistungsstipendium beantragt wurden,
   in gesellschaftlicher Hinsicht stark ab, wodurch seine
   sehr guten fachlichen Leistungen nicht geschmälert werden
   sollen. Wir kennen Jugendfreund Welzk seit mehr als vier
   Jahren als einen Studenten, der die Verbandsarbeit nicht
   gerade fördert. Im letzten Jahr gab er uns keinen Anlaß,
   daß wir diese Meinungen berichtigen konnten.
Auf Grund seiner Arbeit mit dem Studenten Alexander Heyn
und seiner sehr guten fachlichen Leistungen halten wir die
Auszeichnung mit einem Leistungsstipendium in Höhe von
40,-- MDN für durchaus gerechtfertigt.

Parteigruppe   *FDJ-Leitung*

»Gesellschaftliche Beurteilung« für Stefan Welzk: die Klärung ideologischer
Probleme erschwerte er durch unsachliche Haarspaltereien

als Du. Die haben nur nicht soviel Mut.« Er hatte auch bei diesem »FDJ-Strafverfahren« dabeigesessen und sich dabei nur einmal mit den Worten gemeldet, das Verfahren leide unter Würdelosigkeit. Binnen Tagen war meine Diplomarbeit abgeschlossen, lichtpauskopiert, eingehändigt und vom Institutsdirektor Professor Heber bewertet, ein Semester vor der normalen Zeit. Ich saß bei ihm in der Abschlussprüfung, als das Telefon läutete. »Nein«, sagte er, »den können wir nicht mehr sperren. Der ist gerade fertig.« Ohne diesen rettenden Satz wäre mein Leben wohl sehr viel mühsamer verlaufen. Dennoch wurde mir das Diplomzeugnis vorenthalten, bis ein Disziplinarverfahren durchgezogen war und eine formale Rüge verhängt worden war.

Mein Vater sah mein Hindriften auf eine zunehmend radikale Regimefeindlichkeit mit wachsender Sorge. Allen Ernstes versuchte er mir den zynischen Spruch »Wes' Brot ich ess', des' Lied ich sing!« als moralisches Gebot abzuverlangen. »Dieser Staat hat dein Studium bezahlt. Also hast Du auch dessen Belange zu vertreten und nicht gegen ihn zu arbeiten!« Natürlich reagierte ich empört: »Dieser Staat der Arbeiter und Bauern ist bei denen verhasst. Er beutet sie schamlos aus. Aus deren Arbeit wird mein Studium bezahlt. Deshalb bin ich in der moralischen Pflicht, gegen das ihnen verhasste Regime anzugehen und nicht in der Pflicht, dieses Regime zu stützen.« Mein Vater war ja Realist. Er war alles andere als ein Sympathisant dieser Ordnung. Doch wir lebten in einem Regime, das ja von einer Supermacht installiert und abgesichert war und deshalb im eigenen Lande gar nicht gestürzt werden konnte. Wir hatten, so schien es, hier zu leben und würden in die Katastrophe geraten, wenn wir uns mit diesem Regime anlegten. Meine sozial gefällige politische Provokationssucht verwuchs sich wohl zur Verranntheit. Eine Freundin merkte an, meine einzigen Perspektiven seien wohl Knast oder Flucht. Dass dies nicht gerade die Zukunft ist, die sich eine Frau bei einem Lebenspartner wünschen kann, kam mir nicht so recht in den Sinn. Und mein Bruder sah durch mein Abgleiten in die Grauzone politischer Kriminalität nicht nur die eigene berufliche Zukunft gefährdet, sondern auch die in seinen Augen im Grunde gute Sache beschädigt. Sein Spruch »ich mache mich doch nicht zum Märtyrer für etwas, das sich in ein paar Jahren sowieso durchgesetzt hat« markierte freilich auch schon die Belastbarkeitsgrenzen seiner ideologischen Verlässlichkeit. Seine ostdeutsche Karriere endete 1989 als Professor für Maschinenbau in Mosambik, in einer ideologieunabhängig sinnvollen Arbeit, die er nach der Wende dort fortsetzen konnte, jetzt im Auftrag der bundesdeutschen GTZ, der Gesellschaft für Technische Zusammenarbeit.

Ausgesondert aus der Uni als politisch untragbar, bewarb ich mich als Externer an der sozialistischen Dichterschmiede, am Literaturinstitut Johannes R. Becher, in Leipzig. Nach Vorlage von Manuskripten, meist wohl ein spätexpressionistischer Schwulst, wurde ich zu meiner Überraschung zugelassen. Der durchaus lebendige Prosa-Kurs im Literaturinstitut lag in den Händen von Max Walter Schulz, Mitglied des ZK der SED und Autor eines linientreuen Romans mit dem Titel »Wir sind nicht Staub im Wind«. Das Lyrik-Seminar gab Georg Maurer, eine hünenhafte Gestalt, so an die sechzig, die ihre regimenahe Zwischenphase offenbar hinter sich gelassen hatte: »In den schweren Bewegungen des Traumes, wo das Bewusstsein mit ausgestochenen Augen lag...« Sozialistischer Realismus war das schon, doch in einem etwas anderen Sinn. Bei ihm lernte ich T. S. Eliot kennen, William Carlos Williams, Wystan Hugh Auden und Ezra Pound. Die offiziell geschätzte, die im Laden erhältliche Lyrik kam nicht vor. Ich war wohl einer der wenigen Arbeitslosen in der DDR jener Zeit, was ich tunlichst der öffentlichen Aufmerksamkeit vorzuenthalten bemüht war. Ich schlug mich durch mit Fachübersetzungen aus dem Russischen, dann mit einem Job beim

Rudolf Treumann im Jahr 1968

B. G. Teubner Verlag, den mir Professor Heber vermittelt hatte, bis dieser mir schließlich zu einer Doktorandenstelle am Institut für Geomagnetismus der Akademie der Wissenschaften in Potsdam verhelfen konnte.

Trickreich wurden die Einstellungsformalien in die Urlaubswochen der im Potsdamer Akademiebereich zuständigen Parteisekretärin gelegt. Rudolf Treumann, Lieblingsassistent des Institutschefs, sollte mich herumführen und bekannt machen. Er muss meine Unterlagen gekannt haben. Vor jeder Tür machte er mir klar, vor wem ich mich vorzusehen habe und vor wem nicht. »Die Zimmer sind ja hier sehr schön«, sagte ich. »Ja, die *Zimmer*«, antwortete Treumann. Wir hatten eine Traumzeit miteinander. Zum Frühstück trafen wir uns jeweils. Ich las meine seit dem Vortag geschriebene Prosa vor und er seine letzten Gedichte. Die handelten meist vom Garten Eden. Eines davon bestand nur aus zwei Zeilen: »Gibt es denn Gitter in Eden?/ Ach, nur Verzierung, ich weiß.«

Die Sprengung

Das Jahr 1968. Der Prager Frühling. Im gequälten China stieg das Fieber der Kulturrevolution, angeheizt von der Gattin des »Großen Steuermannes«, jenes »Leuchtturm des Weltgeistes«, so Giscard d'Estaing, und ihre inspirative Kraft schien bis zur Elbe und Pleiße hin auszustrahlen. Jahre zuvor die sektenhaft wirkenden chinesischen Studenten in Leipzig mit den Mao-Bibeln, in unseren Augen die ärmsten aller armen Schweine, die kaputtesten Seelen, aggressiv vor Angst. Nach einigen grotesken Diskussionsversuchen gaben wir es auf. Inzwischen waren sie abgezogen worden. Drüben der Pariser Mai und in West-Berlin die »APO«, die außerparlamentarische Opposition. Dem Regime ging, so schien es uns, der Arsch auf Grundeis. Der Ansturm auf Reisen nach Prag war enorm. Fast nur noch tschechische Kronen wurden an den Devisenschaltern der Staatsbank verlangt. Doch auch die anderen wurden hingeschickt. Erstaunt war ich, in den Hotels in Prag im Mai 1968 eine solche Zahl von Offizieren der ostdeutschen Armee zu sehen. Ein freier Sozialismus, ohne Zensur, Spitzel und Terror und eine in der Tat volkseigene Volkswirtschaft – das würde, wenn es gut läuft, auch das Westsystem infrage stellen können, wohingegen der real existierende Spätstalinismus abschreckend genug war und damit den Westen stabilisierte. Dubček, Svoboda – was da durchbrach im südöstlichen Nachbarstaat, das beherrschte die Mensa- und Kneipengespräche nicht nur in Leipzig. »Ein Frühling kommt selten allein«, hatte ich im Potsdamer Institut herumposaunt. Im Leipziger Kreis schlug ich Flugblätter vor, die sollten von Brücken und Häusern herabflattern und nur ein Wort wiedergeben: »PRAG«. So ein Text könne doch nicht strafbar sein, fantasierte ich. Die anderen sahen das anders. Wir kniffen.

Mao, Prag, Paris und die APO – in dieser Spannungsatmosphäre dann die Sprengung einer unversehrten sieben

Jahrhunderte alten gotischen Kirche im Stadtkern auf dem größten Platz von Leipzig? Dieser barbarische Akt war eine Herzensangelegenheit Walter Ulbrichts und eine politische Instinktlosigkeit sondergleichen. Zum einen fürchteten wir, Ulbricht und die Seinen wollten Maos Strategie der Kulturrevolution zu Teilen kopieren und einen kulturellen Extrem-Stalinismus in Ostdeutschland durchsetzen, für den diese Kirchensprengung der Testfall und Einstieg sei. Zum anderen war die Stimmung im Lande explosiv. Leicht konnte, so hofften wir, der Prager Freiheitsvirus überspringen. Vielleicht brauchte es nur einen Zündfunken, eine Ungeschicklichkeit des Regimes. Ich hielt diese Kirchen-Sprengung für einen schweren politischen Fehler und für riskant. Mit einem für DDR-Verhältnisse ungewöhnlichen Protest, so dachte ich, könnten Konflikte innerhalb der Führungsriege ausgelöst werden und Zweifel an der politischen Vernunft und am Realitätssinn Ulbrichts durchbrechen.

Das Augusteum – der alte halbzerbombte Universitätskomplex – und seine Kirche. Ernst Bloch, den hatte ich nicht mehr erlebt, 1961 war er weggegangen, doch Hans Mayer, der im großen, stets überfüllten Hörsaal 40 las, auch über die, die es offiziell nicht gab, so über die »Gruppe 47« und ihr Umfeld. Als einzigen Externen hatte er mich zu seinem Oberseminar zugelassen. »Diese Vorlesung von Hans Mayer, das ist der einzige Ort, wo ich wirklich gutes Deutsch zu hören bekomme«, befand mein bulgarischer Mitstudent und Freund Borislav. »Was haben die Joyce und Kafka und Frisch geleistet, dass er in seinen Büchern über sie schreibt? Fragen eines unbekannten Leipziger Arbeiters an einen bekannten Leipziger Literaturwissenschaftler.« – dies erschien 1962 unter dem Titel »Eine Lehrmeinung zuviel« in der Leipziger Volkszeitung. Dann war auch Hans Mayer weg. Er hatte einen Schweizer Pass, hieß es. Neben der halbausgebrannten klassizistischen Universität die Kirche, am früheren Augustus-, damaligen

Karl-Marx-Platz – eines der wenigen Bauwerke der Stadt von kulturhistorischem Wert, das den Dauerbombardements der Jahre 1943–45 entgangen war. Martin Luther hatte in ihren Mauern gepredigt und sie protestantisch geweiht. Bach hatte Kompositionen eigens für die Aufführung in diesem Hause geschaffen, so die Motette »Der Geist hilft unsrer Schwachheit auf«. Mendelssohn war hier ein und aus gegangen. Max Reger hatte ihre Orgel geliebt. Diese von Katholiken und Protestanten gemeinsam genutzte Kirche mit ihrer klaren angenehmen Akustik war nicht wegzudenken aus Leipzigs Musikleben. Sie war Heimstatt des renommierten Universitätschores. Hierher wurden wir im Kunstgeschichtsunterricht geführt, um an Raum, Säulenführung, Wandmalereien und Epitaphen den Sinn zu bilden. Wie oft hatte ich hier die Matthäuspassion gehört und dann Mozarts Requiem zum Tode von Johannes XXIII.

Gewiss, man hatte provoziert. Ein Pater Gordian, aus dem Westen gesandt, hatte hier Predigten gewagt, im prallvollen Hause, zu denen sich ein Ostdeutscher kaum verstiegen hätte. Und – alarmierend für das Regime – die Hörerschaft im Kirchenschiff und auf den Emporen ging weit über eine religiös motivierte Anhängerschaft hinaus. Da war das Bergwerksunglück von Lengede gewesen. Pater Gordian sprach von der wunderbaren Errettung der Spätentdeckten. Kein Wunder im theologischen Sinn, aber doch wunderbar. Und dann – vom fast Flüstern bis zum Brüllen sich steigernd: »Aber liebe Freunde, nicht nur elf, nicht nur elftausend, mehr als elf Millionen Menschen unseres Volkes sind noch eingesperrt in Nacht und Dunkelheit, lässt man nicht zu ihren Angehörigen, beraubt man ihrer Rechte.« Und dann, über einen Besuch auf der Wartburg sinnend, was Luther und die Elisabeth von Thüringen wohl sagen würden, träfen sie heute aufeinander: »Lasst uns endlich zusammengehen! Das gibt eine Kraft, die wird Mauern einstürzen lassen.« Dass so etwas nicht allerorts

Ansicht des Augustusplatzes mit abgesperrter Universitätskirche und
Augusteum vor der Sprengung

gut ankam, war klar. In Diktaturen bestimmter Art glaubt
man, alles bräche zusammen, wenn gewisse Wahrheiten, die
für jedermann evident sind, öffentlich ausgesprochen werden.

Doch dass mit derartigen Provokationen die Kirche selbst
diese Kirche zerstört habe, diese Sichtweise wäre nicht fair.
Es ist nicht bekannt, ob Predigten dieser Couleur überhaupt
beim Sprengungsbeschluss eine Rolle gespielt haben, 1968,
nach mehrjährigem Ringen. Vier Jahre zuvor war Kulturmi-
nister Hans Bentzien wegen seines Widerstandes gegen diese
Kirchensprengung gefeuert und durch Klaus Gysi ersetzt worden. Schreiben soll es gegeben haben an Ulbricht in dieser
Sache von Menuhin, vom Papst, von der Queen of England,
vom Bundespräsidenten und anderen. Am 24. Mai 1968
titelte die Leipziger Volkszeitung: »AUS VOLLEN HER-
ZEN FÜR EIN NEUES LEIPZIG/15. Tagung der Stadtverordneten gab Auftakt zu bedeutendem Abschnitt der

Die Universitätskirche in Leipzigs Mitte galt den Organisatoren von Propagandaveranstaltungen als störende Kulisse

Entwicklung / Neugestaltung des Stadtzentrums tritt in entscheidende Phase / Begeisterndes städtebauliches Projekt für Karl-Marx-Universität / 25geschossige Hochhausdominanten am Ring / Paul Fröhlich: Geschichte und Gegenwart der Stadt verpflichten zu kühnen erhabenen Lösungen / Leipzig wird schöner als je zuvor«. Kein Wort verlor man über die Kirchensprengung.

Ein einziger Stadtverordneter hatte gegen die »Abtragung von Altbausubstanz« am Karl-Marx-Platz gestimmt. So wurde diese Barbarei offiziell genannt. Es war Pfarrer Rausch, der für den Kulturbund im Stadtparlament saß. Er soll dort auch gegen die Sprengung gesprochen haben, doch ist ein solcher Text nicht mehr auffindbar. Noch lange nach der Wende wurde er als »Leipzigs letzter Held« gerühmt. Erich Loest hat ihn als Ehrenbürger vorgeschlagen. Doch Pfarrer Rausch wurde von der Stasi als »IM Eduard« geführt. Ob er sein

Sprengvorbereitung hinter dem Absperrgitter

Abstimmungsverhalten mit ihr abgestimmt hatte, ist nicht bekannt. Falls das so gewesen sein sollte, so muss man dem MfS hier eine fast geniale Raffinesse zuerkennen. Studenten besuchten ihn nach dieser Abstimmung, wollten Rat, wie die beschlossene Sprengung noch verhindert werden könne. Rausch informierte über diese Gespräche seinen Führungsoffizier [1]. Einer dieser Studenten, Nikolaus Krause, wird im September verhaftet und im Januar 1969 zu 22 Monaten Haft verurteilt. Ob die Berichte des Herrn Rausch dazu beigetragen haben, ist nicht zu klären.

Die Stadt kochte. Den Karl-Marx-Platz durchschnitt ein frisch gestrichener Metallzaun. Wer ihn berührte, wer an ihn gedrückt wurde, war mit Flecken rostroter Ölfarbe markiert. Dahinter liefen Polizisten mit Hunden. Lange Bohrer, wie man sie aus Steinbrüchen kennt, trieben Sprenglöcher ins Mauerwerk der unversehrten gotischen Kirche. Davor ballte sich Bevölkerung zusammen, immer wieder auf tarngrüne Polizeilaster ver-

---

1   Rudolf Scholz, Leipzigs letzter Held oder die Leben des Pfarrers Hans-Georg Rausch, Querfurt 2002, S. 230ff.

<u>Leipziger !</u>
die geplante Sprengung der Universitätskirche im Rahmen der Neugestaltung des Karl-Marx-Platzes ist eine <u>Kulturschande !</u>
<u>Richtet Euren Protest</u> an den Oberbürgermeister !

Erst die Stasi-Akten zeigen, dass es verschiedene Protestaktionen gab.

laden und im Präsidium in der Dimitroffstraße in Schnellverfahren zu irgendwas verurteilt. Von den Hochhäusern hielten Kameras die Gesichter von Empörten fest für Verfahren und Akten. Zunächst hatte man Agitatoren auf den Karl-Marx-Platz entsandt, die den fassungslosen Bürgern Sinn und Notwendigkeit der Sprengung dartun sollten. Doch die bemitleidenswerten Gestalten gingen hilflos und peinlich unter, wurden zu Kondensationspunkten und Katalysatoren für Wut und Protest.

Nicht nur die Wandmalereien flogen mit in die Luft, sondern viele der Kunstwerke. Und nur einige der Orgelpfeifen hatte ein Beherzter noch retten können. Die anderen sollen als Schrott nach Schweden verkauft worden sein. Die Kirche hatte auch keine Gelegenheit zur Entweihung bekommen. Die Sprengung erfolgte in einem »Aufwasch« mit der klassizistisch schönen, prunkvollen, im Krieg halbzerstörten, aber durchaus instand setzbaren Universität, der UNIVERSITAS LITERARUM LIPSIENSIS, die kurz danach in sich zusammenfiel.

Die Sprengung der Universitätskirche am 30. Mai 1968

Die Trümmer der Kirche wurden weit rausgekarrt aus der Stadt, die Trümmer des Augusteums, der Universität, darüber gekippt und das Ganze von Polizei mit Hunden bewacht, damit niemand sich Steinbrocken als Reliquien klaube.

Zu den Seltsamkeiten von Diktaturen gehört die neurotische Angst vor dem offenen Wort. Und so ging es auch in der damals streng verordneten Sprachregelung eben nur um »das Abtragen von Altbausubstanz«, um Platz zu schaffen für einen funktionalen Neubau der Universität. Die Kirche blieb in den Medien mit Sorgfalt unerwähnt. Es war ja keineswegs so, dass dem Regime das Bewusstsein gefehlt hätte für den Wert des Zerstörten. Im Gegenteil, die Universitätskirche wurde gesprengt *wegen* ihres Wertes. Da ging es ja nicht nur um ein 700 Jahre altes mit deutscher Geistes- und Kulturgeschichte besetztes Bauwerk im Stadtkern. Diese Kirche war Kristallisationspunkt einer Geistes- und Lebenswelt, die dem Regime zu Recht suspekt blieb. Es wurde ein Exempel statuiert, gerichtet gegen ein nicht hinreichend konformes Bürgertum. Die Sprengung war eine *politische* Botschaft. Und der Schock ging weit über den Kreis der religiös gebundenen Bürger hinaus.

Der Protest

Ein sinnvolles Verhalten wusste niemand. Um meine Fassungslosigkeit irgendwie zu entladen, hatte ich ein Plakat gemalt mit der grellroten Aufschrift »Auch sprengen?«, war mit der zusammengerollten Pappe zur Thomaskirche gefahren und hatte sie unbehelligt von den Umstehenden an die Pforte genagelt. Doch dieser Protest war auf eine gar nicht gegebene Sensibilität hin kalkuliert. Ich wollte schockieren, Unruhe auslösen. Später bekam ich zu hören, bei Stasi-Größen habe dieses Plakat zustimmendes Grinsen ausgelöst.

Eine klare, unübersehbare Aktion tat Not. Die politische Vernunft, die seit Jahren gegen Flugblätter und jedwede Romantik von Resistance gesprochen hatte – weil man der Stasi damit nur nutze, ihr die Rechtfertigung liefere für die Wucherung des Überwachungsapparates –, hier galt sie nicht mehr. Die Kirchensprengung war ein auch im Osteuropa der Nachkriegszeit singulärer Akt kultureller Barbarei. Das Regime hatte Grenzen verletzt oder gar versetzt. Noch fast jede Diktatur lebt in einer Balance von Macht und Akzeptanz und ist um ein Minimum an Legitimität bemüht. Deshalb die vitale Rolle der Propaganda. Wird diese Balance schroff gestört, werden die gewohnten Grenzen, was der Bevölkerung zugemutet wird, verschoben, so entsteht ein Moment von Instabilität. Man hatte neue Räume totalitärer Machtausübung getestet und sollte zumindest erfahren, dass dies auch ungewohnte Reaktionen provoziert.

Zufall und Dummheit wollten es, dass die Kirche just zehn Tage vor dem Internationalen Bachwettbewerb gesprengt wurde, zu dem in mehrjährigem Abstand die Bach-Stadt einlud. Der Bachwettbewerb war ein Kulturereignis ersten Ranges, stets wohlfrequentiert und von unbezweifelbarer Qualität, derer sich der prestigesüchtige Staat gern rühmte. Ein Teil des Orgelwettbewerbes und auch andere Konzerte des Festivals pflegten in der kurz vorher gesprengten Universitätskirche stattzufinden. Und so kaufte ich im Kaufhaus am Alex in Berlin den erforderlichen Wecker und in einem Fachgeschäft für Fahnen in Potsdam das größte gelbe Tuch, das zu haben war. Das wurde dann von Rudolf Treumann bemalt – mit dem Umriss der Kirche, der Jahreszahl der Zerstörung und den Worten »WIR FORDERN WIEDERAUFBAU!«. Die Losung, drei Wochen nach der Sprengung, musste absurd anmuten. Keinen Augenblick hatten wir damals geglaubt, ein Wiederaufbau sei durchsetzbar oder auch nur denkbar. Ich hatte sie gewählt, um schockartig vor Augen zu führen, dass etwas Unwiederbringliches zerstört worden war. Jeder würde sagen: Der Wiederaufbau einer weggesprengten sieben Jahrhunderte alten Kirche, deren Trümmer vor der Stadt in Gruben gekippt worden sind und die Trümmer der Universität noch darüber – das musste als unmöglich erscheinen. Ich glaubte, mich einer eisernen Verschwiegenheit im Freundeskreis unterworfen zu haben. Sogar Haralds Frage, wer das Transparent gemalt habe, hatte ich abgeblockt. Jeder Beteiligte sollte nur das für ihn funktional Unentbehrliche wissen. Dennoch muss ich mir zwei unsägliche Leichtfertigkeiten vorwerfen und eine davon führte zur Katastrophe.

Verfemt und überwacht –
Kontaktaufnahme zu einem Poeten

Da war mein Drang, den Dichter Peter Huchel zu beeindrucken. »Verhetzt« von Westsendern hatte ich noch in der Oberschulzeit »Sinn und Form«, deren Chefredakteur Huchel bis 1962 war, abonniert. Ich war auf das provokativ Unpolitische seiner Lyrik hingewiesen worden, das ja bereits ein Politikum sei. Doch ich wurde schlicht gefangengenommen von dieser in Sprache verwandelten Mark Brandenburg mit all ihrer erfahrenen und zugleich irrealen Intensität. Irgendwie und wohl dank kreativen Missverstehens kamen Musikalität und Bildersprache dieser Verse dem kosmisch-pubertären Pan-Gefühl meines Lebensalters entgegen. Aus Anthologien hatte ich sie zusammengeklaubt und war schließlich gar des Gedichtbandes habhaft geworden, der dem Aufbau-Verlag 1948 unterlaufen war. Nichts Provokatorisches fürwahr, einfach Dichtung. In diesen Versen sind Natur und Landschaft, Todesklage und Mitgefühl mit den Ausgebeuteten der märkischen Güter, landlosen Schnittern und Kossäten, den chancenlos Armen verschmolzen wie bei keinem anderen deutschen Dichter des Jahrhunderts.

Damals war es stets diese Mark Brandenburg, wohin die Uni Leipzig alljährlich zum Kartoffellesen verbracht wurde. Wenn politische Wut und Spottsucht sich auspalavert hatten, wankten wir, von Stonsdorfer und ähnlichen Essenzen durchtränkt, gen Mitternacht aus den Dorfkneipen und suchten –

weil der Alkohol jedwedes Kälteempfinden verschlug – den nächsten See. Dann konnte man die Sterne im schwarzen Wasser greifen. Man erschauderte von den Streicheleinheiten der Wasserpflanzen, erschrak vom Sprung der Fische hautnahebei, und manchmal noch regnete es Meteore, Nachzügler der Augustschwärme, rasch vom Dunkel geschluckt. »Quellen und Feuer rauschten im Grunde.« Am Tag auf dem Acker dann ließen die Rückstände des miesen Fusels ihr Gift an uns aus.

Schließlich wagte ich den Kontakt zu meinem lyrischen Idol. Doch schon die ersten Worte waren ein kardinaler Fehler. Nicht was ich gesagt hatte, war tapsig-riskant, sondern wo ich es gesagt hatte – am Telefon und von der Raststätte Michendorf an der Transitautobahn aus. Vermutlich haben sich gleich zwei Tonbandgeräte in Bewegung gesetzt. Als Unbekannter hatte ich in Wilhelmshorst angerufen und wurde freundlich zum Besuch ermuntert. Ich war weiß Gott Stasi-bewusst, doch im konkreten Verhalten unterlaufen fast jedem unerklärbare Ausfälle. Das Telefonat findet sich denn auch in den Stasi-Akten protokolliert[2]. Das Motorrad blieb dann aber doch ein paar Straßen entfernt vom Hubertusweg geparkt. Um die Peinlichkeit eines Besuches des verehrenden Lesers beim Dichter zu mildern, hatte ich einen Vorwand konstruiert. Nach dem Rausschmiss Peter Huchels bei »Sinn und Form« und der Begleitkampagne in den einschlägigen Medien hatte ich an der Leipziger Uni eine Sammlung für den verfemten Dichter organisiert. Das Ergebnis war nicht gerade sensationell, aber Geld war es doch. Peter Huchel hat die Summe zurückgewiesen, die ich dann an die Spender zurückverteilen musste. Dass er als Mitglied der Akademie noch Zuwendungen bekam, hatten wir nicht gewusst. Doch er war erkennbar berührt – »schau, Monica, die Studenten in Leipzig haben für mich gesammelt« – und so war die abgelehnte Spende doch irgendwie willkommen gewesen.

---

2   BStU: Stasi-Akte Peter Huchel, Informationsbericht 6. 9. 63, Blatt 000090 f.

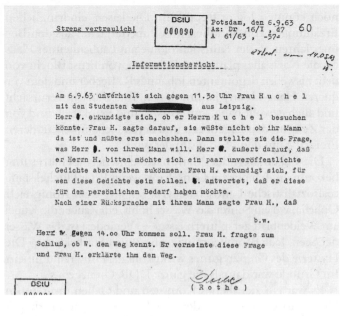

Streng vertraulich!

DStU 000090

Potsdam, den 6.9.63 60
Az: Dr 16/I , d7
A 61/63 , -57=

erled. am 14.05.6

Informationsbericht

Am 6.9.63 unterhielt sich gegen 11.3o Uhr Frau H u c h e l
mit den Studenten ▮▮▮▮▮▮▮ aus Leipzig.
Herr W. erkundigte sich, ob er Herrn H u c h e l besuchen
könnte. Frau H. sagte darauf, sie wüßte nicht ob ihr Mann
da ist und müßte erst nachsehen. Dann stellte sie die Frage,
was Herr W. von ihrem Mann will. Herr W. äußert darauf, daß
er Herrn H. bitten möchte sich ein paar unveröffentlichte
Gedichte abschreiben zukönnen. Frau H. erkundigt sich, für
wen diese Gedichte sein sollen. W. antwortet, daß er diese
für den persönlichen Bedarf haben möchte.
Nach einer Rücksprache mit ihrem Mann sagte Frau H., daß

b.w.

Herr W. gegen 14.00 Uhr kommen soll. Frau H. fragte zum
Schluß, ob W. den Weg kennt. Er verneinte diese Frage
und Frau H. erklärte ihm den Weg.

(R o t h e)

DStU
000001

Unter Kontrolle der Stasi: Erste Kontaktaufnahme zum Dichteridol Peter Huchel

Unsere Idee, den Verfemten zu Lesungen in die Subkultur
semi-illegaler Kreise zu bitten, verlor sich. Peter Huchel war
kein Biermann. Der ehedem Vielgereiste saß zwischen seinen Kiefern in Wilhelmshorst, empfing gerne oder zumindest
freundlich zum Gespräch und hatte diese Welt gegenwärtig
im großen Hof seines Gedächtnisses, in der Scheinidylle des
ruhmvollen Verfemtseins. Später, als Doktorand am Geomagnetischen Institut der Akademie in Potsdam – Wilhelmshorst lag nur wenige Motorradminuten entfernt – war ich
öfters bei Huchels zu Gast. »Da ist doch noch einiges an Prosa
drin«, sagte er milde mit meinen unvermeidlichen Lyrik-
Etüden in den Händen. »Ich würde Sie ja fördern, wenn ich

noch könnte«, log er freundlich. Die leisen, eindringlichen Erzählungen von Kindheit und Pubertät, dann aus den Berliner Jahren, in der Künstlerkolonie am Laubenheimer Platz, bis die Nazis alles plattgemacht hatten, von Ernst Bloch, von dem bisweilen degoutanten Johannes R. Becher und dem verqueren Hans-Henny Jahnn, dessen Tod Ulbricht verursacht und auch gewollt habe, von Korsika und Frankreich und von der Zeit mit den Zigeunern und deren Geheimnissen, deren Preisgabe mit dem Tod geahndet wird.

Die Lebenswelt der Mark hatte eine neue Schattierung bekommen. Ich bekam Gänsehaut, wenn Peter Huchel seine realsozialistische Landschaftslyrik las: »... Kein Königreich, Ophelia, wo ein Schrei das Wasser höhlt, ein Zauber die Kugel am Weidenblatt zersplittern lässt.« – »Verändert ist das Wasser der Seen. Jede Brombeerranke ein rostiger Stacheldraht.« Die Hysterie des Grenzregimes wirkte tief ins Hinterland hinein. Im Grunde war damals die ganze DDR Grenzgebiet.

Es war ein ziemliches Kommen und Gehen um den im Hubertusweg Isolierten, der, so schien es mir, stets recht gut informiert war. Verachtungsvolle Berichte von Leuten, die auf Comecon-Konferenzen gedolmetscht hatten, Spöttisches und Peinliches über den Alltag Ulbrichts, über ausschweifende Partys seines Kronprinzen in Forsthäusern, Makabres aus der Nazi-Phase namhafter Kulturbürokraten. Die Besucher mit den schlechten Zähnen am Tisch hatten einige Jahre auf dem Buckel, meist Bautzen. Und es kamen Leute aus dem Westen, soweit sie reingelassen wurden. Einmal war Heinrich Böll mit seinem Sportwagen einfach durch den Grenzübergang durchgepresscht. »Sie können mich ja verhaften«, hat er den Grenzern bei der Rückkehr freundlich lächelnd gesagt.

»Ich zeig Ihnen mal was.« Im hinteren, für uneinsehbar erachteten Teil seines Gartens (oder war es schon im Wald?) breitete ich das große gelbe Protesttransparent, das einige Tage später in der Leipziger Kongresshalle hängen sollte, über

Das Transparent der Protestaktion

den moosigen Boden. Peter Huchel war schier außer sich vor Freude. Er strahlte. Doch der Nachbar lag ja bei jedem Besuch auf der Lauer. Dass er mit Spezialausrüstung uns dabei fotografiert haben könnte, wir glaubten das kaum. Doch auszuschließen war nichts. Und wo wie viele Wanzen angebracht waren, konnte niemand wissen. Bei all seinem Feuer für diese Aktion – den Fünfundsechzigjährigen, körperlich nicht gerade belastbaren Dichter damit der Gefahr einer Verhaftung auszusetzen, war nicht zu verantworten. Dankbar könnte man die Chance nutzen, den Unbequemen strafrechtlich in den Konspirantenkreis einer solchen Provokation einzubeziehen. Peter Huchel begleitete mich durch den Wald zur Chaussee. Ich trampte davon, mit dem Transparent in der Tasche, wenngleich diesmal nicht auf der stark überwachten Transitautobahn von West-Berlin nach Hof, sondern über die Landstraße nach Leipzig.

Kongresshalle tobt. Stasi im Jagdfieber

Dort begegnete ich am übernächsten Tag auf der Straße zufällig Dietrich Koch, mit dem ich damals befreundet war. Er war theoretischer Physiker wie ich, wohnte im Haus gegenüber, war fünf Jahre älter und Assistent an einem Akademie-Institut. Wegen seiner radikalen politischen Sichtweise und Sprache, seiner, wie mir schien, messerscharfen Intelligenz und seiner ungewöhnlichen kulturellen Bildung wurde er von mir geradezu bewundert. Seine Arbeitsgerichtsprozesse hatte ich als heroische Widerständigkeit gegen politisch motiviertes Mobbing am Arbeitsplatz verstanden und seine Aufenthalte in der Psychiatrie als mentale Folge dieses Mobbings. Er erklärte mir, er habe das berühmte Einstein-Rosen-Podolski-Paradoxon der Quantenphysik gelöst, doch seinen Darlegungen dazu vermochte ich nicht zu folgen. Im Vorjahr hatte ich mit ihm mit Zustimmung seiner Stationsärzte eine Reise durch die Hohe Tatra und Ungarn unternommen, in der Hoffnung, damit seine mentale Gesundung zu unterstützen. Ich erzählte ihm von der beabsichtigten Protestaktion. Er war begeistert. Er hatte sich mehrere Tage vor der Sprengung auf dem Karl-Marx-Platz vor der Kirche aufgehalten, hatte empört diskutiert, war auch auf einen Polizeilaster verladen und ins Präsidium verbracht worden. »Wir bereiten das am Mittwoch bei mir vor. Du kannst ja dazukommen, wenn du willst.« Das war der zweite, kardinale, unentschuldbare Fehler. Ihn einzuweihen war in keiner Weise erforderlich. Alles war durchorganisiert. Erneut hatte ich ein elementares Prinzip von Resistance verletzt.

Am Mittwochabend erschien Dietrich Koch und dann auch Harald mit dem Zeitauslöser. Der funktionierte einwandfrei, wurde dann aber noch vereinfacht. Wir nagelten, schraubten und knoteten das Ganze an zwei Latten. Das zusammengerollte Transparent erinnerte an eine Landkarte aus dem Schulunterricht. Gehalten wurde es von einem Bindfaden, an dessen Ende ein Nagel gebunden war. Der steckte hinten am Wecker in der Flügelschraube, mit der das Läutwerk aufgezogen wurde und die sich beim Läuten zurückdreht. Dann würde der Nagel, gezogen vom Eigengewicht des Transparents mit seiner dieses beschwerenden Latte, aus der Flügelschraube fallen und das Transparent sich entrollen, eine verblüffend einfache Konstruktion. Dietrich Koch war befremdlich nervös. Ich bat ihn, den Läutklöppel des Weckers abzubiegen, damit kein Klingelgeräusch entsteht. Denn wenn das Ding zufällig nahe an einem Rundfunkmikrofon hinge und während der Musik losklingelte, bekämen wir monströse Schadenersatzforderungen an den Hals und den Straftatbestand »Rowdytum« dazu. Doch er setzte sich nicht an den Tisch, wo das Werkzeug lag, sondern verschwand wortlos mit dem Wecker aus der Wohnung. Nach anderthalb Stunden, als wir schon glaubten, alles sei verpatzt und für die Katz gewesen, tauchte er wieder auf, mit Wecker mit abgebogenem Läutklöppel. Wir atmeten durch. Alles schien bestens. Jahrzehnte später erfuhr ich, dass er aus guten Gründen an jenem Abend einen Besuch der Stasi bei mir befürchtet hatte.

Am nächsten Morgen, es war der Tag, an dem das Abschlusskonzert des Festivals mit Preisträgerauszeichnung stattfinden würde, fuhr ich mit der Straßenbahn zur Kongresshalle, im grauen Arbeitskittel, Transparent mit Gestänge und Wecker umhüllt wie ein technisches Stativ für irgendwas. Harald wartete schon, ging rein, um das Terrain zu sondieren, kam raus und sagte: »Es geht nicht. Die Bühne ist voll von Leuten.« Eine Vielzahl von Arbeitskräften war dort zugange, Fernsehmonteure, Rundfunktechniker, Dekorateure, Brandschutz und sonstige Hilfskräfte. »Ist vielleicht gut«, sagte ich. »Jeder wird denken, ich bin einer von den anderen.«

Mit einem freundlichen »Gestatten Sie mal bitte« schob ich mich durch zur Leiter zum Schnürboden, kletterte hoch und verknotete unsere Konstruktion. Fingerdick lag hier oben der Dreck. Mit jeder Bewegung hob er sich in Schwaden. Staubwolken schwebten herunter auf die weiße Dekoration mit ihrer Goldaufschrift, welche die obere Bühnenhälfte füllte. Die ganze Dekoration geriet beim Anbringen des Transparentes ins Schweben, just als auf der anderen Seite des Saales das Fernsehen seine Kameras auf diese justierte. Die mir zur Vermeidung von Fingerabdrücken mitgegebenen Handschuhe erwiesen sich als zu klein. Endlich war alles fertig. Ein letzter prüfender Blick: Das Transparent war mit dem Bild nach hinten aufgehängt. Alles abschneiden. Die ganze riskante Dreckarbeit von vorn. Fast wäre jetzt die Aktion an zu wenig Bindfaden gescheitert. Das ist eine Feuertaufe, sagte ich mir. Wenn das gutgeht, unterlaufen mir beim nächsten Mal keine Fehler mehr. Doch ein »nächstes Mal« gab es nicht mehr. Schweißüberströmt eilte ich zwischen den verblüfften Bühnenarbei-

Der Saal der Kongresshalle kurz nachdem sich das
Transparent entrollt hat

tern hindurch, erst in die nächste Toilette zum Wasserhahn,
verdreckt fast wie ein Kohlekumpel, und dann nach draußen.
Dort stand Harald, um im Fall meiner Festnahme Freunde zu
informieren, damit Wohnungen von allem irgend Belasten-
dem, Schrifttum und Sonstigem, gesäubert würden.

Das Glück war mit uns. Kurz vor acht Uhr abends begann
der Saal zu toben. Zufällig hatte sich das Transparent in den
günstigsten Sekunden entrollt, als der letzte Redner sich
verneigte und dann erst nach und nach mitbekam, dass der
anhaltende stürmische Beifall nicht ihm galt. Als schließlich
irgendwelche Chargen den Schnürboden erklommen und das
Transparent hochgezogen hatten, entglitt es ihnen, entrollte
sich unter einem Beifallssturm erneut mit einer Staubwolke
und hinterließ schließlich auf der weißen Bühnendekoration einen unübersehbaren Dreckfleck. In der Nacht erging
»Durch Kurier SOFORTMELDUNG« nach Berlin an das
Ministerium für Staatssicherheit.[3] Daraus sei hier zitiert:

3   BStU, Akte Lpz. AU 335/72. K Bd.1, Blatt 8.

*GEGNERSCHE TÄTIGKEIT: 19 Uhr 30 begann in Kongreß-
halle Abschlußveranstaltung und Auszeichnung der Preisträger des
Bachwettbewerbs 1968. Gegen 20.00 Uhr entrollte aus Bühnendekoration Transparent aus gelbem Stoff – Größe ca. 145 x 275 cm,
mit Beschriftung: »1968 – Kirchenkreuz gezeichnet – Umrisse
ehemalige Universitätskirche –« und in ca. 17 cm großen Buchstaben »Wir fordern Wiederaufbau.« mittels schwarzer Plakatfarbe.
Transparent hing ca. 8–12 Minuten herab und veranlaßte Teile der
Besucher zu längerem Applaudieren. … An Veranstaltung nahmen
ca. 1800 Personen teil, darunter die in- und ausländischen Teilnehmer
und Gäste des Bach-Wettbewerbs. An Persönlichkeiten waren anwesend: Min. f. Kultur, Gysi, Min. f. Hoch- u. Fachschulwesen, Gieß-
mann, OBM Gn. Kresse u. a. Die Vorkommnisse auf der Bühne
wurden u.a. von Angehörigen einer japanischen Delegation gefilmt.
Veranstaltung durch Fernsehfunk aufgezeichnet. Unbekannte Täter
gehören vermutlich reaktionären Kirchenkreisen an.
Weitere Bearbeitung wurde von KD des MfS übernommen
Leiter der Abteilung K – Bauerfeld – Major der K«.*

Dass Minister dem Spektakel in der Kongresshalle in der
ersten Reihe beiwohnen würden, hatte ich nicht gewusst.
Doch ein klein wenig Belsazar-Effekt, ein *Mene mene tekel
u-pharsin* vor den Repräsentanten dieses Regimes, das kam
nicht ungelegen. »Unbekannte Täter gehören vermutlich
reaktionären Kirchenkreisen an …« mutmaßte die Stasi in
ihrer »Sofortmeldung«. Doch ich war nicht einmal getauft.
Unser Motiv war nicht religiös. Es war der Schock über diese
Barbarei dieser Sprengung und die eitle Hoffnung, mit Pro-
testen dieser Art eine Stimmung zu verstärken, die einen
Frühling wie in Prag auf den Weg bringen könnte.

Ich hatte mir den Besuch des Konzertes verboten, eine
fast übermenschliche Selbstdisziplinierung. An diesem Tag
hätte ich in Potsdam im Institut arbeiten müssen, und ich war
zu vielen der Besucher solcher Konzerte in Leipzig bekannt.
Doch ich war leichtfertig genug, mich danach mit Harald

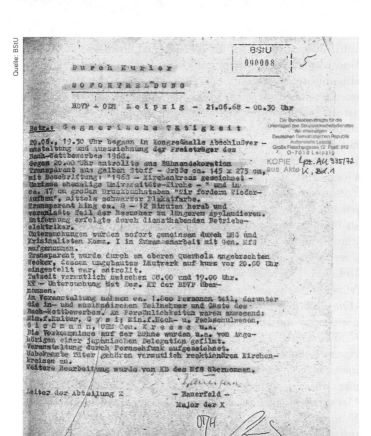

Durch Kurier

SOFORTMELDUNG

BDVP - ODB Leipzig - 21.06.68 - 00.30 Uhr

Betr.: Gegnerische Tätigkeit

20.06., 19.30 Uhr begann in Kongreßhalle Abschlußver-
anstaltung und Auszeichnung der Preisträger des
Bach-Wettbewerbes 1968.
Gegen 20.00 Uhr entrollte aus Bühnendekoration
Transparent aus gelbem Stoff - Größe ca. 145 x 275 cm,
mit Beschriftung: "1968 - Kirchenkreuz gezeichnet -
Umrisse ehemalige Universitäts-Kirche - " und in
ca. 17 cm großen Druckbuchstaben "Wir fordern Wieder-
aufbau", mittels schwarzer Plakatfarbe.
Transparent hing ca. 8 - 12 Minuten herab und
veranlaßte Teil der Besucher zu längerem Applaudieren.
Entfernung erfolgte durch diensthabenden Betriebs-
elektriker.
Untersuchungen wurden sofort gemeinsam durch MfS und
Kriminalisten Komm. I in Zusammenarbeit mit Gen. MfS
aufgenommen.
Transparent wurde durch an oberen Querholz angebrachten
Wecker, dessen umgebautes Läutwerk auf kurz vor 20.00 Uhr
eingestellt war, entrollt.
Tatzeit vermutlich zwischen 08.00 und 19.00 Uhr.
KT - Untersuchung hat Dez. KT der BDVP über-
nommen.
An Veranstaltung nahmen ca. 1.800 Personen teil, darunter
die in- und ausländischen Teilnehmer und Gäste des
Bach-Wettbewerbes. An Persönlichkeiten waren anwesend:
Min.f.Kultur, G y s i; Min.f.Hoch- u. Fachschulwesen,
G i e ß m a n n, OBM Gen. K r e s s e u.a.
Die Vorkommnisse auf der Bühne wurden u.a. von Ange-
hörigen einer japanischen Delegation gefilmt.
Veranstaltung durch Fernsehfunk aufgezeichnet.
Unbekannte Täter gehören vermutlich reaktionären Kirchen-
kreisen an.
Weitere Bearbeitung wurde von KD des MfS übernommen.

Leiter der Abteilung K   - Hauerfeld -
                                          Major der K

Per Kuriermeldung wurde Berlin unmittelbar nach der Aktion von der
Leipziger Polizei informiert

und anderen Freunden in einer Innenstadtkneipe zu treffen und mir die Sensation erzählen zu lassen. Zweifel kamen mir schon, ob ich dabei perfekt genug den Ahnungslosen gespielt hatte, der sich grün ärgert, nicht dabei gewesen zu sein. Die großformatige Fahndung verlief systematisch und logisch. Von den Arbeitern, die am Vormittag auf der Bühne zugange waren, bekundete ein jeder der Befragten, ihm sei nichts aufgefallen. Lehrkörper und Studenten der Hochschule für Graphik und Buchkunst wurden Person für Person vernommen, desgleichen die der Kirchenmusikschule im benachbarten Halle. Auch die Hochschule für Musik in Leipzig wurde durchsiebt. Oben auf dem Schnürboden hatten offene Schachteln von Zigaretten der Marke F6 und Psychopharmaka gelegen. Die galten der Stasi als erstrangige Indizien. Doch ich war weder Christ noch Grafiker noch Musiker noch rauchte ich noch nahm ich Psychopharmaka. *»Die Tatortbesichtigung läßt weiterhin den Schluß zu, daß das Transparent nur von Personen angebracht werden konnte, welche Kenntnis von der Lage einer Bühne und deren Technik haben, da das Besteigen und Arbeiten auf der Beleuchterbrücke für Laien kompliziert und nicht ungefährlich ist«*, vermerkt ein Sachstandsbericht zum Operativ-Vorgang »Provokateur« im September 1968[4]. Das war schlicht Nonsens. In der Woche zuvor hatte ich den Schnürboden erkundet. Eine einfache lange Leiter aus Eisen musste man hochklettern. Das war alles.

Es hatte schon seine bittere Komik, Jahrzehnte später in den Dokumenten zu lesen, wie viele und wer der in diesen Abend involvierten Personen gegenüber der Stasi sich munter mit falschen und leichtfertigen Verdächtigungen zu profilieren versucht hatten. Professor Fischer, ein mediokrer, aber linientreuer Pianist, damals Rektor der Musikhochschule, denunzierte höchstbeflissen doch wenig hilfreich drauflos. Das Ensemble des im gleichen Gebäude untergebrachten »Theaters der Jungen Welt« verdächtigte einen von den Kolle-

---

4   ibid, S. 186 ff. Sachstandsbericht vom 20. 9. 1968, AG XVIII/0.

gen offenbar seit langem gemobbten Schauspieler. Der Staatssicherheitsdienst vermerkte dazu lapidar: »*Der … wird für eine
mögliche Beteiligung an der Tat in der Kongreßhalle ausgeschlossen.
Der Regisseur schätzt den … als viel zu feige ein. Es handelt sich
um einen sensiblen Menschen, welcher homosexuell veranlagt ist*«.[5]

Und es gab Verdächtige, die sich im Freundeskreis mit
dieser Aktion gebrüstet hatten und verpfiffen worden sind.
Einer, gelernter Bauschlosser und Organist, Mitglied der
katholischen Studentengemeinde in Leipzig, gab bei einer
Party in einer Wohnung in Frankfurt/Oder zum Besten, er
habe das Transparent um den Leib gewickelt in die Kongresshalle gebracht. Dort habe er es einer Person gegeben – den
Namen nannte er nicht –, die Verbindung zu einem Büh-
nenarbeiter habe und mit diesem habe er das Transparent
gemeinsam vom Schnürboden aus heruntergelassen.[6] Auch
die Verantwortlichen würde er kennen. Der anwesende Spitzel, »Felix«, berichtete prompt, aber verfälscht. Er erfand eine
andere nichtexistente Person X, die auf jener Party aus Leipzig
berichtet habe. Die Stasi kam schnell dahinter. »*Nach dem Motiv
seiner unwahren Berichterstattung befragt, antwortete der IM, daß er mit
Sch. gut befreundet sei und er es deshalb nicht fertig gebracht habe, den
Sch. direkt zu belasten. Er sei aber der Meinung gewesen, daß unser
Organ bei der Prüfung seiner Angaben selbst darauf gekommen wäre,
dass der X. mit Sch. identisch sei.*«[7] Eine seltsame Freundschaft,
fürwahr. Die Stasi setzte einen Pulk von Spitzeln auf den »Sch«
an, sogar einen »*Mitarbeiter der Hauptverwaltung Aufklärung legendiert als westdeutschen Journalisten, … um die Kenntnisse des Sch. über
die Vorkommnisse in der Kongreßhalle ergründen zu können*«.[8] Doch
im Unterschied zu den hochstalinistischen Zeiten durfte die
Stasi nicht irgendwelche Denunzierte oder zum Geständnis
Geprügelte vorführen. Sie wollte und musste die wirklichen
Täter greifen und merkte schnell, dass dieser Denunzierte die
Details nicht kannte, und ließ ihn laufen. Wie viele solche

5   BStU, Akte Lpz. AU 335/72 K, Bd.1, Blatt 92.
6   ibid, OV Provokateur, Vorschlag für die Durchführung operativer Maß-
    nahmen zur Klärung des Operativ-Vorgangs »Provokateur«, 5.12.1968,
    Kreisdienststelle Leipzig-Stadt, Arbeitsgruppe XVIII/Op., Blatt 345 ff.
7   ibid, Blatt 346 ff.
8   ibid, Blatt 219, 302.

Aufschneider mag es gegeben haben, die nicht denunziert worden sind und denen wir in wohliger Partyatmosphäre zu Profil und Prestige verholfen haben?

Es gehört zu den befriedigendsten Empfindungen, in einer Diktatur nach einem solchen Delikt die Berichte und Fabeln auszukosten. Draußen im Kiefernwald, hinter Peter Huchels Haus, tauschten wir uns aus, was an Gerüchten über Aktion und Ermittlungen durch die Republik lief. Hier erzählte ich ihm auch von der beabsichtigten Flucht im Zweier-Faltboot in die Türkei.

Ich glaubte, halbwegs dichtgehalten zu haben. Als Annerose, verbandelt mit meinem Freund Charly, doch durchaus meinem Herzen nicht fern, mich einige Tage später mit flammenden Worten abkanzelte, ich würde andere aufstacheln, doch selbst nichts wagen, schwieg ich vor mich hin und dachte: »Das ist die Tragik der Resistance.« Bei aller Gefasstheit war ich doch in einen seelischen Sonderzustand geraten. Es wäre mir in den Wochen danach nicht möglich gewesen, schwarz Straßenbahn zu fahren oder irgendeine andere belanglose Ordnungswidrigkeit zu wagen. Eine baldige Abreise erschien als angezeigt und die Angst, die uns trieb, war, wie wir heute wissen, alles andere als unberechtigt. Koch hatte Freundinnen und Bekannten von seiner Beteiligung an dieser Protestaktion erzählt und das teils noch *vor* deren Stattfinden, und sich dabei sowohl den Bau des Zeitauslösers wie auch das Malen des Transparentes zugeschrieben. Gewiss waren diese Frauen selbst wohl kaum regimegeneigt. Doch eine von ihnen erzählte mir nach der Wende, als ihr damals am Tag nach der Kongresshallenaktion eine Kollegin von dem Geschehen berichtet hatte, sei ihr der Satz herausgeplatzt: »Da hat es also geklappt!« Den habe, dem Himmel sei es gedankt, freilich jene Kollegin nicht begriffen oder überhört. Auch seiner nach kurzer Ehe geschiedenen Exgattin erzählte er von seiner Teilnahme an der Kongresshallenaktion. Die hat sich wenig später wiederverheiratet, mit einem engagierten Genossen. Kurzum, die Sache lief um in Leipzig und es konnte nur eine Frage der Zeit sein, bis das Ganze »aufgeklärt« wurde.

Navigare necesse est. Die Flucht

Von all dem ahnten Harald und ich freilich nichts. Doch es war des Himmels Fügung, dass wir eine Flucht übers Schwarze Meer angebahnt hatten, in der Hoffnung auf sinnvolle Arbeitschancen und aus Sehnsucht nach Teilnahme am intellektuellen und kulturellen Geschehen der Epoche, aus der Sehnsucht, reisen und die Welt wahrnehmen zu können, und schlicht aus Hunger nach Freiheit. Zugleich hatte der Coup in der Kongresshalle letzte Skrupel ob der Berechtigung zur Flucht zerstreut. Irgendwann würde ich gegriffen werden – soweit war ich schon von der Leistungsfähigkeit der Stasi überzeugt – und dann einsitzend ohnehin für nichts und niemanden mehr von Nutzen sein. Auch Dietrich Koch wusste seit Monaten schon von meinen Fluchtplänen. Er hatte mich mit den Adressen seiner Freunde im Westen versehen mit der Bitte, auch für ihn eine Fluchtchance, eine weniger abenteuerliche, zu organisieren.

Harald war noch aus einem anderen Grund in Eile. Mehrmals hatte er zu Hause aufdringlichen Besuch bekommen. Eine glänzende wissenschaftliche Karriere sei ihm gesichert, wenn er sich zur Zusammenarbeit bereitfinden würde. Alles, nur das nicht!

Sein zusammengepacktes Faltboot wurde per Expressgut zum Hauptbahnhof Budapest aufgegeben, vorgeblich für einen Zelturlaub am Balaton, unter Vorlage der Genehmigung für eine Ungarnreise. Das war unverfänglich. Ungarn hatte keine offene Seegrenze zum Westen, nur den Neusiedler See, und der war abgesperrt wie die ostdeutsche Zonengrenze. »Kein Fuchs kommt durch«, hatte mir dort ein Bauer ein Jahr zuvor gesagt, als ich, vermittelt von einem ihm befreundeten ungarischen Pfarrer, ihn um Beratung über Fluchtchancen angesprochen hatte. Wir reisten einzeln aus der DDR aus, Harald mit dem Motor, ich mit Benzinkanistern und sonstigem Zubehör. Jedermanns Gepäck sollte für sich genommen keine Verdachtsmomente bieten. Auf dem Bahnsteig am Berliner Außenring lief ich zwei Kollegen vom Institut in die Arme. Wieso ich mit zwei Blechkanistern in den Urlaub führe? Ja, das seien erbetene Geschenke für meine bulgarischen Gastgeber, dort gebe es zur Zeit keine Kanister und das Tankstellennetz sei dünn. Einer der beiden, so las ich später in den Akten, war OIBE, Stasi-»Offizier im besonderen Einsatz«. Irgendwie hatte meine Ausrüstung, vielleicht auch Verhalten und Sprechweise bei dieser Begegnung seinen Argwohn erregt. Er informierte die »Firma«. Doch sofern es eine Reaktion dort gab, kam sie zu spät. In den 1990ern dann, nach Akteneinsicht, wollte ich sein Institut über sein Engagement als OIBE informieren. Denn die Namen der beiden waren in der Notiz über diese Bahnsteigbegegnung nicht enthalten. Doch Rudolf Treumann korrigierte mich: Nicht der von mir Vermutete dürfte jener OIBE gewesen sein, sondern der zweite, blasse und schweigsame Typ neben ihm, dessen Bild und Namen mir völlig entfallen waren. Mein Erschrecken, fast den Falschen denunziert zu haben, hat mein Vertrauen in den Wert von Zeugenaussagen soweit erschüttert, dass ich dann auch die gebotenen Hinweise auf den richtigen OIBE verschleppt und schließlich vergessen habe.

Treffen spätabends in Prag. Nachtzug nach Budapest. Dort lag das Boot wohlverpackt am Expressgutschalter. Im »Wiener-Walzer«-Express nach Bukarest, angetrunken, voller Vorfreude. Das Abteil voll Schmuggler. Ob wir was hätten, fragte der rumänische Zoll. Nichts, nur zehn Kilo Heroin, lachte ich. Die Leute wurden blass. Der Zöllner machte eine Schnittbewegung mit dem Finger um den Hals, wünschte gute Fahrt und verschwand lachend. Vielleicht wäre es klüger gewesen, vor diesen Grenzpassagen auf Alkohol zu verzichten. Aber wir waren in einer Hochstimmung, als hätten wir die Flucht bereits bewältigt. Eine traumschöne, lebenshungrige ungarische Maid wandte sich mir zu, Studentin der Germanistik. Wir umarmten uns innig, soweit das der schmale Gang im überfüllten Waggon des »Wiener-Walzer«-Expresses zuließ, tauschten die Adressen, wo meine doch gerade ungültig werden sollte. Ihre Briefe nach Leipzig wurden mir später nachgeschickt. Ich hielt es für rücksichtsvoll, nicht zu antworten. Doch noch Jahre habe ich das später bedauert. Ungarn war nicht die DDR, und Visa für Westreisen bekam da bald jeder.

Ankunft in Varna, Bulgariens Nordhafen, der vorübergehend »Stalin« hatte heißen müssen. Mit schwerem Gepäck, Boot, Motor, Zelt, Besegelung und Kanistern per Taxi die Küste absuchend, fanden wir einen mit Westdeutschen bevölkerten Zeltplatz zwischen respektablen Hotels und Tankstelle unweit davor. Das Boot fiele nicht auf, so glaubten wir. Die Bulgaren hielten auch uns für Westdeutsche. Dann die Probefahrten. Harald jagte das textile Konstrukt mit Lust zwischen Klippen hindurch. Ich brüllte wütend herum. Nach der Flucht könne er das Ding zu Klump fahren, doch um Himmels Willen nicht vorher. »Fahren Sie doch nicht so weit raus; das ist viel zu gefährlich«, mahnte der Zeltnachbar, ein Karatelehrer aus Bochum.

Gleich links vom Zeltplatz lag gut bewacht das luxuriöse Sommerheim des bulgarischen Innenministeriums, rechts ein Luxushotel mit von heißer Quelle gespeistem Pool. Ich erwies mich als stark rheumaanfällig. Jede Nacht, nass und durchfroren mit Mühe mich aus dem Boot hievend stolperte ich mit krummsteifem Rücken gebückt in den heißen Pool und war binnen einer halben Stunde kuriert. Ich sah in diesem mich jede Nacht heilenden Pool just am Fluchtpunkt ein Omen – die Götter waren mit uns.

Vom Meer aus war ich am Tag vor der Flucht in das Strand-Areal des Innenministeriums reingeschwommen, nur aus Jux, um die Posten ein wenig zu testen. Dann schwamm ich wieder raus, weiter diesmal, hinter die hohe Brandung, und merkte, dass ich davon trieb nach draußen, ins schaumkronenübersäte Meer. Mit aller Kraft rückenschwimmend zum Ufer sah ich, wie mein Abstand zur Landungsbrücke des Strandes rasch wuchs, sah noch, wie jemand auf der schon ziemlich entfernten Brücke in meine Richtung zeigte und schrie. Ein Glücksfall, dass er mich zwischen den Schaumkronen noch entdeckt hatte. Ich kämpfte mit aller Kraft und schlug plötzlich jemandem meine Hand ins Gesicht. Zwei hünenhafte muskulöse Gestalten hakten mich unter und kraulten, wie mir schien, fast mühelos zum Ufer. Dort wurde ich, nachdem klar war, dass ich nicht zur Nomenklatura gehörte, sondern Deutscher war, Westdeutscher, so vermuteten sie wohl, wortlos zum Ausgang geleitet. Leider hat das bulgarische Innenministerium niemals erfahren, dass mir seine Gorillas noch am Tag vor Grenzdurchbruch und Flucht das Leben gerettet hatten.

Ich hatte Borislav in Sofia angerufen, meinen engsten Freund aus der Studienzeit in Leipzig. Er kam mit dem nächsten Flugzeug. Die Kongresshallenaktion wollte er schier nicht glauben. Dann das Fluchtprojekt. Wir hatten uns entschieden, die Seegrenze so weit im Norden zu durchbrechen, weil von Mittelbulgarien an, so war uns berichtet worden, dass Meer zu stark bewacht sei und von Kap zu Kap nachts mit Scheinwerfern abgesucht werde. Und diese Grenzer, so hieß es, schössen erst und fragten dann. Die zwei Söhne eines Zwickauer Arztes, so erzählte Harald, seien im Sommer zuvor beim Fluchtversuch an der Seegrenze zur

Borislav Slavov zwei Jahre vor unserer Flucht

Türkei erschossen worden. Lieber die doppelte oder drei-
fache Strecke auf dem Meer, lieber absaufen als abgeknallt
zu werden. Also soweit im Norden starten, wie man es von
keinem vernunftbegabten Flüchtling erwartet. Keiner würde
schließlich nach Rumänien fliehen wollen. – Borislav lud
uns ein ins Sommerlager der Physiker der Universität Sofia,
weit im Süden, bei Primorsko. Er hatte das schon mit Kollegen abgesprochen, fuhr dann von unserem Zeltplatz in
Druschba dorthin und nahm meinen Rucksack mit, mit

Sachen, die ich unterwegs nicht brauchte. Das war unser Alibi. Würden wir draußen beim Queren der Seegrenze aufgegriffen, so hofften wir, glaubhaft machen zu können, dass wir nach Primorsko unterwegs wären, wo wir erwartet würden, wo unser Gepäck zum Teil schon war, und eben abgetrieben wären.

Der Aufbruch. Ich umarmte Borislav, fast klammernd. Ein Wiedersehen war eher unwahrscheinlich. Das Meer hatte sich etwas beruhigt. Die Brandung war noch immer hoch. Nur an der Anlegebrücke für die Küstenlinie kamen wir leicht durch. Etwa dreißig Wartende bestaunten dort unser Boot und winkten uns nach. Etwas unüblich gewiss, dass man bei der Flucht durch den Eisernen Vorhang von einer Menschenmenge ausgewinkt wird, dachten wir. Wir wollten nach Baltschik, dem nächsten Ort nördlich, hatten wir erklärt. Doch gleich nach den ersten Metern hatte sich Tang im Ruder verfangen, unerreichbar vom Boot aus. Borislav schwamm hinterher, säuberte das Ruder, drückte noch einmal meine Hand, während er sich am Boot hielt. »Wir sehen uns, ganz sicher sehen wir uns.« Lächelte, schwamm weg. Er sah nicht aus, als ob er das glauben würde.

Außer Sicht von der Küste zogen wir uns aufgeschnittene Gummisäcke über die Oberkörper, die noch einmal die Umrandungen der auf das Faltboot aufgeknüpften Kajakverkleidung überdeckten, taten sonstiges, von dem wir uns im Zuge der Übungsfahrten eingeredet hatten, es würde dieses Gefährt hochseefester machen, und drehten ab nach Südosten. Quer rüber. Kleinasien sei ja nicht zu verfehlen, dachten wir. Drei Kompasse hatten wir mit, einer davon ein Unterwasserkompass aus dem Krieg, von Anneroses Vater. Den hatte damals das Meer behalten. Genutzt hätte er uns wohl kaum, aber er gewährte ein Gefühl, wohlausgerüstet zu sein.

Grandios das Panorama. Auf uns zugleitend, schon sehr nahe, der Bug eines auslaufenden Schiffes, dahinter flammend der Abendhimmel hinter Varna. Es wurde Nacht. Von Angst keine Spur. Stattdessen ein High-Gefühl, ein Glücksrausch fast. Der Motor schnurrte. Der gibt ein ideales Ziel für Nachtsichtgeräte mit ihrer Empfindlichkeit für Wärmestrahlen, hatte ich zu bedenken gegeben. Nur schnell raus aus der Küstenzone, meinte Harald. Doch jetzt begriff ich, warum auch am Abend zuvor trotz der tiefschwarzen Nacht die Brandung so hell erschienen war. Meeresleuchten. Ein Phänomen um die Neumondnacht in südlichen Meeren, verursacht von Plankton. Abgeschwächt gibt es das auch im Schwarzen Meer. Wir hatten davon nichts gewusst. Die Schraube des Motors zog einen weithin sichtbaren Lichtstreifen übers Meer. Die Erwartung, gerade die Neumondmacht böte den besten Schutz, war schlicht Unwissen. Motor abstellen und paddeln, diese Alternative war nicht verlockend. Es war ungewiss, ob man dieses launische Gerät wieder würde starten können. Wir hielten Kurs Südost, blickten hin und wieder zurück auf den schier endlosen Lichtstreifen im Wasser hinter der Motorschraube.

Als wir schätzten, jetzt wohl könnten wir der Zwölfmeilengrenze nahe gekommen sein, zogen drei Wachboote vorbei, etwa hundert Meter vor uns, schnell, mit nur winzigem Licht, in Reihe – folglich eben Wachboote und keine Fischer. Da schossen Schaumköpfe von den Wachbooten genau auf unser Boot zu, gut sichtbar dicht unter der Wasseroberfläche. Geschosse, eine Art von Mini-Torpedos, glaubte ich. Jetzt ist Ende, jetzt kracht es – nie wieder habe ich den sicheren Tod so unmittelbar nahe gefühlt wie in dieser Sekunde. Doch die Schaumköpfe schossen aus dem Wasser heraus und über unser Boot hinweg. Es waren Delfine, große Delfine. Das Meeresleuchten hatte ihre Bahn weithin sichtbar gemacht. Sie sprangen vor mir wieder und wieder über das Boot, begleiteten es. Harald ließ den Motor aufheulen, sie zu verscheuchen. Sie blieben unbeeindruckt. Hätten sie einen von uns oder das Boot angestoßen, wir wären verloren gewesen. Aus diesen Wellen ein Faltboot, dazu schwer beladen und mit angeschraubtem Motor, wieder aufzurichten, wieder hineinzukommen und das Boot zu leeren, das war unmöglich. Auch kaum eine Chance, aus dem gekenterten absinkenden Boot im Dunkeln die nur wenig aufgeblasenen Luftmatratzen zu greifen und die zwölf Meilen zum Ufer zu schwimmen. Die auf den Wachbooten hatten offenbar nur nach vorn geblickt. Sie hätten uns sehen müssen, das Getümmel der Delfine, den Lichtstreif des Bootes im Wasser. Wohl gelangweilt ließen die Delfine von uns ab und verschwanden.

Nach und nach wurden die Wellen stärker. Vor uns leuchtete es auf, immer wieder. Die bulgarische Marine war im Manöver, beim Übungsschießen, doch offenbar weit entfernt. Zu hören war nichts. Dann der Morgen. Groß und glühend lag der Sonnenball auf dem Wasser. Im Sonnenball ein schwarzes Kreuz. Es wurde rasch größer, ein Kreuzer oder ein Schlachtschiff, dahinter zwei kleinere Kriegsschiffe. Alle mit bulgarischer Flagge. Sie fuhren genau auf uns zu. Wir kreuzten ihre Fahrt keine fünfzig Meter vor dem Bug des riesigen, ersten Schiffes. Sie waren um ein Vielfaches schneller als wir. Wir hätten kaum ausweichen können. Wir konnten die Gesichter auf dem Schiff unterscheiden. Sie mussten uns doch sehen. Sie waren verpflichtet, uns aufzunehmen, zu retten, hier 80 bis 100 Kilometer weg von der Küste, in diesem winzigen textilen Boot, mit dem kein Mensch so weit rausfährt aufs Meer. Harald stoppte den Motor, damit behauptet werden konnte, wegen Motorschaden abgetrieben worden zu sein. Meine Hand umschloss den kleinen Beutel mit dem bisschen Westgeld, einigen Papieren und dem Stein darin, um ihn sofort zu versenken, wenn wir aufgegriffen würden; er war Beweis unserer Fluchtabsicht. Unser Boot lag still. Nur die Richtung gegen die Wellen und dann die Kielwellen der Marineschiffe balancierte ich mit dem Paddel aus. Man würde per Funk eines der kleineren Schiffe beauftragen, sich mit uns zu befassen, so dachten wir. Alle zogen sie vorbei, nur einen Steinwurf weit entfernt. Harald spottete, die seien im Manöver und müssten wohl fiktive Agenten fangen. Darauf gäbe es Punkte. Da könnten sie nicht unterbrechen, wenn wirkliche Agenten ungeplant auftauchten. Man hatte uns nicht gesehen.

Lange schon war die bulgarische Flottille entschwunden. Es wurde Zeit, endlich etwas zu essen. Wir wollten uns da beschränken, weil die absehbaren biologischen Konsequenzen sich mühsam gestalten würden im Faltboot. Gebratene Leber hatten wir mit. Besseres war nicht zu bekommen gewesen. Doch die erwies sich als verdorben. Ich hatte als erster zugelangt, erbrach mich bald darauf, so schwach geworden, dass ich nicht einmal den Kopf zur Seite zu drehen vermochte. Das Erbrochene lief an meiner Brust herunter und wurde von den Schaumkronen weggespült. Ich hing mehr im Boot, als dass ich saß, stets das Paddel in den Händen. Einmal, bei einer Probefahrt, hatte ich es verloren. Es hatte sich unterm Boot durchgedreht und war in die Schraube geraten, deren Sicherheitssplint sofort durchschlug. Jetzt hier draußen, über 80 Kilometer weg von der Küste, in diesen Wellen, mit einem einzigen Paddel dann nur noch, das hätten wir nicht bewältigt. Zu keiner einzigen Schwimmbewegung wäre ich fähig gewesen, wäre das Boot jetzt gekentert. Sekundenweise war ich wohl eingeschlafen. Doch das Paddel war in meinen Händen geblieben. Mein Organismus erholte sich. Nach anderthalb Stunden etwa war ich wieder halbwegs okay.

Die Wogen wurden riesig. Gegen sie anzusteuern war unmöglich mit diesem fragilen winzigen Gefährt. Allein sie bestimmten jetzt die Richtung der Fahrt. Kursänderung nach Süden. Jedes Mal erschrak ich vor diesen anrollenden Wellengebirgen, über die wir nicht mehr wegblicken konnten, und jedes Mal war ich überrascht, dass sie nicht über uns hinwegbrachen, sondern das Boot emporgehoben wurde. Doch sie hatten Schaumkronen und überrollten von hinten das Boot.

So saß jeweils erst Harald bis zur Brust im Wasser, umschlossen von seinem um den Hals gehängten Gummisack, der den Einstieg in die Kajakverkleidung überdeckte, während der vordere Bootsteil in der Luft hing und durchbog mit den schweren Benzinkanistern zwischen meinen Beinen. Dann saß ich bis zur Brust im Wasser, während jetzt die Motorschraube in der Luft hing und aufheulte. Würde die dünne Holzleiter knacken, die unten liegend das Bootsgestell aufspannte und trug, das Faltboot würde zusammenklappen wie eine Schere und absinken, so ließ mich Harald jetzt wissen.

Er musste Woge für Woge aussteuern. Denn das Boot wurde vom Druck der Wellen rasch parallel zu den Wellenkämmen gestellt. Sobald es diese Position erreicht hätte, wäre es umgeworfen worden. Die um das Boot geknöpfte Kajakverkleidung war nicht dafür gedacht, dass noch ein Motor aufgesetzt wurde, und schloss deshalb nicht lückenlos. Sie wurde jetzt von fast jeder Woge aus Halterungen gelöst. Und jedes Mal musste ich mich umdrehen und sie wieder angeknöpft haben, bevor die nächste Woge über das Boot rollte, Stunde für Stunde. Dennoch lief Wasser in das Boot, viel Wasser. Wieder rettete uns ein Zufall. Der Motor hatte eine Wasserkühlung. Ein dünner Schlauch sollte mit einem Saugnapf außen am Boot befestigt werden. Den legten wir jetzt ins Boot. Er pumpte uns das Wasser ab, hielt es zumindest auf ertragbarem Stand, zunächst.

Heikel war das Auftanken. Der Motor an der linken Bootsseite, ziemlich hoch auf einer Querstange montiert, machte das Boot linkslastig und instabil. Kein Tropfen Wasser durfte beim Nachfüllen in den Tank geraten, denn der hatte keinen Wassersack. Sofort wäre das Wasser nach unten in den Vergaser gesunken. In diesen Wogen von zwei bis drei Metern Höhe, mit den vollen Blechkanistern zu hantieren, das war Akrobatik und Glücksspiel. Doch Glück hatten wir. Vergnügt blickten wir dem ersten leeren Kanister hinterher, der hinter uns davon trieb. Der Verbrauch war gering. Der Treibstoff würde wohl bis Athen reichen.

Eine fast euphorische Zuversicht kam über mich. Ich war rundum glücklich. Wie ungerecht, dachte ich: Andere robben bei der Flucht durch den Schlamm und werden beschossen. Wir dagegen genießen diese atemberaubende Traumfahrt unter strahlend blauem Himmel zwischen Wellengebirgen, die uns nichts anhaben und uns vorantragen. Doch den ganzen Tag hielten wir Ausschau nach Delfinen. Zwei- oder dreimal tauchte ein Schwarm in den Wellen auf, vielleicht auch öfter. Ich war mir nicht sicher. Doch sie waren kleiner als die in der Nacht und ließen uns in Ruhe. Haie gibt es keine im Schwarzen Meer, war uns gesagt worden. Denen sei die Wasserschichtung zu stabil. Andernfalls hätte ich andere Fluchtideen sorgfältiger durchdacht.

Den ganzen Tag niemand, nur Wasser, Sonne, ein scharfer Wind, fast Sturm, und eben ein paar Delfine. Das Meersalz trocknete auf dem Gesicht, wurde abgewaschen, trocknete wieder. Die Haut wurde rissig. Betäubt fast von Licht zogen wir unsere Bahn nach Süden, noch. Doch die Wellen wurden noch stärker, nach und nach, begannen sich zu überschlagen, gewaltige heranrollende Schaumgebirge. Und sie kamen mehr und mehr von Osten. Wie lange dieses drahtverknotete Gestänge sich diesen Belastungen Welle für Welle würde elastisch anpassen können, war nicht abschätzbar. Auch die wegen des Motors überspannte Kajakverkleidung konnte reißen. Die Wogen drohten das Boot zu zerschlagen. Kurswechsel deshalb, westwärts, der Küste zu. Noch hielt alles. Nach Stunden erste Möwen. Dann ein Blatt im Wasser. Waren wir schon nahe am Bosporus oder noch vor Mittelbulgarien? Beides war denkbar. Schließlich, in der Abenddämmerung eine Gebirgssilhouette, darin ein Einschnitt. Ich wusste, es gab einen Grenzfluss. »Das ist die Grenze«, sagte ich zu Harald. »Weg hier, nach Süden!« Heftig zeigte ich mit den Armen immer wieder in diese Richtung. Doch Harald saß am Steuer und fuhr unbeirrt Westkurs. Das Boot war schon halbgefüllt mit Wasser. Lange würde es nicht mehr halten. Und parallel zu den Wellenfronten konnte man ohnehin kaum fahren. Harald hatte den weitaus anstrengenderen Part. Er musste ja jede Welle aussteuern. Es sei ihm langsam scheißegal, ob das vor uns Bulgarien sei oder die Türkei, nur Land. Vielleicht könnten wir in den Fluss reinfahren, dort zelten und morgen weitersehen, meinte er.

Inzwischen war es fast dunkel. Am Strand – wir waren wohl nur noch um zwei- bis dreihundert Meter davon entfernt – eine Vielzahl von Lampen auf seltsamen Gerüsten. Mit der einzigen noch trockenen Taschenlampe, wir hatten sie als Notleuchte mehrfach in Plastik verpackt, blinkte Harald dem Ufer zu. Kurz kurz kurz lang lang lang kurz kurz kurz. Mit einem Schlag war das Ufer dunkel. Dann Suchscheinwerfer. Sie glitten immer wieder über unser Boot. Es war die Grenze. Es hatte schon eine Pointe, in Nordbulgarien die Seegrenze zu durchbrechen, dann weit draußen am ganzen Land vorbei in stürmischer See sich durchzukämpfen, dann genau auf der Grenzlinie zurückzufahren und kurz vorm Strand den Grenzern Notsignale zuzublinken. Dieser Trip war reich an Absurditäten.

Harald drehte jetzt ab, beeindruckt von den Suchscheinwerfern, südwärts, parallel zum Strand, jetzt nur noch eine Steinwurfweite davon entfernt. »Hinlegen!«, brüllte ich. »Du wirst abgeschossen!« Er blieb aufrecht sitzen, wie ein Buddha, war wohl mit seinen Kräften am Ende. Immer wieder glitten die Suchscheinwerfer über uns weg. Doch sie sahen uns wohl nicht mehr oder nicht genau genug, wir waren die meiste Zeit zwischen den Wellenkämmen. Dann seltsame rotierende Lichter am Ufer. Die See wurde etwas ruhiger. Wir fuhren in eine weite Bucht. Vor uns, etwa zwei Kilometer entfernt, vier große Lichter im Meer, in fast gleichen Abständen, nahe dem Ufer. »Das ist jetzt wirklich die Grenze, da kommen wir nicht mehr durch«, sagten wir uns. Dann glitten die Lichter davon. Es waren Schiffe. Jetzt zum Strand! Es war stockdunkel. Vor uns eine weiße Mauer. An der entlang und dann sobald wie möglich anlegen und raus, dachte ich. Plötzlich waren wir unter Wasser. Die weiße Mauer war die Brandung gewesen. Sand unter den Füßen. Mühsam rollten wir das wassergefüllte, jetzt sehr schwere Boot durch die Wellen, stemmten es mit den Paddeln ans Trockene und suchten in den dunklen Wellen nach unserem Kram.

»Du bleibst hier! Pass auf die Klamotten auf!« Harald verschwand im Dunkeln. Er kam wieder mit einem Uniformiertem, einem älteren Mann. Der hatte einen Halbmond an der Mütze.»Nun, ist das ein Bulgare?«, tönte Harald. Ich blieb übervorsichtig. Man hatte mir erzählt, Bulgaren stünden auch in türkischen Uniformen an der Grenze, um Flüchtlinge irrezuführen. Doch was der Mann sprach, war kein Bulgarisch. Ich soll ihn umarmt oder sogar geküsst haben und den Sand desgleichen, behaupteten türkische Zeitungen. Ich kann mich an dergleichen nicht erinnern. Der Mann pfiff. Eine Rotte von Soldaten erschien und schleppte unsere Habseligkeiten davon. Wir trotteten mit, umgeben von Gestalten mit Maschinenpistolen. Das Boot blieb liegen. Es war die erste türkische Grenzgarnison. Ein Offizier sprach etwas deutsch. Die Männer waren mehr als freundlich. Wir tranken mit ihnen, ich weiß nicht, wie lange, auf die geglückte Flucht. Wären wir in der Tat in den Grenzfluss eingefahren, wären wir von beiden Seiten unter Beschuss geraten, erklärt man uns.

Am nächsten Morgen besuchten wir unser Boot am Strand, begleitet vom Offizier.»Bei solcher Wellenstärke«, sagte der und schüttelte den Kopf. Inzwischen hatte sich das Meer beruhigt. Harald fand, es sei doch schade, dass die ostdeutsche Firma Pouch mit dieser hier nachgewiesenen erstaunlichen Hochseefestigkeit ihrer Faltboote keine Werbung machen könne. Er hantierte am Ruder. »Jetzt ist sie zerbrochen,« sagte er. »Was ist zerbrochen?«, fragte ich zurück. »Die Büronadel.

Mit der hatte ich das linke Steuerseil hinten am Ruder fest-
gemacht.« Mir wurde flau im Magen. So war er halt.

Bei dieser ruhigen See jetzt hätten wir unsere Fahrt gerne
fortgesetzt, nahe dem Ufer und ohne Angst vor Schüssen.
Doch daran war nicht mehr zu denken. Vor Tagen hatten wir
darüber fantasiert, wie es nach der Einfahrt unseres Faltbootes
in den Bosporus weitergehen sollte. Um Griechenland herum,
vor Albanien nach Süditalien, dann die italienische Westküste
entlang und die Rhone hoch? Ich kam mit der Idee, auch
noch Spanien zu umfahren, doch das fand Harald nicht so
gut. Von der atlantischen Brandung, von den Wogen eines
Ozeans hatte ich nicht die geringste Vorstellung. Nicht einmal
die türkisch-griechische Seegrenze hätten wir wohl passieren
können. Und wovon wir bei diesen Fahrten leben würden,
schon diese Frage kam nicht auf. Im Westen regelt sich alles
irgendwie gütig von selbst, so dachten wir wohl.

Türkische Sicherheit, Istanbuler Episoden

Doch vor diesen Hirngespinsten stand bereits die türkische
Bürokratie. Der Ernst militärischer Rituale wurde zelebriert.
Schwarz bekamen wir am nächsten Morgen die Augen verbunden. Verlegen grinsend bedeuteten uns die so gastfreund-
lichen Soldaten, die Trinkkumpane der letzten Nacht, das sei
nun mal Vorschrift. Mit Maschinenpistolen im Rücken bestie-
gen wir einen Jeep. Ich setzte mir die Brille auf die Augen-
binde. Man ließ diese Provokation durchgehen. Die nächste
Stadt hieß Igneada. Wir sollten unserem Boot diesen Namen
geben, meinte Harald. Ein paar Stunden Vernehmung: Namen,
Daten, warum, woher, das Übliche halt. Minutiös wurde unser
belangloser Besitz protokolliert, alle noch so geringwertigen
Münzen aus Prag, aus Budapest, Rumänien, Bulgarien und
Ostdeutschland, Filler, Bani, Groschen und Stotinki, und die

Exakt zwei Monate nach der Kirchensprengung: Stefan Welzk und Harald Fritzsch erhalten einen bundesdeutschen (Ersatz)Pass

wenigen Westgeld-Scheine, schwedische Kronen und West-
mark, Dollar, kaum genug für drei Übernachtungen in einem
Billighotel. Dann ging es zur nächsten Großstadt, Kirklareli.
Nochmals Vernehmungen, dasselbe, nur ausgiebiger. Wieder
Protokolle unserer meist wertlosen Habseligkeiten und des
Kleingeldes aus fünf Staaten. Zwischendurch eine Zelle. Dann
wieder auf einen Jeep, mit Boot und allem Kram, diesmal mit
unverbundenen Augen. Ab nach Istanbul.

Endlos zog sich die staubige Straße durch eine ausgedörrt
trostlose Landschaft. Bulgarien, das war ein blühender Garten gewesen. Das hier war wie Wüste. Nur Kasernen schien
es in diesem Landstrich zu geben, immer wieder Kasernen.
Darinnen in sorgfältiger Geometrie geparkt Hunderte von
Lkw, Panzern, Geschützen und sonstiges Militärgerät. Ein
Bauer vor uns ritt auf einem Esel. Von seiner Hand oder seinem Sattel ging eine etwa sechs Meter lange Schnur zum Hals
oder zur Kleidung einer älteren Frau, die hinter ihm herlief.
Da wusste ich: wir waren angekommen in der freien Welt.
Endlich Istanbul, Polizeipräsidium. Eine Rotte von Uniformierten fläzte träge in den Stühlen. Hier bewunderte niemand
unsere Flucht. Wir waren nur lästige Störung, Mehrarbeit
oder eben überhaupt Arbeit. Wieder wurde all unser Kram
protokolliert, wieder die Münzen aus fünf Staaten, zum dritten Mal an diesem Tag, die Bani, Stotinki, Filler, Heller und
Pfennige. Mein Vorschlag, sich die Arbeit zu sparen und all
dieses praktisch wertlose Kleingeld als Geschenk anzunehmen
oder in den Papierkorb zu kippen, stieß auf Verständnislosig-
keit. Den ganzen Tag hatten wir nichts zu essen bekommen.
Niemanden scherte das hier. Ich geriet in Rage, verstieg mich
zu der Beleidigung: »You are the worst police of the world.« –
eine ungeheure Dummheit, im blinden Vertrauen auf eine
hier keineswegs gegebene Rechtsstaatlichkeit. »Wenn Sie
nicht Deutsche gewesen wären, Sie hätten in diesem Augenblick keinen heilen Knochen mehr gehabt«, sagte uns später

ein deutscher Diplomat in Istanbul. Ich öffnete schließlich das Stullenpaket eines Polizisten und begann, ihm das Zeug wegzufressen. Jetzt besorgte man uns etwas, erklärte, die aus Kirklareli hätten das Verpflegungsgeld für uns wohl für sich behalten. Wir landeten schließlich in einem anderen Gebäude in einer Zelle, mit einem Posten vor der Tür mit Maschinenpistole. Die Tür war nicht abgeschlossen, damit wir aufs Klo gehen konnten. Wir nutzten die Chance, irrten durch die Korridore, fanden einen Ausgang, fanden ein Bauchtanzlokal, einen miesen Schuppen, wo abgehärmte Männer hin und wieder an den Rand der kleinen Bühne traten und der Bauchtanzenden einen Geldschein in den Slip schoben. Wir gönnten uns ein Bier und trotteten zurück zu unserer Zelle, wo der Soldat mit erkennbarer Angst unserer harrte.

Am nächsten Tag Verhör im Präsidium. Ein kluger, gut deutsch sprechender Ziviler fragte uns aus. Alle Türken, die wir bisher gesprochen hatten, bewunderten Deutschland. Er nicht. Er hatte dort gearbeitet, erwähnte Verachtung, war unwürdig behandelt und beleidigt und nur für stupide Jobs eingesetzt worden. Die deutsch-türkische Freundschaft, das sei eine Lüge, eine türkische Illusion. Ausführlich, so genau ich es vermochte, beantwortete ich seine Fragen über meine politischen Ansichten, Urteile und Visionen, über Religion und über den Sinn des Lebens. Endlich mal in einer Behörde gegenüber einem intelligenten Menschen nicht nur Stereotypen und Phrasen von sich zu geben, ständig in Sorge, Angriffsflächen zu bieten für die Diagnose von Nonkonformität gegenüber platten Ideologien – das war für mich die Ankunft in der westlichen, freien Welt. Mein Benehmen, meine suchenden Antworten und Rückfragen, das war wohl nicht fair. Der Mann wurde ratlos. Ich fragte ihn: »Haben Sie Camus gelesen?« »Ja«, sagte er, »Sie sind genauso.« Es verwirrte ihn vollends, bei der Abfrage nach Freunden und Bekannten sowohl von Pfarrern wie von Parteimitgliedern zu hören. Harald gab sich nicht diesem Luxus hin, gab das von sich, von dem er annahm, dass man es hören wollte, um das Ganze rasch hinter sich zu bringen. Gewohnt, dass man in den Fängen dieser Behörde in Angststarre und bedingungslosen Respekt verfällt, war unser lässig-unbefangenes Benehmen für den Vernehmer und seine Kollegen befremdlich. Wir, die den Ostblock endlich hinter uns gelassen hatten, wähnten uns in der »Freien Welt«. Wir begriffen nicht, dass bei allen Äußerlichkeiten wie Nato-Mitgliedschaft und Parlamentarismus dieses Land in einer völlig anderen Kultur verwurzelt war.

Eine Szene, die mir bis heute vor Augen steht, war das Erscheinen des Polizeipräsidenten. Wir warteten gerade mit dem Vernehmer vor dem Tor des Präsidiums, als jedermann schlagartig erstarrte. Die Gesichter wurden gesichtslos, fast bleich. »Le grand chef!«, hechelte unsere Aufsicht. Aus einer riesigen schwarzen Limousine, offenbar gepanzert, schleppte sich auf Krücken eine gekrümmte Figur in schwarzem Anzug mühsam ins Gebäude. Wir demonstrierten witzelnd, lässig herumlümmelnd, Hände in den Hosentaschen, unsere Unbefangenheit. Fassungsloses Kopfschütteln unserer Begleitung. Rückblickend schäme ich mich in Grund und Boden. Wir hatten unsere Distanz zur Unterwürfigkeit dieser Apparatschiks und zu diesem grotesk hierarchischen Gehabe demonstrieren wollen. Doch man mag uns gesehen haben als Menschen, die einen Krüppel verlachen. Und es könnte gewesen sein, dass die Unbrauchbarkeit seiner Beine im Dienst verursacht worden ist, dass sie zerschossen worden sind von Kriminellen, und genau das seine Beförderung zum »grand chef« und seine Autorität miterklärt hatte.

Es zog sich hin, Tag um Tag; das war wohl meine Schuld. Der Vernehmer sagte zu Harald, er wisse nicht, ob ich ein guter Mensch sei. Er, Harald, glaube immerhin an Gott. »Ja«, sagte Harald, »das ist aber nicht Allah.« »Viele Wege führen nach Rom«, entgegnete der Vernehmer. Schließlich zu mir: »Wir haben den Eindruck, dass Sie viel Einzelkritik am Kommunismus haben, doch im Grunde Kommunist sind. Die Türkei ist ein freies Land. Sie können hier Kommunist sein, doch sie müssen es zugeben.« »Wenn die Türkei ein freies Land ist, warum muss ich so was dann zugeben?« Irgendwann sagte er: »Wir können Sie zurückschicken nach Bulgarien. Wir haben so was schon gemacht.« Ich war so arrogant, darüber zu lachen. Ich konnte mir nicht vorstellen, dass sie das mit einem Deutschen wagen würden. Doch offenbar wussten die Westdeutschen bislang nichts von unserer Existenz. Wiederholt verlangten wir nach jemandem vom Konsulat. »Später«, war immer die Antwort.

Inzwischen saß Borislav in der Klemme. Er war mit meinem Rucksack nach Primorsko gefahren, ins Sommerferienquartier der Physiker der Universität Sofia, und hatte unsere Ankunft mit dem Boot in ein oder zwei Tagen angekündigt, damit wir ein Alibi gehabt hätten, wären wir aufgegriffen worden auf dem Meer. Nach mehr als einer Woche nahm ihn sein Professor ins Gebet: »Entweder die sind im Westen oder erwischt worden oder ersoffen. Solange ist keiner auf See mit einem solchen Boot. Schaden kannst Du ihnen nicht mehr. Wenn Du jetzt nicht Meldung machst, hast Du dich selbst überführt.« Borislav gab bei der Polizei Vermisstenmeldung. Wenige Tage später erschienen zwei Herren von der ostdeutschen Botschaft: »Machen Sie sich keine Sorgen, die sind schon drüben«, beruhigten sie ihn. Sorgfältig protokollierten sie meinen Rucksackinhalt, darunter die Anzahl der Socken, »drei schmutzige kurze Unterhosen« und »Bargeld (5,10 Mark, 6 Stück 25 Bani; 3 Stück 5 Bani; 5 Stück 10 Bani, 1 Stück 15 Bani, 2 Stück 20 Filler, 9 Stück 10 Filler; 1 Stück 1 Forint, 1 Stück 1 Lei, 2 Stück á 1 Krone, 1 Stück 3 Kronen, zwei weitere Münzen)« und zogen mit dem Krempel von dannen.

Schließlich war ich schon im Vorjahr bei einem idiotischen Kontakt zur bundesdeutschen Handelsvertretung in Sofia ins Visier geraten, wo ich für eventuelle Fluchthilfe vorgesprochen hatte, für das Übermitteln von Informationen an hilfsbereite Freunde im Westen. Dieses Ansinnen war dort, im abhörsicheren Raum, positiv beschieden worden. Ich hatte die Wolga-Limousine, die hernach der Straßenbahn folgte, wohl registriert, glaubte aber, die Verfolger im Uni-Komplex abgehängt zu haben. Doch meinen Besuch bei den Bundesdeutschen, meinen Namen und das Quartier bei Borislav fand ich später in den Stasi-Dokumenten. Die bulgarischen Sicherheitsorgane informierten die Stasi in Berlin und in Potsdam und baten um nähere Angaben über mich. Ein Vorgang des Titels »Renegat« wurde angelegt und abgelegt.[9] »Die operativen Überprüfungsmaßnahmen erbrachten keine Hinweise auf eine feindliche Tätigkeit«. Das war 1967. Doch mit diesem Vorspiel in den Akten, von dem ich nichts wusste, hätte meine Flucht Borislav das Genick brechen können. Mein Anruf bei ihm vor der Flucht, meine Bitte, zu uns nach »Druschba« an den Strand zu kommen, das war pure Sentimentalität. Falls es das Meer nicht gut mit uns meinen sollte – einen gemeinsamen Abend voller Träume, Visionen und Hochgefühl – sollte es noch gegeben haben. Ich hatte ihm auch die Kongresshallenaktion in Leipzig berichten wollen, damit er sich meiner angemessen erinnert, als jemanden, der nicht nur gequatscht, sondern irgendetwas an Widerstand wirklich versucht hat. Borislav war für mich eine Symbiose aus Doktor Schiwago und Dostojewski, eine Inkarnation der nichtkorrumpierten slawischen Identität und schlechthin der Einzige, an dessen Achtung mir vital gelegen war. Und so hätte meine Sucht nach seiner Bewunderung ihn leicht Freiheit und Lebenschancen kosten können.

Nach etwa fünf Tagen Befragung durch die türkische Sicherheit schritten wir eines frühen Morgens mit einem

9   BStU, Akte MfS AP 3761, Blatt 78.

freundlichen »How are you?« am Posten vor der Zellentür vorbei, verschwanden auf dem Weg zur Toilette im Labyrinth der Korridore, suchten den Ausgang und fragten uns draußen durch zum deutschen Konsulat. Es erschien uns als fast so groß wie die sowjetische Botschaft in Ost-Berlin und wir witzelten, es habe vielleicht auch eine ähnliche Funktion. Wir reihten uns in eine Schlange sympathischer, leicht verlotterter Gestalten ein, denen meist Pass, Geld oder Auto abhanden gekommen waren oder alles zugleich. Ein geklautes Auto, das war das Schlimmste. Da schaltete die türkische Polizei sofort auf Schmuggel und wurde ziemlich unangenehm.

»Sie wünschen?!«, fragte mit abweisender, angeekelter Stimme ein fetter kleiner Typ, gezwängt in einen feinen Anzug. Er war offenbar darauf geeicht, tagtäglich mittellos gestrandete deutsche Tramper und Hippies abzuwimmeln. Auch unser Aussehen und Outfit hatte unverkennbar bei ihm einen gewissen Ekel ausgelöst. Ostklamotten, runtergekommen, vom Salzwasser gezeichnet, unrasiert, meine Gesichtshaut aufgesprungen vom immer wieder eingetrockneten Salzwasser – ich ähnelte damals wohl ein wenig van Gogh auf einem seiner sonnengleißenden gelben hässlichen Selbstportraits. »Wir wünschen politisches Asyl«, entgegnete ich, den halbnäselnden kalten Ton des fetten Engerlings imitierend. Darauf hatte ich jahrelang gehofft, ja davon geträumt, einen solchen Satz in einer bundesdeutschen Botschaft zu platzieren. Doch ich hatte nie gedacht, dass ich diese Formel dann spontan in sarkastischer Verfremdung artikulieren würde. »Ist das eine Pass-Sache oder was Politisches?«, wollte der Engerling wissen. »Beides«, sagte ich, voller Verachtung, dass dem Konsulats-Schnösel dieser Begriff fremd war.

Mit einem »Moment bitte« entschwand er. Es erschien federnden Schrittes ein schlanker hochgewachsener Mensch, offenbar aus der Leitungsebene des Konsulats. Sofort hatte er unseren Fall begriffen. Ein verständnisvolles anerkennendes

Abfragen unserer Story. Dann im Mercedes zu einer Villa im weitläufigen Park, dem Domizil des deutschen Pfarrers. Dort logierten wir fortan. Die türkische Souveränität war selbstredend zu respektieren. Und so fuhren wir fortan im Konsulats-Mercedes zur weiteren Befragung im Polizeipräsidium vor. Die zweiten Tageshälften streiften wir durch Basare, Museen, Moscheen, leidlich mit Taschengeld ausgestattet. Jetzt erst fühlten wir uns sicher. »Warum sind Sie weggelaufen aus Ihrem Quartier?«, fragte traurig unser Vernehmer. Vermutlich hatte man ihm seinen liberalen und freundlichen Umgang mit uns vorgeworfen. »Wir wollten, dass die deutschen Behörden von uns erfahren; darum hatten« wir mehrmals gebeten.« Achselzuckend fuhr er fort mit seinen Fragen nach Verwandten, ich hatte kaum welche oder kannte die kaum, und nach Freunden und deren politischer Orientierung. Und ich trieb mein Spiel weiter mit übergenauen ausführlichen Antworten, die jede Einordnung des Gesagten zu irgendeinem Klischee verunmöglichten. Der Vernehmer war mir sympathisch. Im Grunde versuchte ich klar zu machen, dass man mit solchem kategorisierenden Gefrage keinem Menschen gerecht wird. Doch der Mann war ja nicht bestellt, über die Unergründlichkeit des Menschlichen zu diskutieren, sondern um zu einem Urteil zu kommen, ob wir Agenten seien. Das war sein Job. Dass die Stasi ihre Botschafter des Friedens mit perfekten Identitäten unbehelligt mit der S-Bahn nach West-Berlin schicken konnte, das war der türkischen Staatssicherheit nicht so recht zu verdeutlichen.

Mein verwirrendes Verhalten in den Vernehmungen hatte ein angenehmes Resultat. Die Genehmigung unserer Ausreise zog sich hin. Komfortabel beherbergt gewannen wir Zeit für Streifzüge durch diese in ihrer Verschmolzenheit von Verrottung und Moderne unfassbar vitale Metropole dies- und jenseits des Bosporus, kutschierten mit den Dolmusch-Taxen von einem Basar zum nächsten, amüsierten uns über die Betrugsversuche von Kleinkriminellen, über jenen Dieb, der unser Ostgeld geklaut hatte und in den Wechselstuben verständnislos seine Enttäuschung erleben würde.

»Keine Presse, nichts bitte in den Zeitungen«, hatten wir wiederholt gebeten. Eines Tages tauchten zwei Männer mit Kameras auf. Sie stellten Fragen anderer Art. Unsere Rückfrage »Sind Sie von der Presse?« wurde klar verneint. Am nächsten Tag sahen wir in der *Cumhyriet* über unsere Flucht berichtet.[10] Fast nichts entsprach der Wirklichkeit, doch unsere Namen waren korrekt wiedergegeben. Damit war der Osten informiert. Nicht dass wir von Wichtigkeit gewesen wären – der Artikel hatte uns zu hochkarätigen Wissenschaftlern gekürt, die brisante Dokumente mit sich geführt hätten – doch unsere Flucht war von Belang. Dergleichen durfte nicht sein. Dass eine derart verrückte Flucht geglückt war, alarmierte nicht nur die Stasi, sondern versetzte die bulgarische Sicherheit in geradezu neurotische Reaktionen. Dabei würden sich Nachahmer für ein solch riskantes Unterfangen, selbst wenn es sich herumsprach, kaum finden. In der Tat wurde genau von diesem Tag an das MfS in Ostdeutschland aktiv, mit den üblichen sinnlosen Routinen. Von der Stasi in Leipzig erging wenig später »Fahndungsersuchen zur Festnahme« und Haftbefehl wegen der Beschuldigung, *»einen ungesetzlichen Grenzübertritt durchgeführt zu haben. … Die Anordnung der Untersuchungshaft ist gesetzlich begründet, weil Fluchtverdacht vorliegt. Dieser ergibt sich daraus, dass der Beschuldigte sich seiner Bestrafung durch illegales Verlassen der DDR entzogen hat.«*[11] Die zirkuläre Logik dieser hilflosen Verwaltungsformalität hatte schon ihren spezifischen Charme.

Jetzt, nachdem die Presse unsere Flucht herausposaunt hatte, schickten wir Postkarten zurück. »Wir sind die Herren der Welt, die Könige auf dem Meere«, schrieb ich; ein Fetzen aus einem Seeräuberlied. Später erzählte der bulgarische Freund unserer Leipziger Untermieterin meinem Vater, dass alle, die in der Nacht dieses 25. Juli an der bulgarischen See-

10 Cumhyriet; Ankara 1. 8. 1968; dpa 113 ss/vd 01. Aug. 68 1508; BStU, Lpz. AU 335/72 Bd. 14.
11 Das Kreisgericht Leipzig – Haftrichter – AZ As 536/68, 6. 12. 68.

Das **Kreis** **gericht** Leipzig
– Haftrichter –

Leipzig , den 6.12.68
Fernruf

Aktenzeichen: As 536/68
(Bei Eingaben stets anführen)

KIA (g) 312/68

Haftbefehl

D er am 24.7.1942 in Leipzig geborene W e l z k , Hans-Stefan, Bernd
wh. gew. 7022 Leipzig, Coppistr. 41

ist in Untersuchungshaft zu nehmen.

Er wird beschuldigt, einen ungesetzlichen Grenzübertritt durchgeführt zu haben.

Im August 1968 verbrachte der Beschuldigte in Bulgarien seinen
Urlaub und begab sich von dort aus illegal über die Türkei nach
Westdeutschland.

KOPIE **Lpz. AP**
zur Akte 302/74

Vergehen/Verbrechen gem. § 213 Abs. 1 StGB

Er/Sie ist dieser Straftat dringend verdächtig, weil

Die Anordnung der Untersuchungshaft ist gesetzlich begründet, weil **Fluchtverdacht vorliegt.**
Dieser ergibt sich daraus, daß der Beschuldigte sich seiner Be-
strafung durch illegales Verlassen der DDR entzogen hat.

Gegen diesen Haftbefehl ist das Rechtsmittel der Beschwerde zulässig.

Sie ist binnen einer Woche nach Verkündung des Haftbefehls bei dem unterzeichneten Gericht zu Protokoll der Rechtsantragstelle oder schriftlich durch den Betroffenen oder einen Rechtsanwalt einzulegen.

(Marke)
Haftrichter

Best.-Nr. 22016 Haftbefehl – §§ 124, 127 StPO
VLV Osterwieck

16/18/58 Ag 905/DDR/60/470/220 16

Haftbefehl in Abwesenheit

grenze Dienst hatten, wegen einer nicht verhinderten Flucht in Arrest gekommen waren.

Unmittelbar nach dem Ruchbarwerden des ungesetzlichen Grenzübertritts erschien die Stasi im Institut für Geomagnetismus bei Professor Fanselau. Seit langem physisch erblindet, war er ein akademisches Fossil mit Schmissen im Gesicht. Eine von ihm erfundene Spule zur Messung des Erdmagnetismus war in den Standardlehrbüchern. Der alte Herr trat auf die Balustrade vor seinem Büro und brüllte über das Treppenhaus: »Treumann, komm mal her! Die Herren von der Geheimen Staatspolizei sind da!« Mit rotem Kopf standen die neben dem grinsenden Institutsdirektor. Treumann war ja sein Lieblingsassistent, sein Vertrauter.

Mein Vater, damals 72 Jahre alt, brach in Tränen aus, als ein Stasi-Mann mit der Fluchtnachricht bei ihm auftauchte. Der versuchte ihn zu trösten. Ich sei doch sicher und gut drüben angekommen. Und diese Flucht sei ja auch irgendwie eine starke Leistung. Diesen Mut habe nicht jeder. Und man werde ihn nicht allein lassen, wenn er Hilfe brauche. Ansonsten wurde gefragt, in welchen Tanzlokalen ich verkehrt habe, obwohl ich überhaupt nicht tanzen konnte. Man fragte nach dem Einfluss von Westmusik, Schallplatten und dergleichen. Die ermittelten auf einem geradezu beleidigenden Niveau. Nichts, was auf ein Ahnen der wirklichen Zusammenhänge schließen ließ.

Endlich die Ausreise aus Istanbul. Das Konsulat drückte uns Lufthansa-Tickets in die Hand, fuhr uns zum Flughafen und nach einer Stunde wieder zurück. Der türkische Beamte mit den erforderlichen Papieren war nicht aufgetaucht. Noch Klärungsbedarf der Dienste. Eine letzte Schikane. Sie verlängerte unseren Urlaub. Wir müssen in unserer Naivität und Entspanntheit als letztlich nicht entschlüsselbare Subjekte erschienen sein, die man resignierend schließlich den Deutschen überließ. Sollten die doch die Verantwortung für Leute wie unsereins tragen.

Drüben

Über den Alpen das Zittern der Flügel. Wolkendecke zwischen uns und dem ersehnten Gipfelpanorama. Dann München. Wir hatten geglaubt, wir wären in der Bundesrepublik Deutschland angekommen. Doch an den Mützenschildern der Uniformierten lasen wir »Bayerische Grenzpolizei«. »Du, Hans komm mal rüber, da sein zwei Herrn aus der sowjetisch besetzten Zone.« Dann kam der BND vorgefahren. Ob wir uns befragen lassen wollten, doch das sei freiwillig. Wir wollten. Ein Mittelklassehotel, Geld für ein paar Klamotten und Essen, eine Villa ohne Namensschilder. Was man eben so fragt, freundlich, ein wenig Beratung zu dieser Gesellschaft und ihren Bräuchen, mit sympathisch sarkastischer Rollendistanz. Wir waren als Doktoranden weiß Gott keine Träger brisanter Interna in Potsdam gewesen. Dann, nach drei Tagen, die Frage, ob wir auch mit dem CIA reden würden. Auch das sei völlig freiwillig. Der BND würde uns dazu weder zunoch abraten. Ich wollte den Westen nach Kräften unterstützen und ließ das auch wissen.

Wie im Krimi. Zwei Herren im Trenchcoat, mit einer bestimmten Zeitung und einem bestimmten Schlips warteten in Frankfurt am Bahnsteig. Eine luxuriöse Wohnung, prallvoller riesiger Eisschrank, Telefon. »Wir kommen morgen ab zehn.« Harald rief seine Eltern in Reinsdorf bei Zwickau an, bis ziemlich bald die Leitung unterbrochen wurde. Sie hatten noch nichts gewusst. Wir mochten solche Pointen: Das erste Gespräch in die DDR über eine Leitung des CIA, von mehreren Geheimdiensten abgehört.

Eines vor allem wollten die Amerikaner wissen. Ob in meiner Arbeitsstelle, im Geomagnetischen Institut in Potsdam, Geräte entwickelt würden, die, von Flugzeugen übers Wasser geschleppt, mit Magnetfeldmessungen die Existenz von U-Booten anzeigen könnten. Das glaubte ich damals verneinen zu können. Monate später wurde mir die ganze Brisanz dieser Frage klar. Das Institut, aus dem ich kam, war mit dergleichen nicht befasst, zumindest damals nicht. Harald kam aus einem Akademie-Institut für Kosmologie und Gravitationstheorie. Auch in den Augen der CIA hielt sich dessen militärstrategische Relevanz offenbar in Grenzen. Nach der Wende erfuhr ich, dass diese Gespräche für den Osten den Tatbestand der Militärspionage erfüllt haben und mir wohl ein Strafmaß eingebrockt hätten, gegen das die strafrechtlichen Folgen anderer Delikte wie Flucht eher belanglos waren.

Die Herren übten Rollendistanz, ließen sich spöttisch aus über Nixon und besorgt über den Vietnamkrieg. Nach drei Tagen hatte sich ihr Interesse erschöpft. Im Straßenkreuzer ging es nach Oberursel ins »Camp King«, offenbar der CIA-Zentrale zur allgemeinen Flüchtlingsverwertung. Hier war es vorbei mit dem achtungsvollen Umgang, mit Luxus und Privilegien. Doppelstockbetten in schäbigen Räumen, zwischen vereinzelten Flüchtlingen aus den Ostblockstaaten, die hier offenbar seit Wochen oder Monaten gelangweilt herumhingen. Hier waren wir nur noch Flüchtlinge, die man spüren lassen wollte, dass sie nichts waren und nichts hatten, abhängig von einem Wohlwollen, das durch devote Kooperationswilligkeit erworben werden konnte. Fingerabdrücke: »Verweigert!« Wir waren laut Grundgesetz Bundesbürger, waren in Deutschland und nicht in den USA. In München hatten wir uns freiwillig bereit erklärt, den Amerikanern zu einer Befragung zur Verfügung zu stehen. Von Verbringung in ein Lager und erkennungsdienstlicher Behandlung samt Fingerabdrücken – davon war nicht die Rede gewesen. Wir hatten langsam genug von all den Geheimdiensten. Draußen auf den Lagerstraßen riefen wir »Ho-Ho Ho-Chi-Min«, wenngleich etwas zaghaft, und warfen mit Steinen nach den Lampen. Schnell entschied man sich, uns loszuwerden. Immerhin noch in einem komfortablen Buick wurden wir nach Gießen chauffiert, in das zentrale Notaufnahmelager des Bundes, ziemlich menschenleer. Es kamen ja nicht viele durch an den Grenzen und der Häftlingsfreikauf lief erst an.

In den Befragungen schwadronierten wir von unserer Widerständigkeit, erklärten, wir seien politischer Proteste wegen zur Flucht gezwungen gewesen, blieben dabei jedoch hinreichend vage und nebulös, nichts Verwertbares – eine Vorsicht, rettend nicht für uns, doch zunächst für drüben hinterbliebene Freunde. Der Chef des Notaufnahmeverfahrens stand, wie später, viel später rauskam, auf der Lohnliste der Stasi. Sicher bin ich freilich nicht, ob das der Mann war, der uns 1968 befragt hatte, oder ein Späterer auf diesem nachrichtendienstlich nicht belanglosen Posten. In der Regel waren die Formalien in Gießen in ein bis drei Tagen erledigt. Doch eine Freundin, ein Jahr zuvor von einer Fluchthilfeorganisation rausgeholt, wurde dort vier Wochen festgehalten. Sie sollte Fluchtweg und Organisation preisgeben. Erst eine Intervention ihres westdeutschen Freundes beim Ministerium für innerdeutsche Beziehungen in Bonn stoppte diese Art von Freiheitsberaubung, zumindest in ihrem Fall. Uns überreichte man nach drei Tagen den »C-Schein«, die Anerkennung als politische Flüchtlinge. »Rechtsanspruch, besondere Zwangslage«. »Das hatten wir schon Jahre nicht«, kommentierte ein Beamter. Der Schein gewährte wohl einiges an Privilegien. Genutzt haben wir nichts davon. Es ergab sich einfach nicht, es wurde nicht nötig. Uns ging es ohnehin bald gut genug. Denn hilfsbereit war fast jeder, auf den wir trafen, auch in den Studentenwerken und -heimen, selbst auf den Ämtern und im Privaten ohnehin.

Der 21. August. Der erste wirklich freie Tag in der »freien Welt«. Am Morgen im Fernsehen die Schockmeldungen aus Prag. Wir bekamen Fahrkarten in ein »Regierungsflüchtlingslager für Spätaussiedler und Sowjetzonenflüchtlinge« in Bayern. In Frankfurt stiegen wir aus, kauften Zangen und

Der erste Tag in der freien Welt: gleichzeitig der Tag, an dem Warschauer-Pakt-Staaten in die ČSSR einmarschierten.
Protest in West-Berlin

Gummi und fertigten daraus Katapulte, um die Fenster der sowjetischen Militärmission einzuschießen. Pubertär, dümmlich, gewiss, im Rückblick sogar schädlich. Denn dankbar würden die Sowjets jeden Anlass nutzen, um auf ein Ende der vier alliierten Militärverbindungsmissionen in Deutschland zu dringen, von denen drei schließlich in Potsdam saßen, unkontrollierbar, rechtsfrei, Pfahl im Fleische der DDR. Doch diese russische Intervention zum Datum unserer Freiheit – wir brauchten ein Ventil. Wir fragten uns durch zur Militärmission. Dort war der SDS, der Sozialistische Deutsche Studentenbund, schon vor Ort – mit einem riesigen Transparent UdSSR, dabei die Buchstaben SS in Runenform.

Das Gelände war von Studenten besetzt. Die Polizei beschränkte sich darauf, das Gebäude zu schützen. Es war wohl das erste und auch einzige Mal, dass Polizisten in Frankfurt Sympathie für den SDS erkennen ließen. Wir verzichteten auf den Einsatz unserer Katapulte. Es hätte den ansonsten gewaltfreien Protest diskreditiert. Ich erlebte meine erste Megaphon-Diskussion. Der Einmarsch stabilisiert beide Systeme, im Osten wie im Westen – darin waren wir uns rasch einig. Wie ein Flächenbrand hätte sich der Prager Frühling hinter dem Eisernen Vorhang ausgebreitet. Ich war ja wie fast alle aus dem Leipziger Freundeskreis in den Monaten zuvor nach Prag und Bratislava geradezu gewallfahrt, um das zu erleben – ein befreites feierndes Volk, einen repressionsfreien Sozialismus, mit allen Menschen- und Bürgerrechten. Wenn das hielt, wenn das funktionierte – das war klar – war nicht nur jedes Regime im Ostblock unhaltbar, sondern auch im Westen würde sich einiges ändern. Die Linke würde einen Zulauf erleben wie niemals zuvor. »WER HAT UNS VER- RATEN – ROTE BÜROKRATEN!« – bis heute habe ich diesen damals skandierten Slogan im Ohr.

Spät in der Nacht wurde dann durchs Megafon gefragt, ob jemand ein Quartier habe für die beiden Genossen aus Leipzig. Es war das erste Mal, dass ich als Genosse bezeichnet wurde, und ich hatte ein freudiges und mulmiges Gefühl zugleich. Zwei vom SDS nahmen uns mit. Ich schlummerte in einer WG, mit einer Vietkong-Fahne überm Bett, die kurze Zeit zuvor noch beim Bundeskongress des SDS auf der Bühne gehangen hatte.

Am nächsten Tag in Stuttgart. Die Schwaben, geschäftsorientiert und mit beschränktem politischen Engagement, würde das Geschehen in Prag wenig berühren, so dachten wir. Doch auf der ganzen Breite der Schlossstraße kam uns eine riesige Demo entgegen, vorn wieder mit dem Transparent »UdSSR«, die zwei S als Runenzeichen. Dann in München, bei Doris. Monate zuvor hatte sie mein Physik-Diplomzeugnis über die Berliner Sektorengrenze geschmuggelt, zusammengerollt in der Hand, während ihre Tasche kontrolliert wurde. »Gleich kommen ein paar Freunde vom Ring Christlich-Demokratischer Studenten.« »Gib uns aus als Funktionäre vom Zentralrat der

FDJ in Ost-Berlin.« Wir rechtfertigten den Einmarsch mit der weidlich erfahrenen propagandistischen Rabulistik, als inniglichst vom Volke ersehnte brüderliche Hilfe zur Verteidigung der sozialistischen Errungenschaften. Mühsam, höflich und genervt versuchten die christlichen Studenten dagegenzuhalten. Als ich schließlich erklärte, die Dubček-Anhänger seien bekennende Faschisten, denn überall malten sie ja Hakenkreuze an sowjetische Panzer, da war es dann doch vorbei mit der gequälten Selbstbeherrschung. »Jetzt kann ich wirklich nicht mehr!«, explodierte einer. Der Abend drohte im lautstarken Eklat unterzugehen, in der Explosion der Emotionen. Grinsend offenbarten wir uns als Flüchtlinge und erlösten die Runde. »War halt nur mal für Euch so 'ne Erfahrung mit Agitprop.« Erst Jahrzehnte später erfuhr ich, für wie bedrohlich vom Westen die Situation beurteilt worden war. Ein Durchmarsch der Russen über Prag hinaus galt als denkbar. Die Bundeswehr ging mit scharfer Munition in Alarmstellungen. Die Öffentlichkeit freilich bekam davon nichts mit.

Neuburg an der Donau schließlich, das »Regierungsflüchtlingslager für Spätaussiedler und Sowjetzonenflüchtlinge«, eingerichtet für Ströme von Geflohenen und Vertriebenen aus Pommern, Ostpreußen, Schlesien und Siebenbürgen. Und im Zustand der späten 1940er Jahre befand es sich noch immer. Kochherde, mit Kohlen zu befeuern, die man bei der Lagerleitung erbetteln konnte, in kleinen Portionen. Große Baracken, fast menschenleer. Dennoch, wer zum Waschraum ging, nahm seine Glühbirne mit, brachte sie hernach auch wieder zurück und versteckte sie in seinen Habseligkeiten. Ein paar verlorene Gestalten, Rausgelassene aus Polen oder irgendwie durchgekommen über die grünen Grenzen, versonnene Gemüter. Als hätten sie das Risiko ihrer Grenzdurchquerung nie richtig geschnallt. Die »Lagerschwester« von gouvernantenhafter Strenge. Was für ein Massenlager in den Vierzigern vielleicht ein sinnvolles Gehabe gewesen sein mag, hatte sie bis jetzt, in den 1968er-Sommer, beibehalten. Sie ließ ihre Antipathie uns gegenüber spüren. Unsere lässige Arroganz kontrastierte die Unterwürfigkeit der aus Polen oder sonst wo Entkommenen.

Meldung auf einem fast menschenleeren Arbeitsamt und rasch floss das Geld. Dann ab nach München, Zukunft sichern. Zwei Zimmer im Studentenheim bekamen wir sofort. Wer damals rüberkam aus Ostdeutschland als echter »Grenzdurchbrecher«, der konnte in Wohlwollen und Hilfsbereitschaft baden. Der war, trotz sächsischem Dialekt, der Held. Türen öffneten sich fast wie von selbst. Die Fluchtstory verkam rasch zur Party-Münze.

Noch einmal meldete sich der Bundesnachrichtendienst und lud uns zu einem Essen ins Hotel »Deutscher Kaiser«. Doch wir wurden in dieses feine Haus nicht eingelassen; keiner von uns hatte einen Schlips. Man musste in eine gewöhnliche Kneipe am Theatiner umziehen. Ihr Begehren: Freunde in der DDR, die sich bereitfinden könnten, für sie zu arbeiten. Nach Schwanken und Zögern erklärte ich, mir sei das zu riskant, nicht wegen des Auffliegens drüben, sondern wegen der Gefahr von Maulwürfen im Westen im BND. Die Herren waren ernsthaft tiefbeleidigt. Anderthalb Jahrzehnte später setzte sich der für Spionage in der DDR zuständige Abteilungsleiter in Bonn in dieselbe ab und verriet dort jeden, an den er sich erinnern konnte. Nicht alle haben das überlebt.

Startversuche

Harald war schon an unserem ersten Tag in München im Heisenberg-Institut aufgekreuzt, dem »Max-Planck-Institut für Physik und Astrophysik«. Er hatte die mündliche Zusage für eine Doktorandenstelle fast sofort in der Tasche. An diesem Institut ist er heute noch oder wieder, als Wissenschaftliches Mitglied der Max-Planck-Gesellschaft. Zwei Menschen dieses Schicksals konnte man auf Anhieb nicht unterbringen an diesem Institut. Man telefonierte. Ich bekam einen Termin am »DESY«, dem »Deutschen Elektronen-Synchrotron« in Hamburg, und Fahrkarten. Ein Gästezimmer erwartete mich. Ich hatte die Kopie meines Physik-Diploms vorausgeschickt, alle Prüfungen samt Diplomarbeit mit Eins bewertet, mit einer Zwei nur in Marxismus-Leninismus. Zwei Jahre zuvor hatte ich meinem Vater dieses Zeugnis ans Krankenhausbett gebracht. Da hatte er prophezeit: »Das wird dir noch viel nutzen, dass du in Marxismus-Leninismus keine Eins hast.« Ein vollschlanker schwäbelnder Professor holte mich am Morgen im Zimmer ab: »Mer wollte Ihne eischentlich erscht schreibe, dass wir wechen ihrer herausragend schlechte Leischtunge in Marxismus-Leninismus von einer Einschtellung absehe müsse. Awer wir wusste nischt, ob sie das vertrache.«

Dann drei Professoren, Studienfreunde meines Diplom-Professors in Leipzig und mir vor der Flucht schon aus Publikationen bekannt. Sie wollten mir entgegenkommen, soweit das nur ging, und baten mich deshalb, meine Diplomarbeit zu erklären. Doch gerade deren physikalische Hintergründe hatte ich nie so recht begriffen und war darüber schon in Leipzig schier verzweifelt. Ich hatte das Thema auch nicht gewählt, sondern aufgedrückt bekommen. Daraufhin versuchten die drei, mir meine Arbeit zu erklären. Wieder begriff ich wenig. Eingestellt wurde ich dennoch, auf einer Hilfsassistentenstelle, und im Christophorus-Studentenheim nahebei sofort freundlich aufgenommen. Aber das Dubček-Bild war dann doch rasch von meiner Zimmertür verschwunden – schließlich war der ja Kommunist und das Heim ein christliches.

In den Seminaren am DESY schwamm ich. Ich begriff, dass ich nichts begriff. Mein Diplom aus Leipzig entsprach mitnichten dem, was hier vorausgesetzt wurde. Ich wollte weiter studieren, meine Kompetenz auf Westniveau hieven, und begab mich zum Studentenwerk. Dort war man erstaunt,

Quelle: Privatarchiv Welzk

Das neue Leben brachte auch ein anderes Äußeres mit sich: Stefan Welzk vor und nach der Flucht.

dass jemand, der seinen Studienabschluss in der Tasche hatte, den für fast wertlos hielt und im gleichen Fach immatrikuliert werden wollte. »Bei Ihren Examensnoten ist ein Sonderstipendium drin. Der Vertrauensdozent dafür ist Professor von Weizsäcker. Fragen Sie dort nach einem Termin.« Carl-Friedrich von Weizsäcker – zwei Jahre zuvor hatte ich in Halle bei der Leopoldina einen Vortrag von ihm erlebt und war gefesselt von der Schärfe und Logik seiner Analysen und seinem die Fachgrenzen überschreitenden Weitblick. Das war für mich gewesen, als käme ich aus dumpfer Provinz, aus einem dogmatisch verkrusteten Mittelalter in eine lichtüberflutete Moderne, ja als blickte ich in die wirkliche Welt. »Bei dem Mann zu arbeiten, das wäre das wahre Leben«, so hatte ich Freunden damals in Leipzig erklärt.

Auf mein Anliegen, ein Stipendium zur Fortsetzung des Physikstudiums, ging Prof. von Weizsäcker überhaupt nicht ein. »Wenn Sie bei mir Philosophie studieren ...«. Ich war fassungslos. In der Woche darauf freilich sagte er mir, er werde seinen Lehrstuhl in Hamburg aufgeben. Ein Max-Planck-Institut für Zukunfts- und Friedensforschung, zur Klärung der Überlebensbedingungen dieser Zivilisation werde gegründet. Er werde der Direktor sein. Ich bewog ihn, mich dorthin mitzunehmen, als Stipendiat. Fortan ging es mir gold. Ich erlag zunächst der Faszination Martin Heideggers. Wie er hatte ich das Empfinden, dass diese Zivilisation an der Wahrnehmung des wahren Lebens vorbeiexistierte. Ein üppiges Forschungsstipendium der Max-Planck-Gesellschaft wurde mir zugesprochen. Professor von Weizsäcker überließ mir, weil er für Wochen auf Reisen war, sein luxuriöses Büro als Arbeitsraum, oben im »Philosophenturm« der Universität, mit einem Traumblick über die Stadt. Und er holte mich in sein Haus im wohlhabenden Stadtteil Wellingsbüttel. Die Miete bestand in der Betreuung eines südamerikanischen Affen namens Bollatz, der dort frei herumtobte und im Garten die Katzen in panische Flucht schlug. Bollatz war von einem der Söhne Weizsäckers von einer Reise mitgebracht worden, doch der hatte bald das Interesse an dem Tier verloren. Den Affen ins Tierheim zu geben, das wäre für Carl-Friedrich von Weizsäcker unvorstellbar gewesen.

Ich gönnte mir Trips nach Helmstedt und nach West-Berlin, stand wieder vor dem Brandenburger Tor. Was für eine seltsame Epoche, in der man um die dreitausend Kilometer risikovoll hinter sich bringen muss, um hundert Meter zu überwinden! Ich besuchte Bernhard Langfermann, engagiert in der APO, Politologie-Student am Otto-Suhr-Institut und Mitherausgeber der Zeitschrift »Sozialistische Politik«. Er wurde die verhängnisvollste Bekanntschaft meines Lebens. Kennengelernt hatte ich ihn über Zufallskontakte einer Freundin beim letzten »Deutschlandtreffen« der FDJ, bei dem das Regime sich weltoffen zu zeigen bemüht war. Oft hatten wir uns dann in Ost-Berlin getroffen und uns über die Widrigkeiten beider politischer Systeme ergangen. Seither hatte er für uns in der Unterwäsche den »Spiegel«, die »Zeit«, auch »Pardon« und »Konkret«, Milovan Djilas, Solschenizyn, Marcuse,

Wolf Biermann und andere ideologische Konterbande durchgeschmuggelt. Er war etwas älter als seine Kommilitonen aus der APO, erschien mir auch reifer, hatte schon einige Zeit gearbeitet, als Eisenbahner.

Und ich traf Hans-Wilhelm Kraus wieder. Wir waren einige Jahre zuvor in der Ost-Berliner Volksbühne ins Gespräch gekommen, bei einer Aufführung von der »Verfolgung und Ermordung Jean Paul Marats, dargestellt durch die Schauspielgruppe des Hospizes zu Charenton unter Anleitung des Herrn de Sade« von Peter Weiss. Es ist mir bis heute ein Rätsel, wieso die das hatten spielen dürfen, in jener Atmosphäre einer schon gespenstischen kulturellen und geistigen Knebelung der Jahre nach dem Mauerbau. Da stand fast das ganze Ensemble in Zwangsjacken auf der Bühne, aufgereiht oder angetreten, und murmelte halblaut im Chor: »Wir dürfen uns frei äußern in jedweder Weise. Und was wir nicht sagen dürfen, sagen wir leise.« Und irgendwann schrien sie. »Wir sind nicht verrückt! Wir wollen hier raus.« Dann senkte sich der Eiserne Vorhang für den Brandschutz und Polizeisirenen ertönten. Hans-Wilhelm Kraus, Germanistikstudent, schwankte gegenüber der DDR zwischen Ekel und Grundverständnis. Seine Bekanntschaft mit mir sollte ihm wenig später übel bekommen.

Helmstedt, an der Zonengrenze. Da wohnte Dorothee Jäger, Studentin in West-Berlin. Auch sie hatte sich mit mir öfters in Ost-Berlin getroffen und Literatur geschmuggelt. Ich wollte mir die Grenze von der Westseite ansehen und lief los, allein, querwaldein. Da sah ich, bereits zehn Meter hinter mir, einen Grenzpfahl. Ich lief rasch zurück und blickte auf ein Schild mit dem Staatswappen der DDR. In diesem Augenblick schon standen zwei Grünuniformierte mit Maschinenpistolen neben mir. Mir wurde schlecht im Magen. Dann las ich auf ihren Ärmeln »Bundesgrenzschutz« und atmete tief durch.

»Wollen Sie rüber? Können Sie ja.«, sagte einer. Bei Sturm mit einem halbkaputten Faltboot übers Schwarze Meer zu fliehen, um dann im Westen angekommen aus Dämlichkeit in die DDR reinzulaufen, das war schon arg. War diese Grenze vom Westen aus gar nicht markiert, weil es sie nach bundesdeutschem Grundrechtsverständnis gar nicht gab? Oder standen die bundesdeutschen Grenzpfähle in weitem Abstand und zufällig eben nicht auf meinem Pfad?

Eindrucksvoll geblieben sind mir in Hamburg Konfrontationen mit einer verwunderlichen Bürokratie und mit einer seltsam siegesgewissen studentischen Linken. Ich wollte mich immatrikulieren. Das wurde verwehrt, weil ich kein Abiturzeugnis vorlegen konnte, sondern nur das Diplom der Universität Leipzig, das mir ein exzellent abgeschlossenes Physik-Studium bescheinigte. Mein leiser Hinweis, auch in Leipzig könne niemand ohne Abitur ein Universitätsstudium beginnen, geschweige abschließen und das in einem Fach, das ziemlich frei war vom Verdacht politischer Deformation und weltweit damals noch als »Königin der Wissenschaften« galt, fruchtete nichts. Verlangt wurden zwei notariell beglaubigte Zeugenaussagen, dass ich in der Tat ein Abitur bestanden habe. Die legte ich rasch vor. Die eine kam von Jörg, Sprecher meiner Schulklasse, der sofort nach dem Abi nach West-Berlin entschwunden war. Die andere schickte mir Irmgard, befreundete Anglistik-Studentin in meiner Leipziger Spätzeit. Sie war ein Jahr zuvor von einer Fluchthilfe-Organisation rausgeholt worden, arrangiert von ihrem Verlobten im Westen. In ihrer Fluchtgruppe war damals im letzten Moment ein Platz frei geworden. Sie war deshalb noch zu meiner Wohnung gerannt. Doch ich war nicht zu Hause gewesen. Andernfalls wäre der Stasi dieser Stadt einiges an Ärger erspart geblieben. Soweit ich ihre karg gebliebenen Andeutungen deute, wurde sie in einem Fahrzeug der militärischen Verbindungsmissionen rausgeschleust. Die hatten ihren Sitz in

Potsdam. Kontrolliert werden durften ihre Fahrzeuge von den Ostdeutschen nicht. Jörg bezeugte mir an Eides statt ein mit »sehr gut« bestandenes Abitur, Irmgard an Eides statt, dass ich dasselbe »mit Auszeichnung« absolviert habe. Diese evidente Diskrepanz störte niemanden in den Hamburger Behörden.

Nach einem halben Jahr schon konnte ich Borislav wiedersehen. Er durfte zu einer Konferenz über Elementarteilchenphysik in Miramare bei Triest. Es war kein starker Verdacht der Fluchthilfe an ihm hängen geblieben. »Mein Gott«, rief er, »mit so einem Boot über solch ein Meer!« Er stahl sich mit mir davon, für einen Tag, einen neblig kalten verschneiten Januartag, nach Venedig. Flachmänner mit Scotch in den Manteltaschen redeten, deklamierten, sangen, grölten wir auf den Vaporetti, in den fast menschenleeren Gassen, auf den vereisten Brücken und verfielen der halbverrotteten Pracht der nebelverhangenen Palazzi, deren Wassertreppen seit Jahrhunderten niemand betreten zu haben schien. Auf einem schneebedeckten Platz stand eine kleine Säule inmitten eines Meeres fast von Blumen und Kränzen, mit einer Fahne – ein Gedenken an Jan Pallach, der sich wenige Tage zuvor in Prag lebendig verbrannt hatte, aus Protest gegen die sowjetische Okkupation. Das hier in Venedig, in diesem fernen Land! Wir heulten hemmungslos. Die Knospe, die ich dort von einem Gebinde gebrochen habe, liegt noch heute, nach zwanzig Umzügen, in meinem Bücherschrank. Ist jede Sentimentalität denn fragwürdig?

Borislav war im Sommer 1968 in Prag gewesen und hatte in den Wirren der Invasion nach Wien durchkommen können, entschlossen, im Westen zu bleiben. Dort sah er den Film »Doktor Schiwago« und war aufgewühlt: Unsere Widerständigkeit, unser Leiden, unser Mühen, Sensibilität und Wahrhaftigkeit zu bewahren, unsere Unfähigkeit zum Opportunismus – all das wird im Westen wahrgenommen. Man fühlt mit uns, es ist nicht vergebens – sagte er sich und fuhr zurück.

Jahre später im Westen sah er den Schiwago-Film ein zweites Mal und sagte zu mir: »Mein Gott, was für ein Kitsch!«

Die Angst, meinen Vater nie wieder zu sehen, die Schuld, ihn im Alter verlassen zu haben, das trug ich mit mir herum. Im Jahr zuvor, als ich schon einmal zur Flucht aufgebrochen war, hatten wir uns weinend verabschiedet. Zu seiner freudigen Überraschung war ich nach Versuchen an der bulgarischen Küste und an der ungarisch-jugoslawischen Grenze zurückgekehrt. Diesmal hatte ich ihm nichts vorher gesagt. Rentner durften zwar meist ausreisen, denn sie waren ja nur lästige Kostgänger. Und Geheimnisträger war er weiß Gott nicht gewesen. Aber im Apparat könnte man auf den Gedanken gekommen sein, wenn man Flüchtlingen ihre alten Eltern nachreisen lasse, erleichtere das die Fluchtentscheidung. Doch nach einem Jahr konnte mich mein Vater in Hamburg besuchen. Fast empfand ich da so etwas wie Dankbarkeit gegenüber der DDR, angesichts der kaum erwarteten Menschlichkeit dieses Regimes. Ein Jahr später durfte er übersiedeln zu mir, in eine kleine Traumwohnung bei Hohenschwanstein. Seine acht Gitarren sollte er zuvor zur Begutachtung ins Musikinstrumentenmuseum in Leipzig bringen. Doch der Gutachter dort winkte ab. Er bescheinige ihm blanko deren nur geringen Wert, wenn er unter seinem Namen ein Cembalo mitnähme für seine Freunde im Westen. Das werde dann bei ihm im Allgäu abgeholt. So war sie halt, die DDR. So funktionierte sie und blieb halbwegs menschlich zumeist.

APO

Dann, ja, die Linken. Nur eine Minderheit in der Studentenschaft wagte es damals, sich nicht irgendwie als »links« zu empfinden, auch ich nicht. Ich genoss es, gegen eine Obrigkeit zu demonstrieren. Um die Zehntausend zogen wir durch

die Einkaufs-Walhalla der Hansestadt, über die Große Blei-
chen, an der Binnenalster entlang und durch die Mönckeberg-
straße und skandierten: »Wir sind die kleine radikale Minderheit«, so hatte BILD die 1968er stigmatisiert, und »Deutsches
Bildungsideal – mehr Profit fürs Kapital«. Prügelnder Polizei
entkam man in die U-Bahnhöfe.

»Du bist doch kein Antikommunist?«, fragte Oberlerchner,
damals der Brutalissimo im harten Kern an der Hamburger
Uni bei einer Unterhaltung im Philosophenturm. Ich erzählte
etwas von bitteren Erfahrungen drüben, von der Erstickung
jedweder Spontaneität und jedes auch noch so sozialistisch
inspirierten Denkens, wenn es sich in Abweichung von den
jeweils vorgegebenen stereotypen Losungen des ZK der SED
zum nächsten 1. Mai oder Parteitag bewegte. Oberlerchner
murmelte eine Art Verständnis für meine momentan durch
biografische Besonderheiten bedingte Distanz zur Vision
einer kommunistischen Erlösung kraft einer »Diktatur des
Proletariats«. Das war schon viel. Ansonsten waren differen-
zierte Sichtweisen nicht seine Stärke.

An der Spitze eines Stoßtrupps stürmte er mit einem Go-In
eine Vorlesung nach der anderen. Im Audimax, wo ich den
Analysen eines ziemlich unpolitischen Professors zu Kants
»Kritik der reinen Vernunft« zu folgen versuchte, trieb er den
mit platten Klassenkampfparolen vom Pult und brandmarkte
ihn als Handlanger des Monopolkapitals. »Das ist doch hier
kein Schauprozess«, versuchte der sich zu wehren. »Doch,
Herr Oehler, das ist ein Schauprozess!«, knallte ihm Oberlerchner entgegen. Ich erschauderte. Schauprozesse, wider-
wärtigste Szenarien aus der finstersten Epoche stalinistischen
Terrors, hier im freien Westen als positiv besetzt, als Instrument des Fortschritts, postuliert zu sehen – das war zu viel.
Nach der Verrichtung ihrer politischen Notdurft zogen diese
Stoßtrupps dann wieder von dannen. Alle Vorlesungen zu
sprengen, dafür fehlte ihnen doch das Personal. Immerhin,

über dem »Sozialistischen Buchladen« prangte mit weißen Lettern auf rotem Grund der Spruch »Der Sozialismus wird frei sein oder er wird nicht sein – Rosa Luxemburg«. Doch ich vergesse nie, wie zwei Jahre später, bei einer Protest-Versammlung gegen den Radikalenerlass im Münchener Audimax, mir eine zarte neunzehnjährige Germanistik-Studentin mit flammenden Augen darzutun versuchte, dass die Vernichtung von fünf Millionen Kulaken in den 1930er Jahren in der Sowjetunion eine historische Notwendigkeit gewesen sei.

Traumzeit in der Denkfabrik

Der Kreis um Carl-Friedrich von Weizsäcker, seine Assistenten und Doktoranden – das waren keine Oberlerchners. Mit Sarkasmus und feiner Ironie, doch auch mit einem Bodensatz an Achtung für deren Courage verfolgten sie das Treiben jener Avantgardisten einer kommenden Revolution, die mit Radikalität ihre intellektuelle Unzulänglichkeit kompensierten, vor anderen und vor sich selbst. Doch auch sie waren dabei, wenn es gegen das Monopolkapital zu demonstrieren galt. Einer freilich von ihnen, promovierter Jurist aus einer Unternehmerfamilie, merkte an, Monopole seien doch gar nicht so schlecht. Die könnten wir dann viel leichter verstaatlichen als Zigtausende von kleinen Firmen.

Carl-Friedrich von Weizsäcker begegneten sie mit unbezweifelbarer Hochachtung. Milde sah man ihm nach, dass er aufgrund seines sozialen Hintergrundes noch nicht den höchstmöglichen Grad an politischer Einsicht erreicht hatte. Doch die Trennschärfe seines Denkens und seine Fähigkeit zum Gesamtverständnis komplexer Verflechtungen und Wirkungsketten – geboten oft mit einer wunderbaren Ironie – davon lebten wir. Ihm war – wie nur wenigen Menschen – zu eigen, sich hellwach auf den Gesprächspartner einzulassen. Selbstredend spielte er gern und auch radikal die Gegenpositionen. Stets kam ich inspiriert und mit neuer Energie aus seinem Zimmer. Bei Leuten freilich, die ihn mit ideenarmen Monologen quälten, schlief er bisweilen kurzerhand ein. Er erschien uns als der vielleicht letzte Universalgelehrte, vom Naturell eher ein Geisteswissenschaftler, der sich erstaunlich erfolgreich in die Naturwissenschaften verirrt hatte. Immerhin war er einer der Pioniere der Quantenphysik. Und er hatte, gemeinsam mit Hans Bethe, mit dem »Bethe-Weizsäcker-Zyklus«, den Grundmechanismus entschlüsselt, wie ein Großteil der Sterne mittels Fusion von schwerem Wasserstoff zu Helium die von ihnen verstrahlte Energie erzeugt. Ihre einzige technische Anwendung hat diese »Verbrennung« von schwerem Wasserstoff zu Helium bislang bekanntlich in den Wasserstoffbomben gefunden. Weizsäckers Engagement war 1957 die »Erklärung der Göttinger Achtzehn« zu verdanken – ein Manifest, in dem die führenden Atomforscher Westdeutschlands, darunter alle einschlägigen Nobelpreisträger, erklärten, sich jeder Mitarbeit an der Entwicklung von Atomwaffen zu verweigern. Kurz zuvor hatte Adenauer mit der berühmt gewordenen unerträglichen Einschätzung, Atomwaffen seien doch nichts weiter als eine Weiterentwicklung der Artillerie, die Öffentlichkeit schockiert. Diese »Göttinger Erklärung« stand frontal gegen Adenauers Streben nach einer atomaren Bewaffnung der Bundeswehr. Franz-Joseph Strauß, damals Verteidigungsminister, reagierte mit einem Wutausbruch. Die Carl-Friedrich von Weizsäcker mit dieser Aktion zugewachsene Popularität war auch nach einem Jahrzehnt noch nicht abgeklungen. In einer Umfrage des »Spiegel« von 1969, wen man in Deutschland als Vorbild sähe, lag er mit Abstand auf Platz eins.

Wir saßen zusammen zum großen Brainstorming, was im künftigen Max-Planck-Institut geforscht werden sollte, wurden auch aufgefordert, Utopien zu entwerfen, echt Ortloses, und Prognosen. Weizsäckers vordringlichstes Anliegen war die Schaffung von Strukturen, die einen Krieg, vor allem einen nuklearen Krieg für jede Seite unvorteilhaft und deshalb unwahrscheinlich werden lassen sollte.

Der Weltfrieden beruhte auf der »Second Strike Capability«, der Zweitschlagfähigkeit nach einem nuklearen Überraschungsangriff. Diese Rückschlagsfähigkeit garantierten die auf U-Booten stationierten Atom-Raketen. Solange es technisch für einen Gegner nicht möglich war, diese U-Boote zu orten, konnten sie auch nicht in einem Überraschungsangriff zerstört werden. Dank dessen gab es keine »Prämie auf den ersten Schlag«. Wer zuerst schießt, stirbt als zweiter. Sein Land würde auch nach der Zerstörung der anderen Supermacht in eine radioaktive Wüste verwandelt. Damit war das Risiko beseitigt worden, dass eine Supermacht nur aus Angst vor einem Überraschungsschlag der anderen Supermacht als erste losschlägt. Diese nuklearstrategische Labilität hatte in den 1950ern einem globalen Inferno eine hohe Wahrscheinlichkeit gegeben. Doch seitdem *beide* Seiten über eine Rückschlagsfähigkeit auf ihren U-Booten verfügten, war endlich ein stabiles Patt entstanden. Deshalb hatten die USA in ihrem ureigensten Interesse die Sowjetunion geradezu gedrängt, gleichfalls eine U-Boot-gestützte Rückschlagsfähigkeit zu erlangen. Damit konnte man in Washington und Moskau wieder ruhiger schlafen. Würde jedoch eine Macht die Fähigkeit entwickeln, die U-Boote mit dem strategischen nuklearen Rückschlagspotenzial zu orten, etwa durch Magnetfeldmessungen, so wären eben auch diese in einem Überraschungsschlag auszuschalten. Das stabile nuklearstrategische Gleichgewicht wäre wieder dahin. Genau diese Sorge war es ja, die in Frankfurt hinter den Fragen des CIA gestanden hatte. Wie dieser nuklearstrategischen Destabilisierung vorzubeugen, wie dergleichen abzuwenden war, das war die dringlichste Herausforderung für eine anti-apokalyptische Denkfabrik.

Und es gab das Projekt, die Bundeswehr in eine reine Panzerabwehrwaffe umzuwandeln, in eine Armee, die gar nicht angreifen konnte. Tausende von kleinen Kommandos sollten über das Land verstreut mit Panzerabwehrraketen bereitstehen und zugleich kein Ziel bieten für massierte Gegenschläge. Eine solche »strukturelle Nichtangriffsfähigkeit« würde die Russen, denen traumatische Kriegserfahrungen mit einer irrational attackierenden deutschen Armee in den Knochen saßen, entspannter und entspannungsgeneigter werden lassen, so der Grundgedanke. Obwohl dergleichen im Namen des Institutes nicht auftauchte, wurde es in der Öffentlichkeit als Friedensforschungsinstitut bezeichnet. Von der Sache her war das nicht falsch.

Welternährung angesichts der Bevölkerungsexplosion, Bewahrung der Umwelt, Entwicklung einer Umweltschäden und Umweltverbrauch einbeziehenden Berechnung des Sozialproduktes, Grenzen des Wachstums aufgrund drohender Erderwärmung, Determinanten und Steuerbarkeit des wissenschaftlich-technischen Fortschritts, Produktionsverlagerung in Billiglohnländer und eben Kriegsverhütung – für das Jahr 1969 war das keine schlechte Agenda. Dieses »Institut zur Erforschung der Lebensbedingungen der wissenschaftlich-technischen Welt« musste denn auch gegen massiven Widerstand durchgesetzt werden. Führungspersönlichkeiten aus der Industrie, vor allem der chemischen, die im Entscheidungs-Board der Max-Planck-Gesellschaft saßen, stemmten sich vehement gegen eine Politikfeld-orientierte wissenschafts- und technikkritische Denkfabrik: »Wir brauchen niemanden, der uns sagt, was wir forschen sollen.« Und ihm kommt die Ehre zu, das bis dahin einzige Institut zu sein, das von der Max-Planck-Gesellschaft wieder geschlossen wurde, schon Anfang der 1980er Jahre.

Mir begegneten die neuen Kollegen warmherzig, doch mit der Nachsicht älterer Geschwister. Gewiss, sie waren Mitarbeiter, ich hingegen Stipendiat und wohl mit einem etwas peinlichen Erleuchtungs- und Sendungsgefühl. Sofort war ich bei den rotweingetränkten Streitabenden in ihren Wohngemeinschaften dabei, versuchte mitzuhalten und wurde doch wohl eher nur toleriert. Ich war jener beäugte, seltsame Typ, der Ostdeutsche eben. Irgendwie hatte ich gedacht, ich brächte eine Botschaft in den Westen. Ja welche denn? Sah mich als Emissionär – wessen und wofür eigentlich? Auch die mentalen Konsequenzen des Abgeschottet-Seins im Osten aufrüttelnd, Verständnis und Hilfe heischend vor Augen und Ohren zu führen und einen aus den Grundgedanken von Freiheit und Sozialismus zu schaffenden alternativen Entwurf mitzugestalten, das war wohl damals meine Hoffnung.

Gesehen wurde ich hingegen wohl als jemand, der die elementare Fragwürdigkeit dieses Westens bald voll begriffen haben wird und dabei auch schon ermutigende Ansätze zeigt, aber derzeit aufgrund eines vom ostdeutschen Trauma deformierten Blickes noch etwas beeinträchtigt war. Ich brachte, so war wohl ihre Wahrnehmung, nicht etwas anderes ein, eine Sichtweise und Sensibilität, die es in diesen eloquenten und lebensfrohen Runden bisher nicht gab, sondern mir fehlte lediglich etwas, das nachzuholen man mir freundlichen Vertrauensvorschuss gab. Das gab mir eine Startchance. Und ich lebte eben unter der Obhut Professor von Weizsäckers, lebte auch im folgenden Jahrzehnt von seiner schier unbegreiflichen Toleranz und Hilfsbereitschaft. Stets schrieb er die von mir für Folgejobs erbetenen Empfehlungen, selbst als ich mich später aus der Anstellung als persönlicher Referent seines Sohnes Ernst-Ulrich, Gründungspräsident der Gesamthochschule Kassel, wegbewerben wollte. Zahllose Verhaltensunsäglichkeiten in den Starnberger Jahren, auf die ich schaudernd zurückblicke, hat er mir schweigend nachgesehen.

Bald hatte von Weizsäcker auch Jürgen Habermas für das Institut gewonnen und, wie sich das für einen echten Aristokraten versteht, ihn mitsamt seinem Rennstall eingekauft. Doch die Harmonie zwischen den beiden Cliquen hielt sich in Grenzen. Weizsäckers Leute waren meist Physiker oder Juristen und engagierten sich in hochkontroversen Problemfeldern, die fernab ihres ursprünglichen Faches lagen, wie eben Welternährung, Stabilität der nuklearen Abschreckung oder der Neuberechnung des Bruttosozialproduktes unter Berücksichtigung ökologischer Kosten. Professor von Weizsäcker liebte es auch, Außenseiter ans Institut zu holen, vom Pfarrer bis zum Psychoanalytiker. Habermas hingegen sah ständig Qualitätsstandards gefährdet und seinen Ruf bedroht. Weizsäcker spottete, beide Teams hätten je ein Gelübde abgelegt. Die Seinen hätten geschworen, niemals etwas von dem zu tun, was sie gelernt hätten. Die »Habermäuse« dagegen stünden unter dem Eid, nichts zu erforschen, was auch nur die geringste Relevanz habe. Obgleich alle Arbeiten und Zwischenresultate in den gemeinsamen Versammlungen durchgehechelt wurden, gab es bis zum bitteren Ende des Institutes nicht ein einziges Forschungsprojekt, bei dem »Habermäuse« und Weizsäcker-Leute zusammengearbeitet hätten.

Wir versuchten, diesen Marx zu verstehen. Fünfzig Seiten »Kapital« pro Woche, durchbüffelt und durchstritten, an den Mittwochabenden beim Rotwein. Paradox war das schon. Im Osten hatte ich fast nur Westliteratur gelesen und nun, endlich im Westen, Marx. Doch ich kam damit nicht gut zurecht. Bei aller Faszination für seine fundamentale Kapitalismuskritik, hielt ich seine Grundthesen für evident abwegig und kaum brauchbar – etwa, dass die in Maschinen investierte, dort gespeicherte Arbeit nicht wertschöpfend sei und auch jedweder Angestellte nicht, kein Buchhalter und kein Manager und auch nicht der Verkäufer im Laden. Wir gerieten aneinander. Ich galt wohl als uneinsichtig. Ich fasste Gedankengänge aus dem »Kapital« in mathematische Formeln und erntete unverständigen Spott von Soziologen aus dem Habermas-Team. Genervt und verständnislos blickte Habermas auf das Zeichen »ln« für den natürlichen Logarithmus: »Was soll denn das nun wieder sein?« Dabei war diese Mathematisierung ziemlich leicht. Mühsame Erörterungen über viele Seiten ließen sich in wenigen Zeilen klar formulieren. Marx, dem armen Kerl, gebrach es offenbar fast vollständig an mathematischer Ausbildung. Es hätte ihm viel Mühsamkeit des Denkens und Schreibens erspart und viel von seiner Schwerverständlichkeit genommen. Später wurde die mathematische Durchdringung des »Kapitals« in einem brillanten Buch von Professor Michio Morishima vorgelegt, einem der weltbesten Ökonomen damals und später mein Supervisor bei meinem Aufenthalt an der London School of Economics.

Alle im Starnberger Institut waren hochpolitische Charaktere. Doch keiner war sichtbar engagiert in einer Partei oder einer prominenten Bürgerinitiative. Darum hatte Professor von Weizsäcker gebeten: Wir wollen mit den aus den Forschungsprojekten gewonnenen Resultaten und Einsichten etwas bewirken, wollen einwirken auf Entscheidungsträger in Politik und anderswo. Wenn jemand sich in einer Partei profiliert habe, dann werde man sagen, der vertrete seine Sachposition ja, weil er Mitglied der SPD oder der FDP oder sonst wo sei. So zumindest würde sofort von Interessengruppen reagiert werden, denen Forschungsresultate ungelegen kämen. Damit werde die gewollte Wirksamkeit vernichtet. Das sahen wir ein. Aber die Unterstellung ideologischer Voreingenommenheit blieb den Teams des Institutes und ihren Arbeitsergebnissen doch nicht erspart und hat wohl zu dessen frühen Ende geführt.

Fluchthunger

Die Zurückgebliebenen, die Freunde in Leipzig. Annerose und Charly hatten geheiratet, vor der Geburt ihrer Zwillinge Marlene und Björn, und sich bald darauf auseinandergelebt. Die Subkultur der konspirativen Abende lebte fort, dank Günter und Annerose. So hielt Professor Morentz, eine Koryphäe der Orientalistik, einen Vortrag über geschlossene Gesellschaften im Alten Ägypten und heute. Sein Fazit: Die Sklaven der Pharaonenzeit waren freier als die Ostdeutschen heute. Dietrich Koch ging es offenbar mies. Briefe deuteten auf tiefe Verzweiflung, auf einen mentalen Absturz. Ich sprach Carl-Friedrich von Weizsäcker darauf an. Er traf sich mit ihm am Rande einer Tagung der Leopoldina Akademie in Halle und wollte sich für eine legale Übersiedlung einsetzen. Nach Kräften versuchte ich die Zurückgebliebenen mit Gedrucktem zu versorgen, politische Essayistik und Philosophie, Literatur und Lyrik. Ich hatte ja »Brückenkopf« sein wollen für sie im Westen. Bernard Langfermann schmuggelte das Zeug über die Sektorengrenze. Auf Seite 37 eines jeden Buches war jeweils mit einem Code markiert, wer es bekommen sollte, in Leipzig, in Potsdam und in Berlin. Bald überstieg das meine Finanzkraft. Ich wandte mich dafür an die SPD. Ein Genosse im Parteivorstand in Bonn, zuständig für solche Arbeit in der DDR, half. Nach der Wende wurde der als Stasi-Agent enttarnt.

Doch Annerose signalisierte in ihren Briefen in selbstgefährdender Offenheit ihren Fluchtwunsch, mit ihren Zwillingen. Und Dietrich Koch sei akut suizidgefährdet und müsse dringend raus. Der war ja dabei gewesen an dem Abend, als wir die gesamte Konstruktion für die Kongresshallenbühne zusammengebaut hatten. Und er hatte nicht wenigen davon erzählt in Leipzig. Ihm brannte auch deshalb der Boden unter den Füßen. Das freilich wusste ich nicht. In diesen Wochen bedeutete mir Professor von Weizsäcker, dass eine Möglich-

Annerose Niendorf Ende der 1960er Jahre

keit der legalen Übersiedlung in den Westen derzeit nicht absehbar sei. Eine professionell organisierte Flucht kostete zehntausend Mark pro Kopf. Solche Summen überstiegen meine Möglichkeiten bei weitem. Da tauchte der Bruder meines Mitstudenten Alexander Heyn bei mir auf, Exmatrose, Arbeiter. Ich hatte Alexander in einer mir von der FDJ auferlegten Patenschaft durchs Studium bugsiert. Maschinenschlosser, über Abendschule zum Abitur gekommen, gebrach es ihm stärker an Selbstvertrauen als an Intelligenz. In Gebaren und Sprache der mit Abstand proletarischste Typ im Studienjahr war er von einer geradezu fanatischen Verachtung für dieses Regime und dabei von einer mitunter gefährlichen Impulsivität. Als im Gesellschaftswissenschaften-Seminar die Dozentin mit der damals von oben abverlangten Behauptung kam, in der DDR habe es nie einen Personenkult gegeben, platzte er laut heraus: »LEUNA-Werke Walter Ulbricht!« Und schlug sich gleich darauf entsetzt auf den Mund. Er hatte Glück. Der Zwischenruf wurde ignoriert.

Sein Bruder bat mich nun um Kontakte für eine professionell organisierte Flucht. Zehntausend Mark, soviel könne er schon hinlegen. Ich beschloss, die für Alexander gebotene Summe als Anzahlung der Fluchthilfe für Annerose und ihre Zwillinge, für Dietrich Koch und für Alexander zu verwenden und für den gigantischen Restbetrag Schuldscheine zu zeichnen. Über geflüchtete Freunde bekam ich schnell Kontakt zur Organisation Löffler, dachte gar daran, bei denen selbst als Fluchthelfer mitzuwirken. Als ich beim Treffen mit Löffler, einem vollschlanken Business-Typ, im Hamburger Flughafen-Restaurant den Zucker statt in den Kaffee in den Aschenbecher schüttete, hielt er mich für ungeeignet. Mit diesem Nervenkostüm, nein, das mache keinen Sinn. So jemand müsse Ruhe verstrahlen.

Annerose ließ ich wahrheitswidrig ausrichten, ich würde mich gerade verloben. Auf keinen Fall sollte sie die Hilfe als Deal verstehen und sich in einer Verpflichtung glauben, sich mit mir einlassen zu müssen. Bernard Langfermann und Hans-Wilhelm Kraus übernahmen die Kontakte, fuhren nach Ost-Berlin und Leipzig, um den Fluchtentschlossenen die notwendigen Informationen rüberzubringen und Passbilder zu besorgen. Alle drei trafen wir uns in Langfermanns Wohnung in West-Berlin, vereinbarten auch Sprachcodes für Telefon und Briefe. Flucht war »Examen«, Ausreisegenehmigung »Verlobung«. Ost-Berlin wurde zu Hildesheim, Leipzig zu Kreuzberg, Verhaftung zu »Erkrankung«, Annerose Niendorf zu Frau Bachmann, Alexander zu Herrn Bode. Was kam ich mir clever vor! Dass Telefonate zwischen West-Berlin und dem Bundesgebiet abgehört wurden von der Stasi, das hielten wir für selbstverständlich. Hans-Wilhelm Kraus war mit sich im Zwiespalt. Seine Verachtung für die DDR hatte abgenommen, seine Sympathie wuchs. Aus Freundschaft für mich, dieses eine Mal ja, aber noch einmal würde er niemandem zum »Examen« verhelfen. Langfermann dagegen schien von einer geradezu spitzbübigen Vorfreude auf dieses Abenteuer erfasst. Zur Frühjahrsmesse im März 1970 fuhr er nach Leipzig und überbrachte die Fluchtangebote mit den konkreten Details.

Doch Koch sprang ab. »Ja, aber nicht jetzt.« Er fühle sich einer Flucht momentan nervlich nicht gewachsen. Einem Boten, einem Freund aus München, auch als Messebesucher eingereist, hatte er dann doch sein Passbild mitgegeben. Auch Annerose. Sie ließ ausrichten, Koch befinde sich in einer schweren psychischen Krise und brauche derzeit ihre Unterstützung. Und sie wollte die kaum einjährigen Kinder nicht diesem Risiko aussetzen. Zudem erklärte Charly, er werde ihre Flucht mit allen Mitteln verhindern. Niemals werde ihm die Stasi abnehmen, dass er davon nicht im Vorab gewusst habe. Er hatte noch kein Diplom, deshalb im Westen keine guten Verdienstchancen und wäre nicht fähig gewesen, seine Fluchtkosten abzustottern. Noch eine kommerzielle Flucht hätte ich damals auch nicht anzahlen können. Und er fürchtete wohl zu Recht, nach einer »Ausschleusung« von Frau und Kindern auf absehbare Zeit nicht mehr ins »sozialistische Ausland« reisen zu dürfen und damit später kaum noch Fluchtchancen zu haben. Immerhin zwang ihm Annerose jetzt das Versprechen ab, binnen eines Jahres endlich seine Diplomarbeit in Mathematik abzuschließen. Noch einmal werde sie sich ein solches Angebot nicht entgehen lassen.

Zugriff. IM Boris Buch

Zum vereinbarten Tag, mit dem vereinbarten Zug reiste Alexander ab. An der Grenze wartete bereits die Stasi. Die wussten schon fast alles. Den Rest gestand er schnell. Im Morgengrauen wurden Annerose und Charly abgeholt und Dietrich Koch, der bei Annerose übernachtet hatte, gleich mit. Ein Schulfreund schrieb eine Postkarte: »Seit Anfang April ist Ch. nicht mehr sein eigener Herr.« Marlene, Anneroses einjährige Tochter, war wegen eines Harnröhrenproblems in der Universitätsklinik. Sie bekam die Verhaftungen im Morgengrauen nicht mit. Ganz anders ihr Bruder Björn. Der wurde zunächst in eine Art Heim verbracht und bald, wegen körperlichen und mentalen Verfalls und dem Verlust jeden Lebenswillens, ins Krankenhaus. Marlenes behandelnder Arzt hatte von den Verhaftungen ihrer Eltern erfahren und nahm sich ihrer intensiv und fürsorglich an. Er hat dann auch ihren Bruder Björn auf einer Station entdeckt. Der Nachname war ihm aufgefallen. Ihm wohl verdankt Björn sein Überleben. Und diesem Arzt ist zuzurechnen, dass die Babys nicht zur Adoption vergeben wurden, sondern dass nach etwa einem halben Jahr Charlys Mutter das Sorgerecht erhielt.

Die Verhafteten wurden leidlich erfolgreich gegeneinander ausgespielt, mit Vorhaltungen, was jeweils die anderen schon ausgesagt hatten oder hätten. Anneroses langwährende Standhaftigkeit war bewundernswert. Dabei litt sie als Mutter von Zwillingsbabys von allen unter den stärksten Belastungen. Doch gegen die erstaunlich genauen Detailkenntnisse der Stasi erschien ein Bestreiten als zunehmend sinnlos. Woher wussten die das alles? Waren es die raschen Geständnisse von Alexander? Was dem gleich von Anbeginn bereits alles vorgehalten worden war, das konnten die anderen nicht ahnen. So entstand der Glauben, alles Elend sei entstanden aus seiner auffälligen Nervosität und Angst und seinem raschen Einknicken. Er selbst schien das auch zu glauben.

Doch ich kam zur Überzeugung, es müsse einen Spitzel geben. Einer der Boten aus München? Das war denkbar. Aber nach und nach verdichtete sich mein Verdacht zur Gewissheit – nur Bernard Langfermann konnte das gewesen sein. Über einige Jahre hatte ich seiner Familie noch dankbar Weihnachtskarten geschickt und mich geschämt, den Vater eines noch sehr kleinen Kindes dem Risiko der Verhaftung ausgesetzt zu haben. Gesehen habe ich ihn nie wieder. In den Stasi-Akten findet sich folgendes Dokument[12]:

Hauptabteilung Paßkontrolle
und Fahndung, Operativdienst-
Stelle Berlin   *Berlin, den 06. 01. 1970*

BERICHT
Über eine Information des westdeutschen Bürgers Langfermann

Am 05. 01. 1970 meldete sich am Diensteingang der Grenzübergangs-
stelle Bahnhof Friedrichstraße der westdeutsche Bürger
Langfermann, Bernard
08. 03. 1944 in Ambergen,
Berlin 51, Nordbahnstr. 25,
Student der Politologie am
Otto-Suhr-Institut in West-
Berlin, Abt. XII des MfS,
nicht erfasst
um die zuständigen Organe der DDR über folgenden Fakt zu infor-
mieren: ...«

In der Tat hatte Langfermann allein von sich aus sich der Stasi angedient und alles denunziert, die Bücherverteilung mit Adressenliste und Verteilungscode jeweils auf Seite 37, die Liste der Personen, die ich ihn im Osten zu kontaktieren gebeten hatte und die Fluchtpläne für Alexander und Anne-rose samt der logistischen Daten. Auch mein Brief an ihn mit den vereinbarten Sprachcodes fand sich in den Akten.

»L. erklärte sich bereit, sofern die Notwendigkeit dazu besteht und
seine politische Arbeit in Westberlin nicht gefährdet wird, den Organen
der DDR bei der Untersuchung des genannten Problems behilflich zu

---

12   BStU, MfS AOP 3375/72 Bd. 1, MfS AIM 1373/74, IM Boris Buch, Blatt
      13–17.

*sein. Es wurde ein Treff für den 20. 01. 1970 ... um 10.00 Uhr an
der Mocca-Bar des »Lindencorso« festgelegt. Gez. Palm, Leutnant «*[13]

Die Stasi bat ihn, weiterzumachen, alles wie mit mir vereinbart auszuführen, weiterhin die Literatur zur »politisch-
ideologischen Diversion« in den Osten zu bringen und nach
Leipzig zu fahren, um die Fluchtinformationen zu übermitteln. *»Die inoffizielle Quelle wurde von uns beauftragt, die genannten
Personen am 04. 03. 1970 aufzusuchen und die von Welzk erhaltenen Instruktionen an die zur Ausschleusung vorgesehenen Personen
weiterzuleiten. Durch die ... in diesem Zusammenhang über unsere
inoff. Quelle erhaltenen Informationen konnte konkret bestimmt
werden, wann und unter welchen Umständen die Ausschleusung der
genannten Personen erfolgen sollte. «*[14]
Eine fruchtbare Zusammenarbeit hatte sich entwickelt. Bernard Langfermann wurde zur KP (Kontaktperson) und zum
IM Boris Buch.[15] Die Stasi verfügte: *»Es ist zu organisieren, daß
die KP in Zukunft unkontrolliert in die Hauptstadt einreisen kann. «*[16]
Zugleich wurde er zum Beobachtungsobjekt »82953«.[17] Ein
Überzeugungstäter ohne Mitgefühl? Zunächst gewiss. Er fuhr
nach Leipzig, hat Annerose mit ihren beiden Babys besucht.
Hemmungen, ihnen für den Sieg der sozialistischen Sache die
Mutter zu nehmen, hatte er nicht. *»Der Kontaktperson war auch
klar, daß die sogenannten »menschlichen Probleme« bei Schleusungen
untergeordneter Natur sind. «*[18] Auch Belege und unterschriebene
Quittungen für empfangenes Geld, selbstredend Westgeld,
wurden in den Akten gefunden.[19] *»Die KP bedankte sich mehr-
mals für diesen Geldbetrag (Quittung liegt vor). «*[20]
Die Flucht war vermutlich durch Austausch von Pässen und
Tickets im Transitraum des Budapester Flughafens geplant.
Die Stasi hoffte, dort der Kuriere der Fluchthilfeorganisation

---

13   ibid.
14   BStU, MfS AOP 3375/72 Bd. 1.
15   Klarnamenermittlung des BStU, Außenstelle Leipzig, 1992: 000791/92L.
16   BStU, MfS 1373/74 Bd. 1, Blatt 56, Treffbericht vom 9. 2. 1970.
17   ibid., Blatt 32–34.
18   ibid., Blatt 89.
19   ibid., Blatt 57, 86, 114.
20   ibid., Blatt 86 (Treffbericht vom 12. 3. 1970)

DER BUNDESBEAUFTRAGTE
für die Unterlagen des Staatssicherheitsdienstes
der ehemaligen Deutschen Demokratischen Republik
Außenstelle Leipzig

BStU · Postfach 9 12 · 04009 Leipzig

Frau
Annerose Niendorf
Tangstedter Landstr. 128

22415 Hamburg

Ihr Zeichen, Ihre Nachricht vom	[Bitte bei Antwort angeben] Mein Zeichen, meine Nachricht vom 000791/92L	☎ (03 41) 2 11 43 48 Nbst.	Leipzig

**Verwendung der Unterlagen des Staatssicherheitsdienstes der ehemaligen
Deutschen Demokratischen Republik**
Ermittlung von Klarnamen

Sehr geehrte Frau Niendorf,

Sie beantragten die Mitteilung des Namens der Person, die in den von Ihnen
eingesehenen Unterlagen lediglich mit einem Decknamen genannt ist. Dies ist
gemäß § 13 Abs. 5 Stasi-Unterlagen-Gesetz (StUG) zulässig, soweit sich die
Identität dieser Person eindeutig aus den Unterlagen des Staatssicherheitsdienstes
ergibt und die weiteren Voraussetzungen vorliegen.

Ich teile Ihnen deshalb folgendes mit:

Zu dem nachfolgend aufgeführten IM (Inoffizieller Mitarbeiter des Staatssicherheitsdienstes) konnte der Klarname ermittelt werden.

IM-Deckname	Klarname, Vorname Geburtsname	geb. am in
Boris Buch	Langfermann, Bernhard	08.03.1944 Ambergen Krs. Vechta

Mit freundlichen Grüßen
im Auftrag

Schild

Hausanschrift	Dienstgebäude	Telefon	Telefax

Der IM »Boris Buch« ist als der Westberliner Bernhard Langfermann entschlüsselt. Schreiben des Bundesbeauftragten für die Stasi-Unterlagen
aus dem Jahr 1992 an Annerose Niendorf

habhaft zu werden. Doch die Genossen der »ungarischen Bruderorgane« spielten nicht mit. So blieb es zunächst bei der Festnahme von Alexander an der tschechischen Grenze und den Verhaftungen in Leipzig. Dank der Denunziationen Langfermanns wurde dann auch Hans-Wilhelm Kraus bei einem Besuch in Ost-Berlin gegriffen und offenbar zu einer hohen Freiheitsstrafe verurteilt. In der Haft hat er sich dann zu einer Agententätigkeit für die DDR im Westen bereiterklärt. Nach einem Jahr entlassen, vertraute er sich sofort dem Verfassungsschutz an. Wie in solchen Fällen üblich wurde ein Ermittlungsverfahren eröffnet und wieder eingestellt. Ich wurde als Zeuge befragt. Gesehen oder kontaktiert hat mich Hans-Wilhelm nach seiner Haftentlassung kein einziges Mal mehr. Verdenken kann ich ihm das nicht.

War mein Vertrauen in Langfermann grob fahrlässig, ja strafwürdig? Er hätte mich allemal hochgehen lassen können bei der Stasi, als ich noch im Osten lebte und er unterm Hemd brisantes Schrifttum eingeschleust hatte, Monat für Monat. Das war echt und nicht ohne Risiko auch für ihn. In dieser Zeit hatte er gegenüber der Stasi keinerlei Sympathie und Zuneigung erkennen lassen. Ihm glaubte ich vertrauen zu dürfen wie kaum jemandem sonst. Darauf gründete die spontane Sympathie zwischen uns im Osten und der neuen Linken, auf dieser Abscheu vor jedweder Repression, vor dem Ersticken freien Denkens und Lebens. Dieser Hunger nach undeformiertem Leben, dieser naturrechtlich empfundene Anspruch darauf, das war das Gemeinsame, das die Revoltierenden in der APO antrieb ebenso wie uns, die wir uns nicht mit diesem Poststalinismus abfinden konnten. Menschen, die schon das unbestreitbar auch im Westen gegebene, dort aber sehr viel mildere Ausmaß an Unfreiheit und Repression nicht ertragen wollten, waren die nicht natürliche Verbündete im Widerstand gegen eine zynische Diktatur? Und das viel verlässlicher doch als Menschen aus jener Masse, die jetzt ohne viel eigenen Verdienst in einer Demokratie lebte, aber schon immer mit jedweder Obrigkeit konform gegangen war? Die Fanatiker der »Roten Armee Fraktion«, die schließlich sogar einem Mielke aus der Hand gefressen haben, die dominierten damals, 1970, noch nicht das Bild von der außerparlamentarischen Linken. Und als DDR-konform wurden auch sie nicht wahrgenommen.

Eine Sympathie für spätstalinistische Regime hatte ich Langfermann niemals anmerken können. Dass jemand unerkennbar für Freunde seine grundsätzlichen Sichtweisen und Werte ohne jeden Druck diametral austauscht, sich dem Geheimdienst einer Diktatur andient und ohne Rücksicht auf Folgeschäden wie hier für Anneroses Babys drauflos denunziert, dergleichen hatte ich mir nicht vorstellen können und auch nirgendwo sonst erlebt. Er hätte die erbetene Fluchthilfe einfach ablehnen können, begründet mit neuen Überzeugungen, mit politischen Zweifeln. Doch vermutlich war er zu der Sichtweise gekommen, das Ziel einer Gesellschaft, wie es von der Propaganda der DDR deklamiert wurde, rechtfertige jedes Opfer. Wer die Menschheit befreien will, für den ist es offenbar moralisch geboten, zur Abwehr auch der kleinsten Schädigung des großen Zieles auf einzelne Menschen keine Rücksicht zu nehmen. Er war wohl angekommen im Bewusstseinszustand eines Tschekisten der 1930er Jahre. Monate nach den Verhaftungen versuchte er, bürgerliche Relikte seines Gewissens in den Griff zu bekommen. »*Die KP ... wolle aber keine Belohnung, da sie sich wie ein Agent vorkomme, der für Spitzeldienste Geld bekommt. Dazu wurde mit der KP eine ausführliche Diskussion geführt und dargelegt, daß wir seine bisherige Arbeit für unser Organ als eine patriotische Tat bewerten und wir ihr Bücher ... übergeben wollen.*« Und: »*Gleichzeitig brachte er seine Freude darüber zum Ausdruck, daß wir die Absicht haben, ihm in Anerkennung seiner geleisteten Hilfe marxistische Literatur zu übergeben.*«[21]

---

21 MfS 1373/74 Bd.1 BStU 87–91, Treffbericht vom 31.07.1970 im Ratskeller Köpenick.

Die Stasi hatte vom IM Boris Buch alle denkbaren Beweise und Informationen zu dem Fluchtversuch Alexander Heyns und zu den letztendlich abgesagten Fluchten bekommen. Dennoch wurden die Geständnisse der Inhaftierten gebraucht. Denn die DDR verstand sich als Rechtsstaat, wenngleich von etwas eigentümlicher Art. Die Beweise mussten dem Gericht vorgelegt werden und würden damit auch bei Ausschluss der Öffentlichkeit zumindest den Angeklagten zur Kenntnis kommen, denen ja schließlich nicht die Todesstrafe drohte. Zum anderen durfte IM Boris Buch auf keinen Fall »dekonspiriert« werden. Eine gewisse Fürsorglichkeit gegenüber ihrem Denunzianten wird man der Stasi nicht absprechen können. Der wollte schließlich weiter in West-Berlin leben und wirken. Was die Stasi von Langfermann erfahren hatte, durfte die Justiz nicht offiziell verwerten. *»Eine Preisgabe inoffizieller Fakten hätte die Gefährdung der Kontaktperson »Boris Buch« zur Folge.«* [22] Auch wenn seine Denunziationen nicht gerichtsverwertbar waren, konnte man die Fakten, notfalls als vorgebliches Geständnis anderer Inhaftierter, den Verhörten unter die Nase halten und so zirkulär Geständnisse aus ihnen herausholen.

Operativ-Vorgang Atom – von Weizsäcker ein CIA-Agent?

War es Neurose oder Strategie? Oder war man nur allzu gern den Übertreibungen und Gespinsten des IM Boris Buch aufgesessen? Der hatte gegenüber der Stasi behauptet, ich habe ihm anvertraut, Weizsäcker arbeite im Auftrage des CIA. [23] Das war blanker Unsinn und auch unvorstellbar. Doch deshalb hatte schon vor den Verhaftungen die Stasi die denunzierten Fluchtabsichten in einem »Operativ-Vorlauf Atom« zu einer Offensive der Ausschleusung hochbegabter

22 BStU, MfS AOP 3375/72, Bd. 1.
23 BStU, MfS AOP 1373/74, Blatt 56.

Kontrolle der Stasi: Das Max-Plack-Institut in Starnberg – eine Schleuser-
organisation?

Wissenschaftler aus der DDR aufgebauscht, »im Auftrag des
Weizsäcker-Institutes in Hamburg bzw. des Max-Planck-
Institutes in Starnberg«, das jetzt als »sogenanntes ›Friedens-
forschungsinstitut‹ deklariert«, als getarnte Filiale des CIA
in die Stasi-Akten einging. Der handschriftlich ausgefüllte
Bogen »Untersuchungs-Komplex« des MfS gibt vor:

*»Maßnahmen: … Informationen an die HA VIII über den Auf-
bau eines neuen Institutes in Starnberg unter der Leitung Prof. Weiz-*

säckers und der Vermutung, einen Teil der benötigten Arbeitskräfte aus der DDR abzuwerben ... – welche Verbindungen hatte Welzk vor dem illeg. Verlassen der DDR zu diesen Instituten, ... Rolle des Weizsäcker- und Heisenberg-Institutes bei den von Welzk organisierten Schleusungen ... Gutachten über die Rolle dieser Institute (PID) ... einholen«.[24]

In der Fluchthilfe für den wahrlich nicht gerade brillanten und gar nicht in der Forschung tätigen Physik-Absolventen Alexander Heyn auf Bitten und Kosten seines in der Arbeiterklasse beheimateten Bruders, für den häufig kranken, wissenschaftlich nirgendwo profilierten Physiker Dietrich Koch und für die Hausfrau, Mutter und Oberschullehrerin Annerose Niendorf eine Offensive des CIA zur wissenschaftlichen Auszehrung der DDR zu sehen, das war schlicht abwegig. Haben die das wirklich geglaubt? Waren sie so paranoid? Ein ausgebuffter Geheimdienst wird Bedrohungen nicht nur finden, sondern auch erfinden. Das sichert Budget, Wachstum und Karrieren.

Fluchtversuch und Fluchthilfe waren rasch aufgeklärt. Fast alle hatten dazu alles gestanden. Dietrich Koch freilich blieb dabei und hat das auch ins Protokoll bekommen, er habe sein Passbild für einen Westpass dem Kurier aus München nur deshalb ausgehändigt, damit der von seinem Drängen, einer Flucht zuzustimmen, abließe. Diese wahrlich unplausible Erklärung wurde erstaunlicherweise akzeptiert. Er bekam vor Gericht Flucht und Fluchthilfe vom Hals. Denn zu den einschlägigen Treffen mit Kurieren hatte er sich für unpässlich erklärt und andere gebeten, für ihn hinzugehen. Gerichtstermine in Sachen Flucht wären bald absehbar gewesen.

Doch die Stasi ermittelte gegen die Verhafteten auch bald als Mitglieder einer staatsfeindlichen Gruppe. Enger Freund von Annerose und Charly war Jürgen Rudolph, genannt Ajax, Bauingenieur, Bauleiter in Leipzig-Süd, eine farbige und umtriebige Gestalt in der Leipziger subkulturellen und Anarchoszene, lebenshungrig, chaotisch und antikonform wie

24   BStU, Lpzg. 335/72, Bd. 1, Blatt 135.

einst Francois Villon. Und deshalb auch observiert. Schon zweimal hatten sie ihn als IM zu werben versucht und dann, im April 1969, erneut. Ihm wurden Flugschriften vorgelegt, die er auf das Entschiedenste bestritt je gesehen zu haben. Mit solchen primitiven Dingen würde er sich nicht befassen. *»Bei diesen Gesprächen wurde deutlich, daß R. sehr intelligent ist und auf den verschiedensten Gebieten Kenntnisse besitzt. Allerdings zeigt sich auch, daß es sich bei R. um eine ›überstudierte‹ Person handelt. Dies kommt in seinen ganzen Redewendungen zum Ausdruck, wo er Marx, Engels, Kant usw. zwar interpretiert, aber nicht den Kern bzw. Sinn dieser Zitate richtig deuten kann.«*[25]

Geradezu lustvoll hat er dabei die Werber eingeseift und ein fast glühendes Bekenntnis zur DDR von sich gegeben. Bei der Entwicklung des Menschen in der sozialistischen Gesellschaftsordnung müsse die ideologische Arbeit im Vordergrund stehen und das MfS sei mit Aufgaben befasst, die dem entgegenstünden. Sein Beitrag zur Stärkung der DDR sei seine tägliche Arbeit. Im Studium in Dresden war er Sprecher der Katholischen Studentengemeinde gewesen. In seinem Job als Bauleiter versorgte er Studenten, die von der Studentengemeinde in Leipzig als bedürftig benannt wurden, mit Aushilfsjobs, gut bezahlt und oft ohne viel Anwesenheit auf den Baustellen. Er schrieb Analysen zur politischen Lage in Ostdeutschland und Konzepte einer Opposition. Doch seine vermeintlich enge Freundin Inge Bender, mit der er sich zu verloben trachtete, wurde in Berlin von der Stasi-Hauptabteilung XX als »IM Annette« geführt, offenbar als IMV (»inoffizieller Mitarbeiter mit Vertrauensverhältnis zum operativ Bearbeiteten«). Emsig und beflissen hinterbrachte sie in nicht wenigen Berichten, was Ajax wirklich dachte und tat. Daraufhin wurde mit einem »Zentralvorgang Heuchler« das gesamte Instrumentarium von Abhören, Postkontrolle, Beobachtung usw. auf ihn fokussiert und ein Schwarm von IMs angesetzt. Dabei hatte Ajax so sehr gar nicht geheuchelt. Er sah im Sozialismus in der Tat

25 BStU, MfS AOP 4318/76 Bd. 3 Ausprachebericht vom 28. 4. 1969, Blatt 47–49

die Zukunft. Nur verstand er darunter die Ausdehnung einer politischen Demokratie zu einer Wirtschaftsdemokratie und eben keine staatsmonopolistische Wirtschaft unter Politbüro-Kontrolle. In den Akten finden sich Manuskripte von hohem intellektuellen Niveau und großer sprachlicher Dichte.[26] Das machte ihn freilich nicht weniger gefährlich. Er wollte ja eine »freie sozialistische demokratische Gesellschaft« »mit gewaltlosem Widerstand« durchsetzen.[27]

Aufgrund einer plötzlichen Angst vor Verhaftung hatte Ajax ausgerechnet Annerose gebeten, seine brisanten Papiere einstweilen bei ihr zwischenlagern zu dürfen. Dort sind sie dann der Stasi bei der Durchsuchung ihrer Wohnung in die Hände gefallen. Er hatte sich ein weitverzweigtes Netzwerk von Widerstandsgruppen und oppositionellen Arbeitskreisen zusammenfantasiert, von Erfurt bis Greifswald. Seine Notizen und Erzählungen dazu bewegten sich im Bereich zwischen Flunkerei, grotesker Übertreibung und Selbsttäuschung. Gewiss, es gab ähnlich gesinnte Freundeskreise in diesen Städten, doch das war es denn auch. Um die hundert Namen wurden als »Verbindungen des Jürgen Rudolph« aufgelistet. Auch Harald und ich waren dabei. Doch wir kannten den Mann gar nicht, hatten nie von ihm gehört. In den Vernehmungen kamen denn auch bald unsere Abende ins Visier, zu denen sich unregelmäßig um die zwanzig ideologisch Abtrünnige zusammengefunden hatten, zu Gegenständen aus Philosophie, Kunst, Literatur und Lyrik, Politik und Wissenschaft. Gemeinsames war dabei stets, dass sie außerhalb der öffentlichen Wahrnehmung des Regimes standen und die Themen geächtet waren. Vor allem mein Studienfreund Günter sowie Annerose hatten deren Fortbestand in die Hand genommen. Akribisch wurde nun ermittelt und Aussage gegen Aussage ausgespielt, wer sich bei diesen Abenden wann wie wozu verlautbart hatte.

---

26 BStU, MfS AOP 4318/76 Bd. 3, Blatt 200 ff.
27 BStU, Lpzg. AU 335/72 Bd. 32, Blatt 48.

Katastrophe

Dann, im Sommer 1970 platzte die Bombe: Am 14. Juli ging bei den Ermittlern in Leipzig eine Information aus Berlin ein: *»Durch Genossen Müller von der HA XX wurde dem unterzeichnenden Mitarbeiter am 14. 7. 70 mitgeteilt, daß Rudolph gegenüber unserem IM zum Ausdruck gebracht haben soll, daß einer der Beteiligten (Kongreßhalle) ausgeschleust wurde oder werden soll. Es kann hierbei der Verdacht nicht ausgeschlossen werden, daß Welzk zu den Akteuren der Provokation in der Kongreßhalle gehörte. Weiterhin ist zu beachten, daß Niendorfs Verbindungen zu Flade, Michael unterhalten, welcher seit 1968 als freischaffender Maler tätig ist. Hier besteht der Verdacht, daß Flade das Transparent gefertigt hat«*[28]

Die Ermittlungen zu dem Protest auf der Bühne der Kongresshalle waren im September 1968 ergebnislos abgebrochen und der »OV Provokateur« abgelegt worden – eine schwere Blamage für die Stasi in Leipzig. Jetzt endlich sah man eine Chance, sich von dieser Schande zu befreien. Im Juni 1969, etwa ein Jahr nach unserer Protestaktion, hatte Dietrich Koch Annerose offenbart, dass ich das Transparent angebracht hatte und Harald dabei gewesen war, und ihr dabei auch erzählt, er selbst habe den Zeitauslöser konstruiert.[29] Annerose reagierte tiefbeeindruckt und zugleich schockiert – »Damit, dass du mir das jetzt gesagt hast, hast du uns in große Gefahr gebracht.« Natürlich berichtete Annerose davon ihrem Ehemann Charly. Und in irgendeiner Fassung hatte das dann auch Ajax zu hören bekommen. Der zweite enge Freund von Annerose, Charly und auch von Ajax war Michael Flade, nicht Mitglied im einschlägigen Künstler-Verband und damit nach DDR-Typologie keiner geregelten Arbeit nachgehend, also »arbeitsscheu« und »asozial« und damit auch irgendwie unter Generalverdacht auf was auch immer. Alsbald erfuhr nun auch von Ajax, dass Koch und zwei, »die über Bulgarien raus sind«, »das Ding« in der Kongresshalle gemacht haben.[30] Und im September 1969 hatte Koch dem bald darauf

28 BStU, Lpz. AU 335/72, Bd. 2, Blatt 100: Aktenvermerk des Vernehmers von Annerose Niendorf vom 28. 7. 1970, handschriftlich.
29 BStU, Lpzg. AU 335/72, Bd. 20, Blatt 29 ff., auch: Schriftliche Zeugenaussage von Annerose Niendorf vom 8. 9. 2010.
30 BStU, Lpzg. AU 335/72, Bd. 31, Blatt 13.

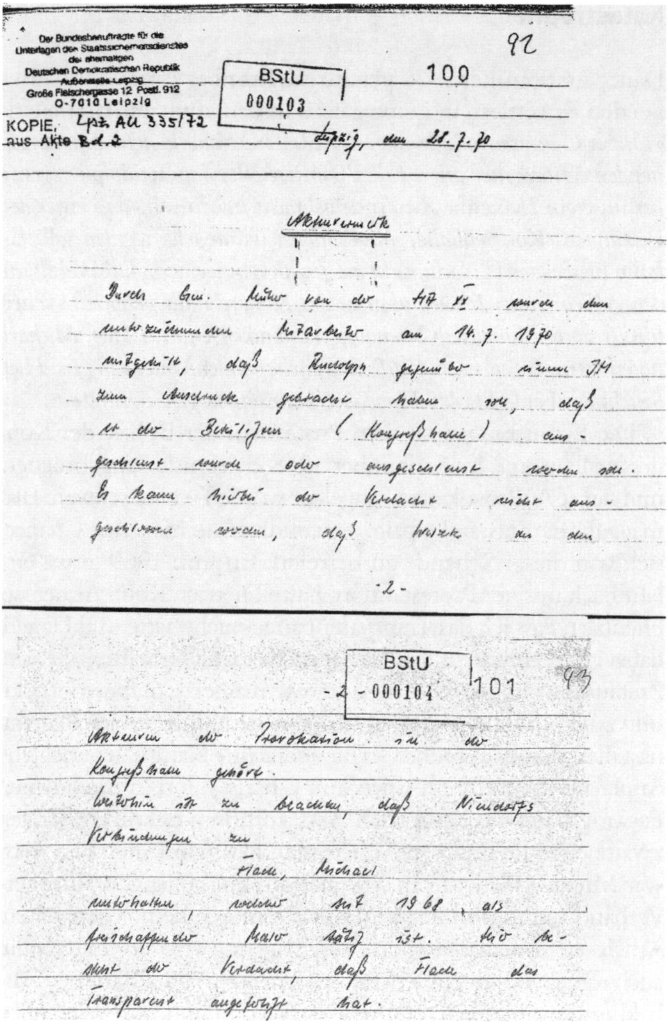

Der Bundesbeauftragte für die Unterlagen des Staatssicherheitsdienstes der ehemaligen Deutschen Demokratischen Republik ~~Außenstelle Leipzig~~ Große Fleischergasse 12 Postf. 912 O-7010 Leipzig

92

BStU 000103

100

KOPIE, Lpz. AU 335/72
aus Akte Bd. 2

Leipzig, den 28. 7. 70

Aktenvermerk

Durch Gen. Müller von der HA XX wurde dem unterzeichnenden Mitarbeiter am 14. 7. 1970 mitgeteilt, daß Rudolph gegenüber einem IM zum Ausdruck gebracht haben soll, daß in der [illegible] (Kongreßhalle) ausgeschleust wurde oder ausgeschleust werden soll. Es kann hierbei der Verdacht nicht ausgeschlossen werden, daß [illegible] zu den

-2-

BStU -2- 000104 101 93

Akteuren der Provokation in der Kongreßhalle gehört.
Weiterhin ist zu beachten, daß Niendorfs Verbindungen zu

[illegible], Michael

unterhalten, welcher seit 1968, als freischaffender Maler tätig ist. Hier besteht der Verdacht, daß [illegible] das Transparent angefertigt hat.

Der entscheidende Hinweis auf die Verbindung zwischen den Verhafteten und der Protestaktion

Quelle: BStU

bei einem Fluchtversuch verhafteten Lothar Hill von seiner Beteiligung an dieser Aktion erzählt.[31] Die Zahl der Informierten wuchs. Und so war es nicht allzu überraschend, dass am 18. Dezember 1969 und dann noch einmal Anfang März 1970 die »IM Annette« dem MfS berichtet hat, von Rudolph gehört zu haben, zwei der maßgeblich Beteiligten an der Aktion mit dem bei den Bachfestspielen 1968 entrollten Transparent »seien – lt. R. – nach drüben geschleust worden«[32], angeblich »mit Hilfe des Rudolph«, wie sie erfahren haben wollte. So wurde in Berlin am 14. Juli 1970 der »Operativplan zum Zentralvorgang Heuchler« festgelegt und am gleichen Tag die Stasi in Leipzig informiert, was *»Rudolph gegenüber unserem IM zum Ausdruck gebracht haben soll«.* Viele aus Leipzig kamen nach dem Juni 1968 nicht mehr illegal in den Westen. Damit war der Kreis der zu Verdächtigenden hinreichend klein. Die Stasi brauchte nur wenige Tage, um auf den Namen »Welzk« zu kommen.

Die Ermittlungen wurden ausgeweitet. Der Druck auf die Inhaftierten wurde enorm verstärkt. Jetzt hoffte die Stasi, endlich die Provokation auf der Kongresshallenbühne aufzuklären und an Täter heranzukommen. Schon zwei Tage nach Eingang der Information aus Berlin wurde Annerose intensiv »in die Mangel genommen«, stets vor Augen, dass ihre Kinder unwiederauffindbar verschwinden würden, per Adoption an linientreue Parteikader vergeben. In der Tat ist in der »vernehmungstaktischen Grundlinie« zu »der Niendorf« eigens festgehalten, man solle *»die Möglichkeit der Absprache des Erziehungsrechtes der beiden Kinder beachten.«*[33] Und kaum zufällig berichtet das Protokoll vom 16. 7. 1970: *»Der Beschuldigten Niendorf, Annerose wurden am heutigen Tage 2 Fotos von ihren Kindern übergeben.«*[34]

Charly hatte mit der Protestaktion nicht das Geringste zu tun gehabt. Doch er hatte nachweislich dieses Konzert besucht, gemeinsam mit einer Freundin, in der Tat zufällig. Pech.

»Nach Angaben der Niendorf bringt ihr Ehemann angeblich großes Interesse für die Musik von Bach auf. Der Beschuldigte Koch demen-

---

31   BStU, Lpzg. AU 335/72, Bd. 29, Blatt 41.
32   BStU, MfS AOP 4318/76 TV1, Bd. 3, Blatt 8–10, Bericht der »IM Annette«, Abschrift vom 10. 3. 70.
33   BStU, Lpzg. AU 335/72, Bd. 1, Blatt 126.
34   BStU, Lpzg. AU 335/72, Bd. 2, Blatt 87.

tiert das. Er behauptet, daß sich Niendorf nicht für Musik interessiert und er sich nicht vorstellen kann, daß Niendorf Konzerte oder ähnliche Veranstaltungen besucht.«[35]

Damit war zu Protokoll, Charly sei aus anderen Motiven als aus Interesse an der Musik in der Kongresshalle gewesen. Freilich wurde er hier zu unrecht verdächtigt. Doch die Verhöre liefen nun heiß. Mitwisser war er ja inzwischen geworden. Und aufgrund des falschen IM-Hinweises, Michael Flade sei der Maler des Transparentes gewesen, wurde dessen Wohnung mehrfach konspirativ durchsucht und verwanzt und eine Rotte von IMs auf ihn angesetzt.

Honeckers staatsgefährdender Menschenhandel

Im August 1970 gewann das Verfahren noch eine neue Dimension. Jemand hatte ausgesagt, ihm sei bei der Fluchtvorbereitung angeraten worden, wenn es schiefginge, solle er Rechtsanwalt Vogel um die Verteidigung bitten. Der werde alles ausbügeln und sich für eine Entlassung in den Westen einsetzen. In der Tat war Vogel auch mit einer Verteidigung beauftragt worden und musste dieses Mandat nun empört niederlegen. Das Ganze hatte sich damit zu einer brisanten politischen Affäre ausgewachsen. Vogel war der Chefunterhändler der Staats- und Parteiführung in den Verhandlungen mit Bonn über den Freikauf politischer Häftlinge und genoss das Vertrauen Honeckers. Der Stückpreis stieg im Lauf der Jahre von vierzigtausend auf fast hunderttausend Westmark. Doch das Geschäft war heikel und umstritten. Zum einen wurde man renitente Gegner los und das gegen Hartwährung. Damit wurde das Regime stabilisiert. Zum anderen fanden sich Hardliner der Stasi – und von denen klumpten nicht wenige in Leipzig zusammen – um die Früchte ihrer Arbeit geprellt, wenn die in bisweilen langwierigen Vernehmungen endlich Geständigen oder mühsam Überführten

---

35 BStU, Lpzg. AU 335/72, Bd. 2, Blatt 103: Aktenvermerk des Vernehmers von Annerose Niendorf vom 28. 7. 1970.

sich auf die meist doch ersehnte Ausreise in den Westen freuen konnten. Die Stasi sah sich zum Devisenbeschaffer degradiert. Und wenn sich im Volke herumsprach, dass man über das Durchgangsstadium politischer Haft gute Chancen hatte, sich auf der anderen Seite der Mauer wiederzufinden, so wuchs das Risiko, dass staatsfeindliches Auftreten und Handeln damit geradezu gezüchtet und für Wildentschlossene zur Methode wird, rauszukommen. Der Häftlingstransfer würde somit das Regime destabilisieren. Das Risiko von Fluchtversuchen – nicht von allen freilich – werde so kalkulierbarer und deshalb häufiger in Kauf genommen. Genau das war im Fall eines der Inhaftierten nachweisbar, denn der hatte Entsprechendes zu Protokoll gegeben.

Dankbar wollten Hardliner diese Ermittlungsergebnisse nutzen, um diesen staatsgefährdenden Menschenhandel insgesamt zu stoppen. Offen wurde in Vernehmungen Vogel als Staatsfeind bezeichnet, der mit drin hinge in Carl-Friedrich von Weizsäckers Schleusersystem. Und so musste der Rechtsanwalt empört auf Distanz gehen, wollte er den zwischendeutschen Häftlingstransfer retten, zumal dieser ja auch für ihn persönlich zum lukrativen Kerngeschäft geworden war. Mehrmals übrigens kam der zum Erliegen. Auch von Bonn wurde dieser delikate Handel unterbrochen, wenn den politischen Gefangenen in allzu großer Zahl auch Schwerkriminelle zugesellt wurden. Das politische Risiko versuchte das Regime zu mindern, indem die Häftlinge meist erst nach Absitzen der halben Freiheitsstrafe abgeschoben wurden. An die 34.000 Häftlinge sind bis zur Wende auf diesem Weg verkauft worden. Über drei Milliarden Westmark wurden dafür kassiert.

»Alle Oppositionellen in die SED!« –
Stasi-Neurosen und Ermittlungsblockaden

Die Stasi verschmolz die Aufschneidereien ihres IM Boris Buch alias Langfermann über einen in Ausschleusungskampagnen großen Stils engagierten CIA-Handlanger Carl-Friedrich von Weizsäcker mit dem von Ajax fantasierten subversiven Netzwerk, das sich fast flächendeckend über die DDR erstrecken sollte. Eine straff organisierte republikweit aktive Organisation des CIA wurde unterstellt.

»Es konnte bisher der Nachweis erbracht werden, daß die in den letzten Jahren in Westdeutschland groß herausgebrachte Zukunftsforschung (Futurologie), die von der Perspektivlosigkeit des spätkapitalistischen Systems ablenken soll, auch in die Feindtätigkeit gegen die DDR eingeflossen ist. Damit sollen Kader geködert werden, um sie zum Verlassen der DDR zu bewegen, welche aber auch gleichzeitig unter Ausnutzung des in der DDR vermittelten Wissens nach deren Verlassen der DDR der westdeutschen Futurologie und anderen Wissenschaftszweigen als Kader zugeführt werden sollen.« [36]

Verblüfft lese ich heute in den Akten, wessen Flucht ich organisiert oder zu organisieren versucht oder versprochen haben soll, darunter Leute, die ich kaum kannte oder nicht mochte, und welche lebensgefährlichen Wege ich angeboten habe. Von den Verhörten unterschriebene falsche, auch selbstbelastende falsche Aussagen finden sich in den Akten zuhauf. Offenbar sind nach meiner Flucht bei Freunden auch Leute, angeblich aus Hamburg kommend und von mir geschickt, mit falschen Fluchtangeboten aufgetaucht.[37] Und zwischen dem, was zusammengebrochenen Verhörten an bruchstückhaften Äußerungen abgerungen wurde, und dem, was dann an glatten Formulierungen Seite für Seite abgezeichnet in den Protokollen sich findet, liegen oft Welten.

Millionen Menschen, vielleicht die Mehrzahl in diesem Staat, hatten irgendwann an Flucht in den Westen gedacht oder zumindest mit diesem Gedanken gespielt und mit Freunden

36   BStU, Lpzg. AU 335/72, Bd. 1, Blatt 167 f.: Operationsplan zum Untersuchungsvorgang Niendorf, Annerose und 4 andere vom 16. 8. 1970; MfS AOP 4318/76, Bd. 2, Blatt 118: Zwischenbericht zum Untersuchungsvorgang Niendorf, Annerose und 4 andere vom 8. 2. 1971.

37   BStU, Lpzg. AU 335/72, Bd. 30, Blatt 73 f.

darüber gesprochen. Sonst wären ja die Mauer und die ständig perfektionierten Grenzanlagen nicht erforderlich gewesen. Doch nach 1961 wurden die wenigsten dieser Absichten je ernsthaft in Angriff genommen. Wenn Verhaftete routiniert »fertig gemacht« wurden und Fluchtgedanken zu Protokoll gaben, eigene und die von Freunden, so hätte nach und nach ein Großteil der Bevölkerung hinter Gitter gebracht werden können. Das muss auch der Stasi klar gewesen sein. Doch wenn man gegen kleinere Subkulturen wie Studentengemeinden vorgehen wollte, so war das schon eine brauchbare Strategie.

Und irgendwelchen »operativ Bearbeiteten« staatsfeindliche Hetze anzuhängen, das war fast nie ein Problem. Die moderne Weltliteratur war ja in der DDR nur beschränkt kaufbar. Bei Bedarf der Stasi wurde schon die Weitergabe solchen Schrifttums zur »politisch-ideologischen Diversion« (PID) – von Zeitschriften wie »Zeit« und »Spiegel« und den Essays von Dissidenten ganz zu schweigen. Diskussionsabende wurden dann zu Gruppen der »politischen Untergrundtätigkeit« (PUT), Freundschaften zu Menschen in anderen Städten zu Netzwerken. So konnte die Stasi die Zahl der Staatsfeinde ihrem Bedarf anpassen. »*Niendorfs sind Agenturen der PID, welche seit 1968 von Welzk aufgebaut wurde. Durch PID bereiten Niendorfs Bürger der DDR für Schleusungsaktionen vor*«.[38] Im Besonderen der S.-Fischer-Verlag in Frankfurt »*ist als Zentrum der PID und deren Verbreitung bekannt.*«[39] Die Stasi lebte weithin in einer Welt paranoider Fiktionen und war ständig damit überlastet, die Wirklichkeit diesen Fiktionen anzupassen. Menschen fluchtwillig, fluchtsüchtig zu machen, dazu brauchte es keine PID. Das gelang dem Regime ganz von selbst, ohne jeden Gegner.

Im Herbst 1970 zog Mielke den ganzen »OV Atom« an sich. Auf seine Anweisung hin wurden die inzwischen fast zahllosen verdächtigen »*Studenten und Angehörige der Intelligenz (Fachrichtung Physik) durch die HA XX und durch die OG des*

38 BStU, Lpz. AU335/72, Bd. 1.
39 BStU, MfS AIM 1373/74, Bd. 1, Blatt 17, 138.

Ministers bearbeitet ... Obwohl noch keine Zusammenhänge zwischen den einzelnen Gruppen erkennbar sind, wurde vom Gen. Minister entschieden, daß die weitere Bearbeitung aller in dieser Richtung vorhandenen Vorgänge von der HA XX/7 in Verbindung mit der HA IX/2 durchgeführt werden.«[40]

Rausgekommen im erwarteten Sinn ist dabei nichts und konnte auch nicht. Doch die Vernehmungen wurden intensiviert und die U-Haft dehnte sich quälend aus.

146 Personen wurden im Zusammenhang des Falles Niendorf bearbeitet, die Verhafteten jetzt fast Tag für Tag verhört. Zum Transparent auf der Kongresshallenbühne gab Annerose am 7. 9. 1970 zu Protokoll: *»Die Handlung in der Leipziger Kongresshalle am 20. 6. 68 – gemeint ist das Entrollen des Plakates – begrüße ich, weil ich die Sprengung der Leipziger Universitätskirche ebenfalls als einen ›kulturlosen Akt‹ der dafür verantwortlichen Leute betrachte.«*[41]

Selten hatte sie ein Blatt vor den Mund genommen, weder vor noch nach der Verhaftung. Wunderbar konnte sie zur Gitarre singen. Einst, im Studium, im FDJ-Schulungslager Großköris war sie abends am Lagerfeuer von der polnischen Delegation um ein Volkslied gebeten worden und sang mit Inbrunst: *»Und sperrt man mich ein/in finstere Kerker/das alles sind rein vergebliche Werker./Denn meine Gedanken, die brechen die Schranken und Mauern entzwei./Die Gedanken sind frei.«* »Sehr tendenziös, Frau Bingel«, befand damals der aufsichtsführende Funktionär. Einen Vermerk in der Kaderakte wird ihr das wohl eingebracht haben. (Zwei heute wohl vergessene Lieder gehörten zum Kernbestand ihres Repertoires: *»Wo meine Sonne scheint/und wo meine Sterne stehen/da kann man der Freiheit Land/und der Hoffnung Licht/in der Ferne sehen«*, und *»Sind wir heut' auch arm und klein,/ sind wir heut' auch ohne Sonnenschein,/sind wir heut' auch immer noch allein: Morgen, morgen, sind wir wieder dabei. Weiß doch eine schöne, schönere Zeit...«*) Ihre Arbeit als Lehrerin hatte sie bald gekündigt, weil sie nicht

40 BStU, MfS AOP 3375/72, Bd. 2, »Atom«, Blatt 124.
41 BStU, Lpzg. AU 335/72, Bd. 4, Blatt 0224.

mehr zu heucheln vermochte. So erklärte sie auch jetzt, in den Verhören, ihre Sympathie mit dem niedergewalzten Prager Frühling und gab zu Protokoll: *»Ich bin der Meinung, daß die Parteilichkeit, welche vom Künstler in der DDR gefordert wird, seine Schöpferkraft hemmt.«*[42]

Einer der Inhaftierten konfrontierte eines Tages den Vernehmer unverblümt mit der Frage: »Warum foltern Sie nicht?«, und bekam etwa die folgende erstaunlich offene Antwort: »Wissen Sie, das ist eine Erfahrung aus der Nazi-Zeit. Wenn Sie foltern, bekommen Sie ganz schnell viele Aussagen. Doch zugleich wird ein unterbewusster Widerstand aufgebaut und vieles ›vergessen‹. Wir brauchen viel Zeit, aber wir bekommen damit sehr viel mehr heraus. Und wir haben Zeit.« Diese zeitaufwändige Methode bestand offenbar darin, Inhaftierte nach und nach zu der Überzeugung zu bringen, unrecht gehandelt zu haben, und dann in der Folge dazu, redlich zu kooperieren. Damit wird die *Intention* des Häftlings »rumgedreht«. Er konvertiert, schämt sich seines staatsfeindlichen Handelns, zumindest für eine gewisse Zeit. Das ist dann der Sieg. Dergleichen innere Wendung bricht meist bald wieder zusammen, und das Opfer reibt sich entsetzt die Augen. Doch seine Aussagen sind im Protokoll.

Zu dem Coup in der Kongresshalle kamen die Ermittlungen ein Stück weit voran, wenngleich mühsam. Außer Dietrich Koch hatte niemand der Inhaftierten damit auch nur das Geringste zu tun gehabt. Die wussten nur, was der dazu erzählt hatte oder was davon weitergegeben worden war. Und zäh versuchte er die Linie zu halten, seine Äußerungen dazu gegenüber Freunden vor der Verhaftung seien nur Aufschneiderei gewesen. Zum Teil zumindest stimmte das ja auch. Doch er war einem IM aufgesessen, genauer einem »ZI« (»Zelleninformanten«), den man ihm als Mithäftling in die Zelle gesetzt hatte. Der konnte ihm einiges abluchsen und hat auch über Kassiber informiert. Koch hatte in Briefen Nach-

42   ibid., Blatt 0116.

richten rausgeschmuggelt, kodiert nach einem Zahlenschema (im zweiten Satz das zweite Wort, im dritten das siebte, im fünften das achte usw.). Solche chiffrierten Briefe unter den Bedingungen der Schreibstube im Knast zu verfassen war eine bewundernswerte kognitive Leistung. Doch die Stasi fand bei einer Durchsuchung der Wohnung seiner Eltern auch diesen Kassiber mit dem Zahlencode und konnte seine Briefe dechiffrieren. Und ein Kassiber, den er nicht auf den Weg gebracht, sondern in kleine Stücke zerrissen durchs Klo gespült hatte, war von der Stasi aus der Scheiße gefischt und wieder zusammengesetzt worden. Die hatten in den Abwasserrohren im Keller der U-Haftanstalt Fangnetze eingebaut.[43] Anfang Dezember, in die Enge getrieben und wegen Verwendung konspirativer Techniken – gemeint waren die Zahlencodes seiner Briefe – mit einer Anklage wegen Spionage bedroht, gestand Koch schließlich, dem bei dem Kongresshallenprotest verwendeten Wecker den Klöppel abgebogen zu haben, so dass kein Läutgeräusch entstehen konnte. Das war in der Tat sein Beitrag bei dieser Aktion. Niemand kann ihm für dieses Geständnis auch nur den geringsten Vorwurf machen. Es blieb ihm schlicht nichts anderes mehr übrig. Erstaunlich zäh und lange hatte er der Stasi standgehalten und jede Mitwirkung bestritten. Doch alle sind in den Vernehmungen irgendwann in die Enge oder über den Rand ihrer Kräfte getrieben worden. Das ist anders zu bewerten, als wenn jemand draußen in der Freiheit seine Beteiligung an einer Aktion von solcher strafrechtlichen Tragweite wie der in der Kongresshalle vielfach kommuniziert.

Die Ermittlungen liefen weiter, auch nach diesem endlich erreichten Geständnis. Noch immer war der Maler des Transparentes nicht gefunden. Das war das wesentliche Element der Protestaktion, worüber auch Dietrich Koch nichts gewusst hatte noch irgendwer sonst. Auch Harald erfuhr das erst 1978, als Rudolf Treumann mit Familie in München auftauchte.

43   Dietrich Koch, in: Das Verhör, Dresden 2000, S. 259.

Nie ist Rudolf im Hinblick auf diesen Protest in Leipzig ins Visier geraten. Dennoch ist er 1971 nur haarscharf einer Verhaftung entgangen. Inzwischen saßen nicht wenige aus dem Freundes- und Bekanntenkreis ein, wegen unserer subkulturellen Abende oder wegen gescheiterter Fluchtversuche oder wegen beidem. Dazu kamen Festgenommene von Versuchen, das von »Ajax« fantasierte Netzwerk, seine »Demokratische Aktion« und seinen wohl im Ansatz existenten »Arbeitskreis Universitätskirche« auszuheben.

Lothar, ein enger Freund Haralds, hatte sich schon 1970 bei einem Fluchtversuch auf geradezu idiotische Weise erwischen lassen, zusammen mit einem Kumpel. Sie wollten durch den Stacheldraht an der tschechisch-westdeutschen Grenze, ein lebensgefährliches Unterfangen. Doch noch in der DDR, in der Jugendherberge dicht vor der ostdeutsch-tschechischen Grenze bei Bad Schandau, wurden ihre Rucksäcke durchsucht und Drahtschneidezangen gefunden. Beide einzeln ins Verhör genommen, gestanden irgendwann ihre Absicht. Ich kannte Lothar gut, hatte als Hilfsassistent des Mathematischen Instituts seine Übungen korrigiert und war beeindruckt von seiner Intelligenz. Er war vor dem Studium bei der Armee gewesen, bei der Luftwaffe, und vertraute mir irgendwann an, er habe vom Flugplatz Kamenz aus mit einer Propellermaschine fliehen wollen, im Tiefflug, aber dann abgeschätzt, dass man ihn wohl doch noch mit einem Düsenjäger würde einholen und abschießen können. Ich hatte ihn dann zu unseren Abenden eingeladen, wo er auch sein philosophisch-weltanschauliches Konzept vortrug. Mit seinem Feuer, seiner Sensibilität und seinen scheinbar naiven provokanten Denkfiguren hatte er starken Anteil daran, dass dieser Kreis nach meiner Flucht mit wachsender Vitalität fortbestand. Die Vernehmungen zu seinem Fluchtversuch waren schon abgeschlossen, als man ihn plötzlich erneut »in die Mangel« nahm, als Mitglied unserer »staatsfeindlichen Gruppe«. Die Zahl derer, die man mit

Aussagen anderer, realen oder vorgeblichen, in die Enge treiben konnte, wuchs.

Jetzt geriet mein politisches »Programm« in den Fokus der Ermittlungen, jenes Papier von sechs Seiten, das 1967 ohne Resonanz bei den Freunden geblieben und wenige Tage später von mir im Badeofen verbrannt worden war. Dieser damals völlig folgenlose Schrieb wucherte sich in den Augen der Vernehmer zu einer ernsthaften Bedrohung der Staatsmacht aus, zu einer gefährlichen subversiven Großoffensive, das Regime von innen heraus aufzulösen.

»Nach Abschluß des Studiums ist WELZK ernsthaft bestrebt gewesen, eine Konzeption für das Wirksamwerden seiner nunmehr staatsfeindlichen Haltung und Einstellung zu erarbeiten. Er konzipierte im Mai 1967 sein politisches Programm, zusammengefaßt auf 6 Schreibmaschinenseiten. ... Zusammengefaßt könnte man den Inhalt der Schrift etwa charakterisieren, wer kann, verlasse die DDR und der Rest trete in die Partei ein, um von dort aus Änderungen der gesellschaftlichen Verhältnisse in der DDR herbeiführen zu können ...

Des weiteren war in der Schrift von WELZK die Idee enthalten, daß man einen direkten Aufprall in Zeiten harter Auseinandersetzungen vermeiden und sich gegenüber staatlichen Maßnahmen ausweichend verhalten soll. So wurden von WELZK die Grenzsicherungsmaßnahmen der Regierung der DDR vom 13. 8. 1961 als Unterdrückungsmaßnahmen, als eine Zeit harter Auseinandersetzung bezeichnet. Als Reaktion auf eine solche staatliche Maßnahme soll man sich nicht ablehnend, sondern gegebenenfalls zustimmend verhalten, weil man sich sonst der Möglichkeit entheben würde, in staatliche und gesellschaftliche Führungsorgane der DDR einzudringen oder von dort aufgenommen zu werden ...

Die Schrift von WELZK ist als ein Gegenstück eines Konzeptes der Erhebung gegen die Staatsmacht der DDR von ›unten‹ anzusehen. Die politischen Pläne bestanden darin, daß die Personen, welche mit den ... Verhältnissen in der DDR nicht einverstanden sind, in staatliche und gesellschaftliche Führungsorgane eindringen, insbesondere in

die SED eintreten sollten, um von dort aus mit Hilfe von Reformen
eine Veränderung der gesellschaftlichen Verhältnisse in der DDR her-
beizuführen.« [44]

»Kernpunkte seines Programms waren: Alle Oppositionellen in
die SED! ... Gruppenmitglieder, die von der Möglichkeit eines unge-
setzlichen Verlassens der DDR Gebrauch machen, sollten ... von
Westdeutschland aus weiter einen Kampf gegen die DDR führen.« [45]

Nahezu korrekt wird hier der Inhalt jener kurzlebigen Skizze
aus dem Jahr 1967 wiedergegeben. Doch Lichtjahre fern der
Realität war die Vorstellung, damit irgendetwas angestoßen,
auch nur eines einzigen Menschen Haltung und Handeln
beeinflusst zu haben. Wer waren wir denn! Keiner von uns
hatte Kontakt in die Partei hinein noch zu irgendjemandem
aus dem Apparat. Schon von den Freunden vermochte kaum
jemand diesem Konzept etwas abzugewinnen. Vielleicht saß
der Stasi noch der Prager Frühling in den Knochen, vielleicht auch der Ärger mit Robert Havemann. Und sie war
fieberhaft damit zu Gange, das nichtexistente Netzwerk von
Widerstandsgruppen auszuheben, das sich »Ajax« zusammenfantasiert hatte. Ich wäre stolz gewesen, wäre mir auch nur
ein winziger Bruchteil der Gefährlichkeit und Wirkung
zugekommen, der in den Vernehmungen unterstellt wurde.
Ich wuchs nach Aktenlage fast zu einem jener Phantomfi-
guren, wie man sie in Stalins Schauprozessen aus der Retorte
gezaubert oder aus Alltagsgestalten aufgebauscht hatte. In den
Akten fand ich eine fast einen halben Quadratmeter große
»Verbindungsskizze«, wo wie eine Spinne inmitten ihres
Netzes ein Kasten »Max-Planck-Institut Starnberg/Welzk« zu
sehen war. Von dem Kasten führten viele Pfeile zu staatsfeindlichen Gruppen im Osten.[46] Von all dem ahnte ich, am Starnberger See meinen Studien über vorsokratische Philosophie
nachgehend, nicht das Geringste. Im Institut, wo ich nicht
einmal Mitarbeiter war, sondern Forschungsstipendiat, hätte

---

44   BStU, MfS AOP 4318/76Z DV, Bd. 1, Blatt 249 ff.: Zwischenbericht zum
     VOV Architekt, Reg. Nr. XIII 589/70.
45   BStU, AU Lpzg. 335/72, Blatt 173, 176.
46   BStU, AU Lpzg. 335/72, Bd. 14, Blatt 80.

man sich fassungslos die Augen gerieben, wären diese Stasi-Fiktionen dort bekannt geworden. Ich entwarf Schreiben um Schreiben an Hilfswerke, Anwälte und Politiker, an Minister und Ministeriale, mit eindringlichen Bitten, die Inhaftierten rasch in den Häftlingsfreikauf einzubeziehen, Schreiben, die dann meist Carl-Friedrich von Weizsäcker überarbeitet signierte. Doch ich ahnte noch nicht einmal, dass die Stasi dabei war, den Kongresshallenprotest aufzuklären.

Die Tragödie eskaliert

»*Rudolph ist der Kopf und Organisator einer staatsfeindlichen Gruppe, welche konterrevolutionäre Theorien erarbeitet und diskutiert*«, so die Fiktion.[47] Doch nachdem die Großoffensive an Beschattung und Verwanzung nur Dürftiges erbracht hatte und sich die Hoffnung verlor, hochverräterische Delikte nachzuweisen, wurde »Ajax« im Frühjahr 1971 »reingeholt« (so der Stasi-Jargon). Zwei Dutzend IM waren eingesetzt, 23 Verdächtige »bearbeitet« worden. Acht wurden festgenommen. Doch mit dem, was denen vorgeworfen werden konnte, hatte Ajax offenbar kaum etwas zu tun. 1976 ging der »OV Heuchler« ohne nennenswerte Resultate ins Archiv. Dann, am 18. April 1971, war Michael Flade dran, der Maler, jenes »arbeitsscheue Element«, das sich nach der Verhaftung von Annerose und Charly zunächst um deren Babys gekümmert hatte und sich nun als Transparentmaler schuldig bekennen sollte.

Zwölf Tage vor ihm war Günter Fritsch verhaftet worden, Cousin von Harald, kirchlich exponiert, aktenkundig als einer meiner engsten Freunde, und im Nachhinein auch Mitwisser der Aktion in der Kongresshalle. Auf offener Straße, wie im Film, zunächst demonstrativ beschattet, wurde er in eine vorfahrende Limousine gedrängt. Seine Frau Marion, schwanger, war Stimmführerin der Zweiten Geigen im Rundfunksinfonieorchester und hatte am gleichen Abend zu konzertieren und dabei

---

47   BStU, MfS AOP 4318/76, Blatt 182: Zusammenfassung des Zentralvorganges »Heuchler«.

Solo-Passagen zu spielen. Gleich von Anbeginn wurde Günter mit einer Überfülle von Ermittlungsresultaten konfrontiert, mit all dem, was man aus den vor ihm Reingeholten rausgeholt hatte und dem, was denunziert worden war. Die Stasi musste ihm allwissend und allmächtig erscheinen. »Wenn Sie mit uns zusammenarbeiten, sind Sie heute Abend wieder draußen.« Er wollte nicht. Es wurden Jahre.

»Am 6. April 1971 wird F. durch die Abteilung VIII auf dem Weg zur Arbeitsstelle konspirativ festgenommen und der Abt. IX zugeführt.« So das Konzept.« ... Hinweise auf den Besitz von Schusswaffen liegen nicht vor.« [48]

In was für einer Wahnwelt haben die gelebt und geplant? Der Chef seines Institutes hatte auf Anordnung der Stasi seine Abwesenheit an diesem Tag mit einem Dienstauftrag »legendiert«. Das Verschwinden von Günter sollte ja zunächst nicht auffallen.

»Zur Herausarbeitung neuer Feindmethoden unter Beachtung, daß der Machtapparat des staatsmonopolistischen westdeutschen Staates unter Tarnung durch die gegenwärtigen sozialdemokratischen Taktiken eine komplexe Feindtätigkeit gegen die DDR betreibt, steht die Werbung für eine inoffizielle Zusammenarbeit mit dem MfS im Vordergrund ... Aufklärung des WEIZSÄCKER- und Max-Planck-Instituts, insbesondere die Rolle dieser Institute bei der ... politisch-ideologischen Diversion und des staatsfeindlichen Menschenhandels ... welche Verbindungen bestehen zwischen diesen Instituten und imperialistischen Geheimdiensten« [49]

Günter hat die Stasi offenbar mit äußerster Klarheit abblitzen lassen. Schon am nächsten Tag, dem 7.4.1971, wird protokolliert:

»Von der Möglichkeit einer evtl. Werbung des Dr. F. wurde Abstand genommen, da das Verhalten des F. und die vorliegenden Belastungsmomente keine Gewähr dafür bieten, daß eine ehrliche Zusammenarbeit zustande kommt.« [50]

Fast immer taucht in den Konzepten zur Rekrutierung von Spitzeln das Wort »ehrlich« auf. »Ehrliche Zusammenarbeit«

---

48 BStU, MfS AOP 4318/76 TV 1, Bd. 14, Blatt 104; Lpzg. 302/74, Blatt 155.
49 BStU, Lpzg. 30274, Blatt 74 ff.
50 BStU, MfS AOP 4318/76, Bd. 2, Blatt 208 f.

wird erwartet, von Menschen, die man oft zu dieser Zusammenarbeit erpresst hat. Der Wortsinn von »ehrlich«, darin steckt ja so etwas wie Ehre und Vertrauenswürdigkeit, wird zynisch pervertiert. Ein ehrlicher Spitzel ist ein Widerspruch in sich. Gemeint ist mit »ehrlich« wohl so etwas wie »bedingungslos«. Schlägt hier ein Stasi-spezifisches Unterbewusstsein der eigenen Schäbigkeit durch?

Am Abend zuvor war Marion auf dem Heimweg vom Konzert abgefangen worden, »zur Klärung eines Sachverhaltes«. Verhör bis in den Vormittag, ergebnislos. Dann Haussuchung. »Gemacht« hatte Günter selbst nach dem politischen Strafrecht jenes Staates wenig. Mit Entschiedenheit hatte er für sich und Marion längst jeden Fluchtgedanken abgelehnt, hatte ja in eine Pfarrersfamilie hineingeheiratet, sah seinen Platz in der DDR, wollte hier eine nonkonforme Lebenswelt mitgestalten, mit der strikten Absicht, sich dabei nur im Legalen zu bewegen. Mit provokanten Ideen und Nadelstichen wollte er den Raum des vom Regime Tolerierten nach und nach durch Gewöhnung erweitern, wollte zu staatsbürgerlicher Renitenz, zum aufrechten Gang verführen. Er war glücklich mit seiner neuen wissenschaftlichen Arbeit, mit der Stellung von Marion im Orchester und freute sich darauf, bald ein Kind in den Armen zu halten. Binnen Minuten war all das zunichte, aufgrund eines nicht hinzunehmenden Fehlverhaltens: er hatte sich der »inoffiziellen Zusammenarbeit mit dem Staatssicherheitsdienst« (so der Dienstjargon) verweigert.

Gewiss, so etwas wie ein Transparent gegen die Kirchensprengung hatte auch er in unserem verzweiflungsvollen Streit, was da zu tun sei, angedacht, doch eine derartige Idee wieder fallen gelassen. Er wollte den »Organen« keinen Vorwand liefern, gegen die Kirche vorzugehen. Mit Rücksicht darauf hatten Harald und ich ihn dann außen vor gelassen. Dass eine solche für DDR-Verhältnisse ziemlich singuläre Provokation tatsächlich vorbereitet wurde, davon hatte er keine Kenntnis.

»Aufpassen, acht Minuten nach acht!«, hatte ihm Harald kurz vor dem Konzert zugeraunt. »Ihr habt also?« – die überraschte Reaktion. Doch hinter Günters Badezimmertapete holte die Stasi Lothars Physik-Diplomzeugnis vor und der saß ja ein wegen Fluchtversuch. Das galt dann schon mal als Fluchthilfe. Und von Anfang an hatte Günter an unseren subkulturellen Abenden teilgenommen und das lebhaft. Doch gerade da hatte er unverblümte strafbare politische Äußerungen für unklug erachtet. Dennoch war all das eben jetzt staatsfeindliche Gruppenbildung und Hetze sowieso. Schon sein Engagement in der Studentengemeinde und unsere Lust an politischer Provokation während des Studiums hatte ihm eine dicke karrierevernichtende Kaderakte gesichert. Nicht umsonst wurde das politische Strafrecht von Gummibegriffen wie »Hetze« und »Provokation« bestimmt. Damit konnte das gleiche Verhalten je nach politischer Wetterlage und Einzelfall als Bürgerrecht hingenommen oder mit hohen Freiheitsstrafen geahndet werden.

Auch »Dutch«, scharfzüngiger Spötter, nicht zu bändigendes Lästermaul, Freund aus Studienzeiten, geriet wegen des »OV Heuchler« in den Fokus der Ermittlungen. Er stand auf meiner Verteilerliste für Literatur, die Langfermann der Stasi übergeben hatte. Doch er war schon vorher in Karl-Marx-Stadt im »OV Jazz« »operativ bearbeitet« worden. Sein Zuhause wurde konspirativ gefilzt. Der Hauptbeschuldigte dieses OV saß bereits ein, wegen Hetze. 1968 hatte die Stasi mit einer von ihr erwirkten Einberufung Dutchs Promotion im sowjetischen Atomforschungszentrum Dubna bei Moskau gezielt verhindert. Er schrieb mir dann eine Postkarte, dass sein Engagement *»im schmucken Waffenrock der Volksarmee in bedeutenden internationalen Klassenkämpfen kulminierte«.* Gemeint war das Niederwalzen des Prager Frühlings. *»Zu den Ereignissen in der ČSSR vertrat er die Meinung, daß die Impulse zum Einmarsch in die ČSSR hauptsächlich von der DDR ausgegangen wären.«*[51] Und er war der Stasi mit der Äußerung denunziert worden, er *»habe nur darauf gewartet, daß*

51   BStU, Lpzg. AU 335/72, Bd. 9, Blatt 139 f.

sich die Tschechen zur Wehr setzen, dadurch hätte evtl. der Westen die Möglichkeit erhalten, mit Waffengewalt einzugreifen.« Damit konnten nicht wenige Jahre Knast glaubhaft angedroht werden. Bei einer Hausdurchsuchung wurden Waschkörbe voller »staatsfeindlicher Schriften« abtransportiert, so hieß es. »Wir wollen ja wirklich nicht jeden einsperren, aber dann müssen Sie schon …«. Viel hat er ihnen offenbar nicht genutzt.

Obgleich er niemals ins Visier der Fahndung nach den Tätern des Kongresshallenprotestes geraten war, stand auch die Freiheit von Rudolf Treumann auf des Messers Schneide. Sein Name fand sich auf der von Langfermann der Stasi übergebenen Verteilerliste für eingeschmuggelte Literatur. Für jeden am Institut für Geomagnetismus der Akademie war sichtbar gewesen, dass wir enge Freunde waren. Er war nach Aussagen Langfermanns an einem Treffen mit westdeutschen Linken in einer Wohnung in Ost-Berlin beteiligt gewesen. Dort hatten wir denkbare Wege und Alternativen der Deutschlandpolitik diskutiert. Fast zwei Jahre lang nach unserer Flucht war er von der Stasi etwa jeden Monat zu einer Befragung geladen worden. Jedes Mal gab er auf die immer gleichen Fragen fast stereotyp die gleichen Antworten. Auch ich hatte mir das für den Ernstfall vorgenommen. Heute wissen wir, dass genau dieses Verhalten der Stasi als untrügliches Indiz galt, dass jemand lügt oder Gravierendes zu verbergen hatte. Und er war schon Jahre zuvor in Jena von der Stasi »wegen Untergrundtätigkeit bearbeitet« worden, wohl wegen seines Engagements in der Studentengemeinde.

Auch die üblichen Spitzeleien und Anschwärzungen im Wohnumfeld finden sich in den Akten. Eindrucksvoll illustrieren sie die Widerwärtigkeit solcher Erkundungen: *»Er besucht die Gottesdienste der evang. Kirche. … Erwiesen ist, daß es mit seiner christlichen Nächstenliebe nicht weit her ist … An Wahlen hat er sich bisher stets beteiligt … Aus seiner Art des Auftretens entnimmt man, daß er sich als etwas ›Besseres‹ fühlt. … Festgestellt* *wurde auch, daß die Kinder, das ihnen gegebene Essen, wenn sie es nicht aufessen bzw. es ihnen nicht schmeckt. ... Es gilt als sicher, daß der überwiegende Teil der Kleidung aus Westdeutschland stammt, da schon oft festgestellt wurde, daß die T. etwas Neues anhatte, nachdem sie ein Päckchen aus Westdeutschland bekommen hatte.«* [52]

Bei einer konspirativen Durchsuchung seiner Wohnung werden zehn Manuskripte zu philosophischen Texten als »revisionistisch« aufgelistet, darunter »Notizen zum Mythos von Sisyphos« von Albert Camus. Rudolf Treumann wurde fortan beschattet, IMs versuchten, sein Ansehen im beruflichen Umfeld zu schädigen – er war jetzt im »Interkosmos-Projekt« eingesetzt, dem sowjetischen Satelliten-Programm. Seine Arbeitschancen in diesem Forschungsfeld wurden beschnitten. *»Der T. wird sei Ende 1970 wegen Verdacht der Untergrundtätigkeit und Verdacht der Nachrichtenübermittlung durch unsere Diensteinheit im Operativvorgang ›Astronomie‹ ... bearbeitet. Der Vorgang stellt ein Schwerpunktmaterial im Bereich der Wissenschaftsorganisation dar.«* [53] *»Entsprechend des vorliegenden operativen Maßnahmeplanes soll der Vorgang im III. Quartal 1971 mit der Festnahme des T. abgeschlossen werden.«* [54] *»Der Abschluß des OV hat zum Hauptziel, eine grundsätzlich politisch-ideologische Offensive im Bereich der Akademie der Wissenschaften einzuleiten.«* [55] Offenbar ist diese Indoktrinations- und Säuberungswelle in der Akademie kurzfristig abgesagt worden.

Im Herbst 1971 schreibt ein Stasi-Offizier: *»Seitens der Abteilung IX der BV Leipzig ... wurde eingeschätzt, daß eine Festnahme des Treumann zum derzeitigen Zeitpunkt gerechtfertigt ist. Es besteht aber eine Festlegung seitens des Ministers Gen. Generaloberst Mielke, daß alle Festnahmen in diesem Zusammenhang seiner Genehmigung bedürfen«* [56] Diese Genehmigung wurde nicht erteilt. Wollte Mielke die Zahl der Verhafteten nicht allzu sehr anwachsen lassen, um nicht höheren Orts mit der Frage konfrontiert zu werden, wieso es zu einem so weit verzweigten »Netzwerk staatsfeindlicher Gruppen« überhaupt hatte kommen

52   BStU, Lpzg. 335/72, Bd. 11, Blatt 295–298.
53   BStU, Lpzg. AU 335/72, Bd. 3, Blatt 368.
54   BStU, MfS AOÜ 4318/76, Bd. 3, Blatt 116.
55   BStU, Lpzg. AU 335/72, Bd. 3, Blatt 368.
56   BStU, MfS AOP 4318/76 ZOV, Bd. 1, Blatt 313.

können? Sollte Rudolf Treumann wegen des Verdachtes auf andere Verstöße gegen das politische Strafrecht der DDR noch weiter beschattet werden? Oder gab es inzwischen so etwas wie eine rationale Ökonomie der Repression? Wurden wirtschaftliche Schäden durch Behinderung von Forschung abgewogen gegen den Gewinn an Staatssicherheit?

Die Hoffnung Mielkes, ein vom CIA gesteuertes Netzwerk aufzudecken, blieb unerfüllt. Die Vernehmungen zogen und zogen sich. Marlene, Anneroses kleine Tochter, sagte einmal: »Ich habe einen Vater und eine Mutter. Die haben keine Arme und keine Beine.« Denn sie kannte von ihren Eltern nur Pass-bilder. Auch Günter durfte sein in den Haftjahren geborenes Kind nicht ein einziges Mal sehen, gewiss aus zwingenden Sicherheitsgründen.

Vollzug

Seit Dezember 1971 dann die Prozesse. Neben dem Anwalt-Besprechungszimmer der U-Haftanstalt war der Abhörraum. Dort liefen die Tonbandgeräte. Darauf wiesen die Anwälte schweigend mit deutlichen Gesten hin, mit Zeigen auf Ohren und auf die Wand, bei den viel zu spät erst erlaubten Ter-minen zur Prozessvorbereitung. Selbstverständlich blieb die Öffentlichkeit ausgeschlossen. Auch Eltern und Ehefrau durften nicht in den Gerichtssaal. Für Charly beantragte der Staatsanwalt fünfeinhalb Jahre Haft, für Annerose sechs, wohl ihrer unverhohlenen ideologischen Renitenz und ihrer angeblichen Rädelsführerschaft wegen. Annerose hatte ihre Fluchtabsicht wieder fallengelassen und das Fluchtangebot abgelehnt, Charly sich mit Langfermann getroffen, um eine Fluchtinfo für Alexander entgegenzunehmen. Vergeblich hatten sie versucht, Alexander die Flucht auszureden, seiner flatternden Nerven wegen, und ihm dann ja auch ein Beruhigungsmittel gegeben, das Koch in seinen pharmazeutischen Reserven hatte. Auch das war eben bereits Beteiligung am staatsgefährdenden Menschenhandel.

Doch ihre Straftaten gingen weit darüber hinaus:

»Die Beschuldigten haben ... die sogenannte Liberalisierung des gesellschaftlichen Lebens propagiert und dazu aufgewiegelt, die Arbeiter- und Bauernmacht durch bürgerlichen Parlamentarismus zu ersetzen. ... Gemeinsam mit... organisierte die Bechuldigte ... Diskussionen, die den demokratischen Zentralismus, die Arbeit der sozialistischen Massenmedien und den sozialistischen Internationalismus diskriminierten ...«[57]. Gemeint ist mit »sozialistischem Internationalismus« hier die Niederschlagung des Prager Frühlings durch den Einmarsch des Warschauer Paktes. *»Karlheinz Niendorf ist geständig, ... den sogenannten demokratischen Sozialismus propagiert und die Neugestaltung des Karl-Marx-Platzes in Leipzig diskriminiert zu haben.«*[58]

Das und die Verbreitung staatsfeindlicher Literatur waren allemal staatsfeindliche Hetze. Hinzu kam staatsfeindliche Gruppenbildung, der Teilnahme an unseren subkulturellen Abenden wegen. Die in ihrer Wohnung gefundenen Bücher waren entscheidendes Beweismittel. Der staatsgefährdende Charakter ihres Bücherschrankes wurde von einem Gutachter, Doktor Zoppeck, Dozent am Literaturinstitut Johannes R. Becher, auf 29 Seiten für den Prozess ausgeleuchtet. Aus diesem Elaborat sei hier zitiert[59]:

»Es beginnt mit einer Dokumentation ... über den IV. Tschechoslowakischen Schriftstellerkongreß ...

So gesehen, erweist sich ... die Aneignung der spätbürgerlichen Literatur ... als ... Ausgangsbasis, die ideologische Haltung der Rezipienten antisozialistisch zu manipulieren ...; das ideologisch zugerichtete Individuum kann schließlich für konterrevolutionäre Aktionen gegen den sozialistischen Staat in Bewegung gesetzt werden ...

---

57 BStU, Lpzg. AU 335/72, Bd. 13, Anklageschrift gegen Niendorf, Annerose und Niendorf, Karlheinz, Blatt: 5 ff.
58 ibid.
59 Karl-Heinz Niendorf hat in einem bislang unveröffentlichten Manuskript »Und was ist mit Kahmus?« diese Episode festgehalten. Siehe auch: BStU, Lpzg. AU 335/72, Bd. 53, Blatt 33–49.

Wir ersparen uns, genauere Bestimmungen zu den außerdeutschen
Schriftstellern vorzunehmen. … So oder so ordnen sie sich den
Gesetzmäßigkeiten der literarischen Entwicklung zu, wie wir sie
darstellten: Camus, Rimbaud, St. John Perse, Sartre, Whitman,
Williams, Steinbeck, Hemingway, Wilder, O'Neill, Bierce, Butor
und A.Miller. … An dieser Einschätzung kann auch der mögliche
Einwand nichts ändern, daß es sich bei den belletristischen Autoren
in vielen Fällen um Schriftsteller handelt, die subjektiv von einem
humanistischen Wollen ausgehen und deren Werke in manchen Fäl-
len auch in der DDR verlegt sind (Kafka, Zweig, Böll, Kaschnitz
u. a.). Eingebaut in die Gesamtheit der aufgeführten Titel, wird
auch das Werk dieser Schriftsteller der obengenannten Grundlinie
unterworfen. …

Bei gezieltem Einsatz einer solchen Gruppe von Büchern ist eine
systematische Beeinflußung der Leser im antimarxistischen Sinne die
Folge. Ein solcher Apparat von disponibler Literatur erlaubt einem
geschickten Ausleiher, ideologische Zersetzungsarbeit über längere
Zeiträume zu betreiben und den Leser gegen unsere sozialistische
Gesellschaft und ihre staatliche Ordnung zu beeinflußen.«

Bereits der Besitz fast beliebiger Weltliteratur wirkte hier
offenbar strafverschärfend, weil diese durch geschickten
Verleih missbräuchlich eingesetzt werden konnte. In der
Verhandlung versuchte Zoppeck, seine schriftlichen Einlas-
sungen abzumildern. So sei Nobelpreisträger Albert Camus,
den der Oberrichter Poller zu recht für die Inkarnation eines
besonders gefährlichen Denkens hielt, »*durchaus als Vertreter*
der humanistisch geprägten Weltliteratur zu werten«. Doch dieser
späte Anflug einer matten, nur mündlichen Reue blieb im
Prozess ohne Belang. Seine Pflicht hatte der Mann ja vorher
erfüllt.

»Dabei hebt das Gutachten hervor, daß durch die Zusammenstel-
lung der einzelnen Titel selbst die belletristischen Werke mit an sich
humanistischen Anliegen in die revisionistisch-antikommunistische
Grundlinie einbezogen werden«, so die Anklageschrift. »*Diese*

Methode der Verzahnung bürgerlicher Belletristik mit antisozialistischen Hetzschriften ist hervorragend geeignet, labile und schwankende Menschen auf eine konterrevolutionäre Plattform zu ziehen. ...«
Das ergebe sich eindeutig aus den Ausführungen des Gutachters.[60] Ein großer Teil der 25-seitigen Urteilsbegründung befasst sich mit Niendorfs Bücherschrank. Und:

>*Die Angeklagten ... waren bestrebt, als Handlanger imperialistischer Kreise in der westd. Bundesrepublik getreu den Forderungen der sogenannten neuen Ostpolitik aktiv dazu beizutragen, die DDR ... zu schädigen.*«

Gegen *beide,* Annerose und Karlheinz Niendorf, verhängt das Gericht eine Freiheitsstrafe von fünfeinhalb Jahren.

Günter Fritzsch wurde am 28. Mai 1972, genau vier Jahre nach der Kirchensprengung, zu sechs Jahren strengem Strafvollzug verurteilt. Wofür eigentlich? Ein angesichts des ihm Vorzuwerfenden auch nach DDR-Maßstäben abwegiges Urteil. Ein Exempel gegen kirchennahe Kreise? Weder war er ja an der Aktion in der Kongresshalle beteiligt gewesen noch hatte er davon auch nur zuvor gewusst noch hatte er fliehen wollen. Gewiss, Lothar war mit der Bitte zu ihm gekommen, sein Physikdiplom aufzubewahren, als der zu seinem missglückten Fluchtversuch aufgebrochen war. Und ich hatte Günters Münchener Freund Volker Schwarz gebeten, bei Dietrich Koch ein Foto für dessen Fluchtpass abzuholen. Der freilich wusste die Adresse nicht, unter der jener momentan aufzufinden war, und so hatte ihn Günter dorthin gebracht. Doch dafür sechs Jahre? Im Urteil wurden ihm Verbindungen zur »Menschenhandelsorganisation Löffler« unterstellt. Von der hatte er nie etwas gehört. »Sie sind intelligent, Sie hätten sich das denken können«, so der Staatsanwalt. Auch hier mussten unsere Diskussionsabende jetzt für »staatsfeindliche Hetze« und »Gruppenbildung« herhalten. Und selbst ein gehässiger Vermerk seines Oberschuldirektors über die politische Einstellung des Schülers Fritzsch vor fast anderthalb Jahrzehnten schlug auf das Urteil durch.

60   BStU, Lpzg. AU 335/72, Bd. 29, Blatt 177: Urteilsbegründung.

Zuvor als Zeuge im Prozess gegen Annerose und Charly, gab er zu Protokoll: *»Meine Aussagen in der Voruntersuchung sind nicht korrekt gewesen. Ich möchte das hier klarstellen.«* Das war ein Versuch, zu sagen, dass diese Protokolle verfälscht worden sind, und dabei eventuelle strafrechtliche Folgen einer solchen Erklärung zu vermeiden. Das Prozessprotokoll von Oberrichter Poller hält fest: *»Meine Aussagen in der Voruntersuchung sind nicht korrekt gewesen. Stimmen aber grundsätzlich. Ich möchte das hier klarstellen.«*[61] Dieser handschriftlich, offenbar vom Oberrichter eingefügte Satz »Stimmen aber grundsätzlich« war klare Protokollfälschung. Er verkehrt auch den Sinn des Satzes »Ich möchte das hier klarstellen.« schlicht ins Gegenteil.

Dietrich Koch war der Einzige der Inhaftierten, der an dem Coup in der Kongresshalle beteiligt gewesen war. Und er hatte dem Fluchthilfe-Kurier aus München ein Passbild mitgegeben, war dann freilich vor einer Flucht zurückgeschreckt. Er hatte Charly für den nervlich ziemlich derangierten Alexander aus seinem Besitz das Beruhigungsmittel Meprobamat ausgehändigt, *»in Kenntnis, daß es für die Schleusung des Heyn verwendet werden sollte«.*[62] Er hatte Charly gebeten, an seiner statt sich zur Übergabe von Fluchtinformationen an vereinbarte Treffpunkte zu begeben, da er sich unpässlich fühle. In unseren Abenden hatte er sich pointierter und mit radikaleren Sichtweisen als die anderen exponiert. Gegen ihn lagen die mit Abstand stärksten Belastungsmomente vor. Verurteilt wurde er wegen staatsfeindlicher Gruppenbildung, staatsfeindlicher Hetze und staatsfeindlichem Menschenhandel zu zwei Jahren und sechs Monaten. Das war etwa die Hälfte der gegen Annerose, Charly und Günter jeweils verhängten Freiheitsstrafen. Der Gutachter des Gerichtes hatte auf eine »erhebliche Beeinträchtigung der Einsichts- und Steuerungsfähigkeit« und damit auf verminderte Zurechnungsfähigkeit befunden. Nach Strafverbüßung wurde die Einweisung in eine psychiatrische

---

61   Günter Fritzsch, Gesicht zur Wand, Leipzig 1996, S.89 f.
62   Siehe Urteilsbegründung, in: BStU, Lpzg. AU 431, Bd. 33, Blatt 194.

Einrichtung angeordnet, »auch im Interesse einer weiteren Gesundung des Angeklagten«. Den Antrag des Staatsanwaltes, ihm Fluchtvorbereitung anzulasten, lehnt das Gericht trotz der eingestandenen Übergabe seines Passbildes an einen Fluchthilfekurier ab. Von dieser Anklage wurde er freigesprochen. Das verdankte er Annerose und Charly. In der Urteilsbegründung wird ausgeführt, beide hätten übereinstimmend ausgesagt, in jedem Gespräch und bei jedem Zusammentreffen habe er zum Ausdruck gebracht, dass für ihn ein illegales Verlassen der DDR nicht infrage komme.

Zu dem Transparent in der Kongresshalle fiel der Ertrag von fast zwei Jahren Vernehmungen dürftig aus. Wer das Konstrukt aufgehängt und das Ganze organisiert hatte, und dass er selbst beteiligt war, das hatte Koch ja schon vor den Verhaftungen zirkuliert, so dass es der HA XX des MfS in Berlin in halbanonymisierter Form hinterbracht wurde. Diese noch etwas vagen Informationen wurden in den Vernehmungen präzise abgesichert. Doch Harald und ich waren ja weg. Das Detail, wer den Läutklöppel des Weckers abgebogen hatte, damit das Ding nicht klingelt, das war ansonsten das gesamte Resultat dieser schier endlosen Ermittlungen. Wer das Transparent gemalt hatte, das eben war im Dunkeln geblieben.

Annerose wurde in die Burg Hoheneck verbracht, dem berüchtigten ostdeutschen Frauenknast für »Langstrafler«. In einem großen Saal musste genäht werden. Immerhin lag das Gebäude hoch oben und die Eingesperrten hatten aus den Fenstern des Saales einen Blick über das Land. Gemeinhin wurde im DDR-Strafvollzug Sorge getragen, dass Insassen von der Außenwelt fast nichts zu Gesicht bekamen. Und so wurden in Hoheneck eines Tages die großen Saalfenster allesamt mit schwarzer Farbe zugestrichen. Die Frauen brachen in verzweifeltes Weinen aus. Fortan wurde auch am Tage unter Kunstlicht genäht. In Hoheneck vermerkt ihr »Erziehungsprogramm«:

Das Frauengefängnis Hoheneck, in dem Annerose Niendorf ihre Strafe absitzen musste

»... *tritt sie weiterhin mit ihrer aufwieglerischen Ideologie in Erscheinung, ... ideologische Zersetzungstätigkeit muß erwartet werden, ... muß als Staatsfeind eingestuft werden, obwohl sie versucht, sich loyal zu geben. Vorsicht geboten. ... Würde Ausweisung nutzen, aber nur, wenn sie ihre Kinder mitnehmen kann.*«[63]

Charly, im Zuchthaus Brandenburg einsitzend, wurde routinemäßig eine schriftliche Stellungnahme zu seinen Straftaten und seiner Führung abverlangt. Der Strafgefangene 714257 (!) bereute zutiefst, in dem 18-monatigen Vernehmungszeit dem Druck nachgegeben und ausgesagt zu haben, was er ausgesagt hatte. Diese Stellungnahme, dokumentiert in den Stasi-Akten, sei hier zitiert:

»*Stellungnahme zur Straftat, Brandenburg den 15. 2. 72,
Karlheinz Niendorf, Straffgefangener Nr. 714257
Ich war ein Feind dieses scheinsozialistischen Staates und wollte mit meinen Handlungen zu einer progressiven Veränderung und Demokratisierung beitragen, sowie Menschen helfen, die unter diesem System litten, und selbst diesen Staat verlassen. Ich bedaure außer-*

---

63   BStU, Lpzg. AU 335/72, Bd. 39, Blatt 90 ff.

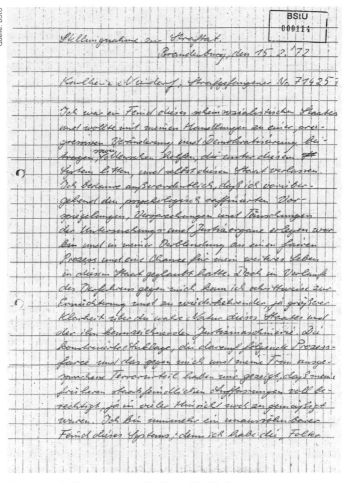

Stellungnahme zur Straftat.

Brandenburg, den 15.2.'77

Karlheinz Niendorf, Strafgefangener Nr. 7142577

Ich war ein Feind dieses scheinsozialistischen Staates
und wollte mit meinen Handlungen zu einer progressiven Wandlung und Demokratisierung beitragen. Vollenden Rollen, die unter diesem
System litten und selbst diesen Staat verlassen.
Ich bedaure außerordentlich, daß ich vorübergehend den psychologisch raffinierten Vorspiegelungen, Versprechungen und Täuschungen
der Untersuchungs- und Justizorgane erlegen war
bin und in meiner Verblendung an einen fairen
Prozeß und eine Chance für mein weiteres Leben
in diesem Staat geglaubt hatte. Doch im Verlauf
des Verfahrens gegen mich kam ich schrittweise zur
Ernüchterung und zu wiederkehrender, je größerer
Klarheit über die wahre Natur dieses Staates und
der ihn kennzeichnenden Justizmaschinerie. Die
konstruierte Anklage, die darauf folgende Prozeßfarce und das gegen mich und meine Frau ausgesprochene Terrorurteil haben uns gezeigt, daß meine
früheren staatsfeindlichen Äußerungen voll berechtigt, ja in vieler Hinsicht noch angemessen
waren. Ich bin nunmehr ein unversöhnbarer
Feind dieses Systems, denn ich habe die Folter

Seite 1 der Stellungnahme von Karlheinz Niendorf

ordentlich, daß ich vorübergehend den psychologisch raffinierten Vorspiegelungen und Täuschungen der Untersuchungs- und Justizorgane erlegen war und in meiner Verblendung an einen fairen Prozeß und eine Chance für mein weiteres Leben in diesem Staat geglaubt hatte. Doch im Verlauf des Verfahrens gegen mich kam ich schrittweise zur Ernüchterung über die wahre Natur dieses Staates und der ihn kennzeichnenden Justizmaschinerie. Die konstruierte Anklage, die darauf folgende Prozeßfarce und das gegen mich und meine Frau ausgesprochene Terrorurteil haben mir gezeigt, daß meine früheren staatsfeindlichen Auffassungen voll berechtigt, ja in vieler Hinsicht noch zu gemäßigt waren. Ich bin nunmehr ein unversöhnlicher Feind dieses Systems, denn ich habe die »Folter der Hoffnung« durchlaufen, die letzte Krise eines Menschen vor einer endgültigen und unwiderruflichen Entscheidung. Dieser Staat hat mich zum Schwerverbrecher gestempelt und ich nehme diese Rolle an, es ist mir nunmehr eine Ehre. Ich bedaure nur, meine staatsfeindlichen Handlungen nicht konsequenter, intensiver und effektiver ausgeführt zu haben. Mit diesem Staat habe ich nichts mehr zu schaffen. ... Ich und meine Frau werden für uns und unsere Kinder die Aberkennung der Staatsbürgerschaft der DDR und Ausweisung in die BRD beantragen. ... Nur in einer freien Gesellschaft kann unser Leben wieder zu einer Sinngebung führen, in diesem Staat jedoch nur zur Katastrophe.
Karlheinz Niendorf« [64]

Verzweiflung

Ich saß im Trocknen, saß sicher in Starnberg, in dieser Traumlandschaft mit Alpenpanorama, inmitten inspirierender neuer Freunde und Kollegen, fast jeder mit einem Forschungsgegenstand, den ich fesselnd fand, und sah mich machtlos. Warten. Hoffen. Ich konnte nicht alle zwei Wochen beim Hilfswerk anrufen oder Briefe an einflussreiche Politiker entwerfen. Schuldgrübeleien. Selbstvorwürfe. Und Angstträume. Immer

---

64   BStU, Akte Niendorf, handschriftliches Dokument, Blatt 114 f.

wieder reiste ich ein in die DDR mit falschem Pass, und hatte den verloren. Und immer wieder war ich illegal eingereist, um meine zurückgebliebene Freundin Heidi zu sehen, Apothekerin irgendwo im Oderbruch, hatte nur wenig Zeit, bis ich wieder raus musste und versuchte, sie anzurufen. Saß vor einem Telefon, vor einem jener schweren hellgrauen Geräte, und verwählte und verwählte mich endlos. Ich brachte es nicht fertig, rein mechanisch, die mir völlig geläufige Nummer fehlerfrei über die Scheibe zu drehen. Immer wieder begann ich von vorn, bis ich auch noch die Nummer vergaß. Und aufwachte.

Und ich verfiel seltsamen Versuchungen. Gisela Ulbricht, eine Zellengefährtin von Annerose, Lehrerin wie sie, eingesessen wegen Republikflucht und bereits rausgekauft vom Westen, überredete mich, nach Ost-Berlin zu fahren, zum Bahnhof Friedrichstraße. Nur so, als Nervenkitzel. Dort gab es oben einen Bahnsteig, zugänglich nur für Westbürger, dessen Züge vom Westen kommend hier endeten, und unten einen Bahnsteig für den Nord-Süd-Verkehr, gleichfalls Ostdeutschen nicht zugänglich. West-Berliner fuhren diesen Bahnsteig oben an, um in die Nord-Südlinie nach Gesundbrunnen oder zum Anhalter Bahnhof umzusteigen. Folglich gab es zwischen beiden Bahnsteigen keine Passkontrollen. Ich fuhr also rüber mit ihr, vom Bahnhof Zoo aus. Doch dass ich an herumstehenden Uniformierten vorbeilaufen musste, zwischen Wimpeln und Transparenten, die irgendeinem Parteitag entgegenjubelten und die Friedenspolitik des Politbüros priesen, damit hatte ich nicht gerechnet. Die pappigen Gesichter der Grenzer, diese Mischung aus schlechter Diät, Arroganz und Dummheit. Mir wurde flau im Magen. Die Angst, irgendein Bekannter könnte sich unter den Uniformierten finden. Die Angst, mit meiner Angst aufzufallen und dann doch aufgefordert zu werden: »Zeichn Se mal Ihrn Ausweis!« Ich kaufte eine Schachtel Pralinen, um beschäftigt zu sein, um nicht aufzufallen, fraß die sofort leer und atmete schwer und tief, als sich unten endlich die Türen der S-Bahn geschlossen hatten. Hatte Gisela mit dem S-Bahn-Trip zur Friedrichstraße mein Vertrauen in sie testen wollen? Und war das wirklich nur Nervenkitzel oder Unfähigkeit, sich zu lösen aus der ostdeutschen Lebensphase? Ein paar Minuten nur hatte ich wieder DDR geatmet. Es war eine Stoßtherapie gegen jeden Restinfekt von Heimweh.

Zerfaserungen des bisher so Klaren. Was war das für eine Leistung, in der DDR opponiert zu haben? Eine *geistige* jedenfalls nicht. Fast alle waren ja gegen diese von der Besatzungsmacht aufgestülpte Obrigkeit. In der Nazizeit, als nahezu das ganze Volk fanatisch, hysterisiert und bedingungslos seinem zunächst so unfassbar erfolgreichen Führer hinterher rannte, da war schon einiges abverlangt an klarem Blick und innerer Stärke, nicht diesem Sog zu folgen, vom krass anderen Risiko noch ganz zu schweigen. Doch in der DDR gegen die DDR zu sein – das war Mitschwimmen im Strom. Das war Konformismus. *Dafür* sein freilich, das konnte man auch nicht. Das wäre Verrat gewesen an menschlichen Grundwerten und an fast allem, was mir wertvoll war, Verrat an der modernen Kunst, die von den Chefideologen schon ab Expressionismus als »bürgerliche Dekadenz« abqualifiziert war. Da war das Kunstempfinden der Obrigkeit dem in der Nazizeit erstaunlich ähnlich. Es wäre Verrat gewesen an der modernen Architektur, an all der Literatur, die verpönt, gebannt, zumindest nicht erhältlich war und mir doch die Einzige zu sein schien, die dieser Epoche entsprach. Verrat an all den »imperialistischen Pseudowissenschaften« wie Tiefenpsychologie, an Teilen der Genetik und an einem sinnvollen Verständnis der Quantenphysik. Nein, natürlich war es keineswegs falsch, »dagegen« zu sein. Es war halt nur nichts Besonderes.

Ich hatte mich mit der Staatsmacht angelegt. Was war der Lohn, der erhoffte? Gefallen wollen? Beliebtheit beim Volk? Warum? Wie entsteht ein so verqueres Phänomen wie Mut und was ist das überhaupt? Handeln unter Inkaufnahme von Risiken, die ein »Normaler« nicht auf sich nimmt? Wann schlägt Mut in Dummheit um? Was ist das mentale Kosten-Nutzen-Kalkül des »Mutigen«? Mut – das bietet eine Chance auf Geachtetsein für Menschen, deren normale Leistungen und Fähigkeiten dafür nicht hinreichen. Dieses Streben nach Anerkennung führte gerade nicht zu ultrakonformem Verhalten, sondern zu Grenzverletzungen und Tabubrüchen. Ich provozierte, verletzte genau jene Grenzen, welche die um mich herum, diejenigen, auf die es mir ankam, gerne verletzt sahen, deren Verletzung sie aber selbst nicht wagten.

Ungeachtet aller destruktiven Grübeleien – mit provokativer Gefallsucht allein waren Kongresshallenprotest und Flucht nicht erklärbar. Warum hatte Rudolf Treumann mit dem Malen des Transparentes so viel riskiert? Er war ganz und gar nicht gefall- oder provokationssüchtig, war von sympathischem Äußeren und behutsamen Umgangsformen, war beliebt und das nicht nur bei dem selbst leidlich renitenten Institutschef, war hochbegabt und sensibel, war der typische angenehme Konservative. Nach außen. Doch in ihm schrie es, in seinen Gedichten, es schrie weiß und gellend, schrie wie aus einer Zwangsjacke. Seine Metapher für dieses Gemeinwesen war die psychiatrische Anstalt. Diese Texte – mit das Härteste, was zu diesem Regime formuliert worden ist – hat die Stasi beim Filzen seiner Wohnung entweder nicht gefunden oder nicht begriffen. Ich glaube, er war ständig in Acht, seine raffiniert ausbalancierte Konstruktion zu halten, damit es nicht doch nach außen schrie. Und er lud sich wahrlich noch andere Risiken auf. Sie bestätigten ihm, dass er lebte und sich nicht verachten musste. Unbestreitbar war es dieser fast hysterische Hunger nach Freiheit, die mich, die uns den Rest derselben riskieren ließ, nach Freiheit nicht nur für uns selbst. Andernfalls wäre das in Kauf genommene Risiko irrational. Selbst der Wahnsinn unserer Flucht war ja nicht nur Selbsthilfe, sondern ein politischer Schienbeintritt gegen dieses Regime. Doch ist die Bereitschaft, an einer Überdosis von Mut zu krepieren, wirklich so bewundernswert?

Im Januar 1972 wurden die Haftbefehle gegen mich wegen ungesetzlichem Grenzübertritt und Passvergehen erweitert auf Hetze, Menschenhandel, staatsfeindliche Gruppenbildung und staatsfeindliche Provokation, begründet u. a. mit jenem »Programm« zur Aufweichung der Partei, dem so wunderbar geglückten Coup in der Leipziger Kongresshalle und dem Zusammenwirken mit der »Menschenhandelsorganisation Löffler«.

Davon erfuhr ich selbstredend nichts. Die ersten Jahre in Hamburg und dann in München trug ich in den Taschen meines Parkas Tränengasspray und Schlagring, im Glauben, damit beim Versuch eines Kidnapping nicht völlig wehrlos zu sein. Mit der Zeit empfand ich diese Angst als groteske Überschätzung meiner Wichtigkeit. Das Spray schenkte ich einem amerikanischen Mädchen, das partout allein durch Italien trampen wollte. Den Schlagring habe ich verloren oder irgendwo vergessen. Doch in einer Verfügung des Bezirks-staatsanwaltes Leipzig vom Januar 1972 wurde angewiesen, *»die Fahndungsausschreibung auf die Stufe II zu verändern und durch MfS zu veranlassen«.* [65] Was diese Verfügung bedeutete, ich habe es nicht herausbekommen. Wenn ein Haftbefehl durch MfS zu veranlassen ist und nicht durch die Polizei, heißt das, zumindest zu Zeiten bestand allen Ernstes die Absicht, mich »rüberzuholen«? Ab Frühjahr 1972 freilich, in der Entspan-nungsphase zwischen den deutschen Staaten, entsprachen solche exterritorialen Stasi-Abenteuer wohl nicht mehr der politischen Großwetterlage. Die Haftbefehle habe ich dann, in den 1990ern, mit prahlerischem Stolz an meine Bürotür in Bonn geklebt, wenigstens nur innen, bis irgendwann ein Kollege meinte, ich sollte mich doch eher auf die Zukunft hin orientieren. Eingesessen hatte ich ja nicht einen einzigen Tag.

---

[65] BStU, Lpzg. AP 302/74, Blatt: 000005: Staatsanwalt des Bezirkes Leipzig, Abt. 21, Verfügung vom 25. 1. 1972.

Ausfertigung

Kreisgericht Leipzig
— Haftrichter —

Leipzig, am 8. 2. 1972

BStU
000013

KOPIE Lpz. AP
aus Akte 302/74

B e s c h l u ß

In der Strafsache gegen den

W e l z k , Hans-Stefan
geb. am 24. 07. 1942

wird der Haftbefehl des KG Leipzig – Haftrichter – vom
3. 10. 1968 gemäß § 19 Abs. 1 Ziff. 2 und Abs. 2 u. 3 StPO
dahingehend erweitert, daß der Beschuldigte dringend verdächtig ist, seit 1966 einer staatsfeindlichen Gruppierung
anzugehören. So habe er u. a. ein mehrseitiges staatsfeindliches Programm ausgearbeitet und soll Aktionen dieser
Gruppe organisiert und aktiviert haben. Ferner soll er ver-
antwortlich sein für die Provokation anläßlich der Abschlußveranstaltung zum III. Internationalen Bachwettbewerb am
20. 6. 1968 in der Leipziger Kongreßhalle.
Nach seinem ungesetzlichen Verlassen der DDR habe er zum
Teil im Zusammenwirken mit der Westberliner Menschenhandelsorganisation LÖFFLER staatsfeindliche Handlungen gegen die
DDR organisiert wie sie rechtskräftig in den Strafverfahren
gegen HEYN, NIENDORF, Annerose und Karlheinz festgestellt
und durch die Beschuldigten KOCH und Dr. FRITZSCHE bestätigt
worden seien.

Verbrechen gemäß: § 105 Ziff. 1 und 2 StGB

H e s s e
Haftrichter

Ausgefertigt am 8.2.1972
Die Geschäftsstelle des Kreisgerichts Leipzig

Erweiterung des Haftbefehls gegen Stefan Welzk

Entlassen

Als erster kam Alexander an im Westen, über »Aktion«, also freigekauft. Der war mit einem Urteil von drei Jahren davongekommen. Seine Flucht war der Auslöser der ersten Verhaftungen gewesen. Doch er hatte nicht die geringste Ahnung von dem Coup in der Kongresshalle, noch war er je bei unseren Abenden dabei gewesen. Auch staatsfeindliche Literatur war bei ihm nicht zu finden. Er war absolut nicht der Typ eines Intellektuellen. Der Westen hatte sich vordringlich um seinen Freikauf bemüht. Denn es war wohl und zumindest in diesem Fall vermutlich zu Unrecht der Verdacht aufgekommen, es würden Fluchtgelder kassiert und Kunden dann der Stasi überlassen. Unterwanderung von Fluchthilfeorganisationen durch Spitzel hat es selbstredend gegeben. Bisweilen wurden von der Stasi gegriffene Fluchthelfer erpresst und »rumgedreht«. Alexander konnte dazu ohnehin nichts beitragen. Er war ja weggefangen worden, bevor er mit Löfflers Leuten überhaupt Kontakt aufnehmen konnte. Er erschien tief zerknirscht bei dem Hamburger Hilfswerk, das ihn rausgekauft hatte, mit bitteren Selbstvorwürfen, und wollte im Westen vor Gericht und eine Strafe absitzen, seiner Aussagen in der U-Haft wegen. Bald hatte er Arbeit am Rechenzentrum der Universität Freiburg gefunden.

Dann meldete sich Lothar bei mir in Starnberg. Vier Jahre hatten sie ihm zunächst aufgebrummt. »Schwere Republikflucht« – »schwer« war ein Fluchtversuch laut Strafgesetzbuch, wenn man falsche Papiere oder Verstecke (!) benutzte oder in Gruppen fliehen wollte, wobei eine Gruppe aus mindestens zwei Personen bestand. Und er hatte sich ja mit einem Freund auf den Weg gemacht. Staatsfeindliche Gruppenbildung war ihm nach einem ersten Prozess noch angehängt worden, als »Nachschlag«, in einem zweiten Verfahren, wegen seiner Teilhabe an unserer subversiven Subkultur. Das war erst hernach aufgekommen. Er war tief deprimiert und diese gedrückte Stimmung hielt an. Ich hatte ihn Carl-Friedrich von Weizsäcker vorgestellt. Der war fasziniert von ihm und gewährte ihm eine Art Doktorandenstelle am Max-Planck-Institut in Starnberg, zur Verärgerung von Jürgen Habermas, der die von ihm gewollte Ausrichtung des Institutes durch die von mir »angeschleppten Ostdeutschen« nicht gerade befördert sah. Lothar, einst bei der Luftwaffe der NVA, besaß die Ausstrahlung eines Wissens, einer Einsicht, die mir unzugänglich waren. Weizsäcker sah in ihm den Einzigen im Institut mit einer tiefursprünglichen Sensibilität jenseits des Rationalen.

Leider brachte mir Lothars Ankunft die unverbrüchliche Aggressivität von Habermas an den Hals. Für eine kleine Konferenz profilierter Linker, allesamt Professoren, waren Papiere verteilt worden. Lothar störte sich an diesem Frankfurter Soziologenbarock, einem Kauderwelsch, in dem fremdländische Termini, versehen mit deutschen Endungen, vorherrschten, und übersetzte eine Seite davon ins Deutsche. Ich trug noch Sorge, dass jede polemische Spitze aus dieser »Übersetzung« getilgt wurde, und wir verteilten dieses Blatt zu Sitzungsbeginn. Habermas explodierte. Wenn wir die Termini nicht verstünden, müssten wir sie eben lernen. Dass wir sie verstünden, sähe er doch an der Übersetzung, hielten wir dagegen. Und worin bestünde etwa die Bedeutungsdifferenz zwischen »generieren« und »erzeugen«? Am nächsten Tag schon gab es einen Umlauf von Habermas mit der Forderung, nur voll ausgebildete Wissenschaftler sollten an Konferenzen teilnehmen. Damit waren promovierte gemeint. Fortan verhinderte er mit Verbissenheit jeden Versuch, mich nach der Promotion am Institut fest anzustellen. Dass Ikonen der antiautoritären Bewegung und Theoretiker des herrschaftsfreien und nur unter dieser Bedingung wahrheitsfähigen Diskurses auch im Umgang mit ihnen selbst antiautoritäres Auftreten hinnehmen würden, das war halt ein naives Vorurteil.

Nach zwei Jahren rückte Lothar mir gegenüber heraus: Sie hatten ihn in der Haft zum »Kundschafter des Friedens« erpresst und ihn speziell auf das Starnberger Institut angesetzt: »Sie wollen doch, dass auch ihr Bruder mal studieren kann.« »Für uns haben Sie in Zukunft nur eine andere Feldpostnummer«, hatten Rausgekaufte von der Stasi zum Abschied zu hören bekommen. Immer wieder hatten wir in Starnberg gespottet, wenn es einen Spion am Institut gäbe, der arme Kerl wäre als völliger Versager blamiert, weil es einfach nichts zu berichten gäbe. Wie vor der Haftentlassung vereinbart, hatte Lothar regelmäßig Postkarten als Standortmeldung und Lebenszeichen geschickt. Jetzt war er nach Leipzig bestellt worden, für konkrete Aufträge. Er fuhr nicht. Ich schickte ihn zum Verfassungsschutz. Ein Ermittlungsverfahren wurde aufgenommen und eingestellt. Ich bat ihn, sich Weizsäcker zu offenbaren. Der habe nur gefragt, ob er Hilfe brauche. Und ich legte ihm nahe, damit das Institut und vor allem Professor von Weizsäcker nicht damit von anderer Seite konfrontiert würden, seine schon mit dem Priesterseminar in Stuttgart abgeklärte Absicht, in eine anthroposophische Ausbildung zum Geistlichen zu wechseln, bald zu verwirklichen. Noch bis in die 1990er Jahre hat mir Weizsäcker mit hoher Emotionalität vorgeworfen, sein Weggehen vom Institut verschuldet zu haben. Wenn das Gespräch auf Einsichten jenseits des klar Rationalen kam: »Es gab nur *Einen* am Institut, der das gesehen hat. Und den haben *Sie* vertrieben!«

In den 1980er Jahren, das Institut war mit Weizsäckers Pensionierung geschlossen worden, schrieb er in einem Brief an Lothar ein »chinesisches Märchen«: Bauern auf einem Feld werden von einem Gewitter überrascht und suchen Schutz in einer Hütte. Da kommt ein Kugelblitz und kreist um die Hütte. Die Bauern sagen: Einer von uns hat Schuld auf sich geladen und muss raus, sonst erschlägt der Blitz uns alle. Sie ziehen Hölzchen und der Verlierer geht nach draußen. Sofort danach schlägt der Blitz in die Hütte. Denn der draußen war der einzige Gerechte gewesen.

Im Herbst 1972 – ich war auf Einladung des British Council in London – kam der Anruf vom Hamburger Hilfswerk: »Wir haben ihn. Koch ist da.« Auf meine Bitte hatte Weizsäcker noch einen eindringlichen Brief in seiner Sache an Bundespräsident Heinemann geschickt. Der war nicht ohne Wirkung geblieben. Ich flog sofort zurück, um ihn im Notaufnahmelager Gießen abzuholen und war verblüfft. Alle die bisher aus dem Ost-Knast Rausgekauften waren bei Ankunft im Westen in einer elenden Verfassung. Sie erschienen mir wie aus dem Wasser gezogene Katzen. Dietrich Koch hingegen war gesünder, als ich ihn je gekannt hatte. Er kam aus dem Haftkrankenhaus der Vollzugsanstalt Waldheim, einem schon in der Nazizeit berüchtigten Zuchthaus, kam mit zwei Blockflöten, einem Stoß von Blockflötennoten, mit Blockflötenöl und Blockflötenfett – angesichts der Gepflogenheiten im ostdeutschen Strafvollzug schier unvorstellbar.

Er bezog mein großes Zimmer in München und dann bald ein anderes in dieser Wohngemeinschaft. Er schien vor Stasi-Verdächtigungen von Freunden und Kollegen nicht zur Ruhe zu kommen. Die wurden durch eine Vielzahl von Beobachtungen, Indizien und komplexen Wahrscheinlichkeitsbetrachtungen suggestiv untermauert. »Peter interessiert sich überhaupt nicht für das, wonach mich alle hier im Westen sonst fragen, was ich so über die Stasi und meine Haft erzähle. Doch wenn ich eine belanglose Reise ankündige, dann ist er hellwach und fragt nach, wann genau, wohin, mit wem und wozu.« Ging ein Besuch aufs Klo, wurde sein Mantel schnell nach Mikrofon und Minirekorder oder Sender durchsucht. Streckenweise hatte ich mich von dieser Hysterie infizieren lassen und war in der Tat auf Distanz zu einigen im Freundeskreis gegangen.

Jeden Tag fast lauschten wir seinen Anekdoten, wie er die Stasi ausgetrickst und vorgeführt hatte, wie er den Vernehmer am Heiligabend aus der Familienrunde holen ließ, weil er endlich aussagen wolle und ihm dann stattdessen die Weihnachtsgeschichte deklamiert habe, mit der Erklärung, jetzt habe er begriffen, warum er hier im Gefängnis sei – nämlich um dem Herrn Leutnant zu Weihnachten diese Botschaft zu bringen. Abgrundtief war seine Verachtung für die anderen, die gestanden und sich gegenseitig fertiggemacht hatten. So mies, so charakterlich verfallen hatte er uns die noch immer Inhaftierten geschildert – mein Engagement für sie wäre arg abgekühlt, hätten sich nicht andere bei mir gemeldet, freigekaufte Zellengefährten. Die waren offenbar mit völlig anderen Menschen zusammengewesen. Die saßen schließlich in Karl-Marx-Stadt, in Abschiebehaft. Dort kamen alle hin, die freigekauft wurden. Dann mit dem Bus ab nach Gießen! Das war auch einem jeden von ihnen schon avisiert, Annerose und Charly, Günter, Ajax und Michael Flade und andere im Umkreis dieser Ermittlungen »Reingeholten«. Doch es kam anders. Am 9. November 1972 war der Grundlagenvertrag zwischen Bonn und Ost-Berlin paraphiert worden. Die DDR hatte erreicht, was sie wollte. Für Zugeständnisse gab es keinen Grund mehr. Es zog sich hin. Mitte Dezember dann Günters Entlassung in die DDR, kraft Amnestie, und das für drei Jahre auf Bewährung. Der kleinste Ausrutscher, schon ein verspäteter Arbeitsbeginn im zugewiesenen Job, konnte als asoziales Verhalten und damit als Bewährungsbruch ausgelegt werden. Eine Amnestie auf Bewährung – ein rechtsstaatlicher Widerspruch in sich selbst, schimpfte Rechtsanwalt Vogel gegenüber Günter. Immerhin nicht mehr in Einzelhaft. Familien und Verheiratete kämen überhaupt nicht mehr rüber, hieß es. Günter jedoch hätte gedurft, aber ohne Frau und Kinder. Ein makabres Angebot. Seinen Sohn hatte er noch immer nicht gesehen. So wurde Dr. Günter Fritzsch Produktionsarbeiter in der Industrie, zur Resozialisierung und ohne Chance, in absehbarer Zeit wieder wissenschaftlich zu arbeiten. Seelisch am Rande des Zusammenbruchs wagte er kaum noch ein Gespräch mit früheren Freunden. Und er hatte Recht damit. Einen guten Bekannten aus dem Studium hatten sie zum IM erpresst und auf Günter angesetzt, Deckname »Dr. Eck«. Freundlich, aber klar beschied ihn Günter, er möge das nicht als Misstrauen sehen, aber sein soziales Leben beschränke er jetzt auf seine Familie.

Drei Tage vor Weihnachten wurde Annerose entlassen. »*Die Entlassung erfolgt am 20. 12. 1972 aufgrund des Beschlusses des Staatsrates vom 6. 10. 1972. … Der Entlassungstermin ist den Angehörigen nicht bekannt zu geben.*«[66] Wohl aus Gründen der Staatssicherheit sollte verhindert werden, dass Annerose am Gefängnistor ihre Kinder oder sonst irgendwen in die Arme schließen konnte. Auch Charly fand sich kurz vor Weihnachten draußen mit 35 Mark in der Tasche, dem Lohn für ein halbes Jahr Arbeit im Strafvollzug. Er ging erstmal in den Ratskeller und verfraß mit einer schlichten Mahlzeit den Lohn eines Monats. Irgendwann stand er vor einem fast vierjährigen Jungen. Der sagte »Vati.« Am nächsten Morgen der zugewiesene Job im Glühlampenwerk. Nach zwei Tagen kündigte er und fing an im kirchlichen Friedhofsamt. Das war heikel. Entlassen war auch er ja nur auf Bewährung. Dann ging er zur Spielgemeinde, einer kirchlichen Theatertruppe, als Schauspieler. Annerose kam im Kirchensteueramt unter. Arbeit bei der Kirche, das böte bessere Chancen, irgendwann raus zu dürfen, hatte Rechtsanwalt Vogel geraten.

Mit gewagten Auftritten versuchte Charly, die Ausreise der Familie durchzusetzen. Er fuhr nach Berlin, lief in das Ministerium für Staatssicherheit und erklärte, er sei Staatsfeind. Nachdem die Posten ihrer Verwirrung Herr geworden waren, wurde er zu einem Offizier gebracht. Es gab ein zivilisiertes Gespräch über seinen Fall und den seiner Familie. »Wer hat Sie denn verurteilt, die Kripo oder wir?« »Nein, die Justiz.«

---

66   BStU, Lpzg. AU 335, Bd. 37, Blatt 3.

»Sehen Sie, mit meinen Händen mache ich nichts. Aber im Kopf bin ich Staatsfeind.« Man werde prüfen. Besuche bei Rechtsanwalt Vogel, im Innenministerium. Warten. Warten.

Dann endlich, zwei Jahre später, kurz vor Weihnachten, durften sie ausreisen, Annerose, Charly, mit ihren Kindern Marlene und Björn. Ich holte sie in München vom Zug ab. Die Tage vorher wurde Dietrich Koch von einer seltsamen diffusen Hektik erfasst, war kaum noch er selbst. Nicht die mindeste Vorfreude auf das Wiedersehen! Dabei hatte er doch bis zur Verhaftung fast wie ein Familienmitglied mit ihnen zusammengelebt und war ja auch bei Annerose verhaftet worden. Dann das Zusammentreffen. Wortkarg Annerose und Charly. Aufgeregt lief Koch herum, mit nervösem Geplapper bisweilen. »Mein Gott, hat der uns einen Bären aufgebunden mit seinen Knastgeschichten!«, sagte schon nach wenigen Minuten meine Verlobte. Nein, ausgesprochen wurde nichts. Kein Austausch über die Haft, über Vernehmungen und Prozesse. Dabei hatte jeder doch in den Prozessen der anderen als Zeuge erscheinen müssen. Und sie hatten seit der Verhaftung nie miteinander sprechen können. Allenfalls Wortwechsel über das jetzt für den Alltag Notwendige. Die Stimmung war zum Schneiden. Ab dem nächsten Tag konnte ich Annerose und Charly zunächst in einer Villa in München-Pasing unterbringen, deren Besitzerin, aus dem Umkreis der Weizsäcker-Familie, kurz zuvor verschieden war. Wenige Tage danach reiste Koch aus München ab. Weizsäcker hatte ihm eine Stelle an der Universität Essen bei Professor Mayer-Abich vermittelt.

Günter hatten sie von allen im Freundeskreis am schlimmsten schikaniert, ihn, der nicht fliehen gewollt und sich aus Rücksicht auf die Kirche von strafrechtlich relevanter Opposition fernzuhalten versucht hatte. Erst vier Jahre später durfte er raus, mit Familie. Sofort wurde er vom Max-Planck-Institut für Biophysik in Frankfurt angestellt. Ein bewegendes

Wiedersehen auf dem Bahnhof in Kassel, acht Jahre nach meiner Flucht. »Manchmal ist manches eben doch noch möglich«, sagte er. Es war, als hätten wir uns nur ein paar Monate nicht gesehen. Nichts zwischen uns schien sich verändert zu haben und auch wir waren wohl im Kern noch dieselben. Gezeichnet von den Jahren der Haft und den Schikanen hernach war er schon, jedoch voller Zuversicht.

Im Westen verlor sich das politische Engagement der Rübergekommenen rasch. Es war ja fast alles akzeptabel, so im Großen und Ganzen. Auch vieles, was uns im Osten unter dem Druck der Verhältnisse zusammengehalten hatte, wurde belanglos. In der DDR brauchte es ja fast ein jeder, politisch sein Herz ausschütten zu können und das nicht selten. Und was da über die Lippen kam, das war oft strafbar. Deshalb war man auf Menschen angewiesen, denen man da vertrauen konnte. Diese Notwendigkeit entfiel im Westen.

Forschungsversuche

Der Grenzdurchbruch zur Freiheit, war mir der geglückt? Freiheit verstanden als Chance, sich mit etwas befassen zu können, das man für sinnvoll hält? Dann ja. »Hinter uns liegen die Mühen der Berge, vor uns liegen die Mühen der Ebenen« – hatte ich salbungsvoll im August 1968 ins Gästebuch des deutschen Pfarrers geschrieben, der uns in Istanbul in seinem parkartigen Anwesen beherbergt hatte. Hier im Westen konnte man kaum mehr den Umständen die volle Verantwortung dafür zuschieben, wenn man nichts zuwege brachte. Was habe ich angefangen mit meiner Freiheit?

In Starnberg hatte ich eine Zeit der Besinnung einlegen, hatte philosophieren dürfen, fernab des unmittelbar Aktuellen. So wie die Vielfalt des Naturgeschehens weithin begreifbar wird aus den abstrakten Gesetzen der Physik, werden so vielleicht aus den Grundgedanken der Philosophen beide, die Natur und der Mensch und damit das soziale Geschehen verstehbar und auch dessen Deformationen und Fehlentwicklungen? Die Philosophie, so Carl-Friedrich von Weizsäcker, sei eine Schöpfung der Griechen. Ich versuchte mich an den Fragmenten des Parmenides, dem ältesten zusammenhängend formulierten und in größeren Bruchstücken erhaltenen Text der europäischen Philosophie. Inständig wird dort gelehrt, das Selbe sei Sein und Erkennen und es gebe nicht Vieles, sondern nur Eines. Ich sah das unmittelbar bestätigt in der elementaren Wahrnehmung, dass man nicht zwei Gegenstände zugleich sehen, denken, erkennen kann oder zwei Dinge zugleich tun. Wenn immer nur Eines in unserem Wahrnehmen, Denken ist, so erscheint das Viele unserem Erkennen und Wahrnehmen deshalb als Nacheinander von Einzelnem, von je Einem. Dieses Nacheinander, diese Abfolge von Bildern, von Denkinhalten ist die Weise, in der wir unmittelbar Veränderung und Bewegung und damit Zeit wahrnehmen. Das Begreifen nun vereint Vieles unter jeweils *einen* Begriff. Horn, Huf und Schwanz in Bild und Begriff des Ochsen. Nase, Augen und Mund zum Gesicht. Damit wird dieses vormals Viele *zugleich* sichtbar, zugleich geistig präsent, eben weil es zu Einem geworden ist. Jemand erkennt eine Vielzahl sozialer Ereignisse als Zeichen einer Wirtschaftskrise oder einer Revolution und vermag all diese Einzelheiten deshalb im Gedächtnis zu behalten. In der Physik gilt eine Veränderung dann als verstanden, wenn etwas erkannt ist, das sich in dieser Veränderung nicht nur nicht verändert, sondern genau diese sichtbare oder gemessene Veränderung braucht, um nicht verändert zu werden, um erhalten zu bleiben. Das führt schon beim Versuch, das Geschehen beim Aufeinanderstoßen von zwei Kugeln zu fassen, zu hochabstrakten Begriffen wie Energie und Impuls und damit zu den Bewegungsgesetzen. Und in der relativistischen Elektrodynamik sind Millionen der verschiedensten Phänomene aus einer einzigen Gleichung, die auf einem Fingernagel Platz hätte, stringent erklärbar. Mit dieser Aufhebung von Vielheit durch Begreifen, durch Erkennen des dieses Viele integrierenden Gesetzes, wird uns dieses Viele in Einem, als Eines gegenwärtig. Damit wird Veränderung als Nacheinander von vielem Einzelnen aufgehoben und insofern auch Zeit, wie sie uns erscheint. Gott als Idee der vollkommenen Erkenntnis verfügt über den einen alles Sein umfassenden Begriff. Deshalb ist ihm die ganze Welt gegenwärtig, die Vergangenheit ebenso wie zugleich die Zukunft.

Jeder Mensch ist ständig dabei, die Vielzahl des Erfahrenen zu begreifen. Er kann gar nicht anders, als Zusammenhänge in der erfahrenen Vielfalt zu sehen oder eben verstehend herzustellen. Das gilt nicht minder im Sozialen und hat dort mitunter gravierende Konsequenzen. Wird das Erlebte mental unverarbeitbar, erscheint es etwa als eine nicht zu bewältigende Bedrohung, so wird oft eine scheinbare Verstehbarkeit erreicht durch Verdrängung von Informationen und der mental nicht verkraftbaren Widersprüche, durch irrationale Verkürzung der bedrohlich und unverstehbar gewordenen Wirklichkeit auf einen verstehbaren und bewältigbar erscheinenden Zusammenhang. Angst vor Unbewältigbarem wird verwandelt in Angst vor etwas, das abzuwehren nicht aussichtslos erscheint: in Angst vor Kriminalität, vor Minderheiten, vor Volks- oder Klassenfeinden. Dieser mit einer gewissen Gewaltsamkeit dem eigenen, im Grunde bereits weiter entwickelten Denken aufoktroyierten und insofern irrationalen Deutung der sozialen Welt entspricht schließlich die Gewaltsamkeit des Handelns. Gegenargumente werden nicht widerlegt, sondern beseitigt.

Ein solches Verstehen dieser Fragmente als Fassen nicht eines göttlichen, sondern des menschlichen Begreifens stand frontal zu allem, was seit zweieinhalb Jahrtausenden zu diesem Grundtext des europäischen Denkens geschrieben worden war. Ich befand mich in dem euphorischen Glauben, das Begreifen begriffen zu haben, zumindest ein wesentliches Moment desselben. Carl-Friedrich von Weizsäcker war von diesem provokativen Entwurf nach anfänglicher Reserviertheit schließlich doch fasziniert. Er notierte, diese Arbeit erscheine wie die Einlösung einer Wette, Parmenides durch seinen Zeitgenossen Heraklit zu interpretieren. Stets wurden diese beiden als Antagonisten, ja als Gegner gesehen. Heraklits Aphorismenwerk ist ja in der Formel »alles fließt« (panta rhei) zusammengefasst worden, das Denken des Parmenides dagegen als *Bestreiten* von Vielheit, Bewegung und Veränderung. Ich dagegen verstand es als das *Aufheben* von Vielheit und Veränderung durch das menschliche Begreifen. In seinem letzten Buch »Zeit und Wissen« ist Carl-Friedrich von Weizsäcker auf diese Arbeit zurückgekommen.

Das Forschungsstipendium der Max-Planck-Gesellschaft lief aus. Ich sah den Wohlstand des Westens vom Aufkommen multinationaler Konzerne bedroht und wandte mich der Wirtschaftsforschung zu, schlug mich mit Produktionsverlagerung in Billiglohnländer herum und mit deren vermuteten Folgen. Hier, so glaubte ich, ginge es um die großen Risiken und Bedrohungen der nächsten Jahrzehnte. Nach einem einjährigen Intermezzo im Büro eines Hochschulpräsidenten ergab sich in einem Institut der EG in Italien die Chance, dem nachzugehen.

Exkurs: Peter Huchel – das Wiedersehen

Kaum angekommen in Florenz, am European University Institute, fand ich im Herbst 1976 am Schwarzen Brett einen Zettel. Peter Huchel lese an diesem Nachmittag in der Uni. Doch wegen Studentenunruhen und besetzten Gebäuden war der Raum verlegt. Ich fand fast erst gegen Ende hin. Obgleich

ich damals von einem roten Vollbart entstellt war, unterbrach Peter Huchel plötzlich: »Ich kenne Sie doch!« Mit Feuer und immer wieder auflachend erzählte er der Runde von dem in der Kongresshalle in Leipzig entrollten Transparent gegen die Sprengung der Universitätskirche, erzählte auch, wie zuvor das Transparent hinter seinem Haus in Wilhelmshorst ausgebreitet worden war. Das war heikel. Rudolf, der Maler, lebte noch immer in Potsdam, dauerhaft der Staatsfeindlichkeit verdächtigt und der Nähe zu mir. Die Information, das Transparent sei aus Potsdam nach Leipzig gebracht worden, konnte der Stasi auf die Sprünge helfen. Es war wohl kein Informant bei dieser Lesung. Zwei Jahre später endlich tauchte Rudolf mit Frau und Kindern in München auf. Mir fiel eine Dauerangst von der Seele.

»Sie stottern ja gar nicht mehr«, bemerkte Peter Huchel. »Habe ich denn gestottert drüben?«, fragte ich erstaunt zurück, fragte dann auch Freunde. »Ja natürlich, wusstest Du denn das nicht?« Peter Huchel hatte noch Lesungen in Rom und Palermo vor sich und stimmte sofort zu, von Rom aus die Reise gemeinsam fortzusetzen, in meinem ältlichen Fiat, den ich vorm TÜV ins italienische Exil gerettet hatte. Riesig, wie mir schien, und mit den Zügen einer römischen Charakterskulptur, war Peter Huchel eine imposantere Erscheinung als je zuvor. Doch er war inzwischen 74 und hätte diese Tournee nicht mehr allein machen sollen. Er sprach nicht mehr viel Italienisch, hatte Schwierigkeiten mit den italienischen Geldscheinen, und skrupellos versuchten Ober und Hoteliers, ihn zu plündern. Er wollte die griechischen Tempel sehen auf Sizilien, Segesta und Selinunt, Agrigent und Syrakus. Die Lavawüsten des Ätna, die Steinöden um die Gebirgsstraßen, das war doch wieder eine Landschaft für ihn. Stumm saß er vor den ungeheuren Säulen in Selinunt und rauchte Zigarettenschachteln leer, derweil die Himmelskulisse von rot zu schwarz wechselte.

Nein, Kathedralen würden ihn nicht so sehr interessieren. Die Kapuzinergruft in Palermo, das wollte er sehen. Bei den bisweilen theatralischen Posen der Toten befand er, habe man wohl doch etwas nachgeholfen. Wir übernachteten in Hotels der sehr billigen Kategorie, in mitunter malerischem Verrottungszustand. »Du kannst vielleicht kein Italienisch, aber du kannst soviel, dass die Leute glauben, du kannst es. Und darauf kommt es an«, bemerkte er grinsend. In einer Kneipe bei Syrakus fragte er die Männer am Tisch nach ihrem Beruf. »Camionist« – Peter vereiste zunächst. Er hatte »Kommunist« verstanden. Sein Beruf? – die Rückfrage. Poet, Scrivatore. Er malte schreibende Bewegungen in die Luft. Man zeigte sich die Fotos der Frauen. Zärtlich hielt Peter ein abgegriffenes Schwarz-Weiß-Foto von Monica in den Händen, das wohl zwanzig Jahre alt sein mochte.

Wir hatten Sizilien umrundet und rollten wieder nordwärts. Mit Sorgfalt verriegelte er des Nachts, soweit möglich, die Zimmer. Nein, der Tod interessiere ihn nicht, das sei kein Problem für ihn, als ich mich zu dieser frontalen Frage erdreistete. »Der Geruch des Todes machte mich blind.« Eine Woche noch hatten wir uns auf der Landzunge von Sorrento eingemietet. Karin kam, meine Freundin, einfühlsam, sensibel und leidenschaftlich, und die Traumlandschaft schien selbst Peters Bitterkeit zu lösen. Dann die Trennung auf dem Bahnhof, Salerno oder Florenz, ich weiß es nicht mehr. Peter wollte nach Venedig, »weil es dort keine Autos gibt«. Er hatte noch in Triest zu lesen.

Noch zwei oder drei Mal habe ich ihn in Staufen besucht. Zu Hause gefühlt hat er sich dort nie. Der Menschenschlag lag ihm nicht und nicht die emsig-biedere Geschäftigkeit dieser Region. »Seitdem die Leute in dem Blatt, wo immer steht, wann Rattengift gelegt und der Sperrmüll abgeholt wird, gelesen haben, dass ich den »Pour le Mérite« bekommen habe, sind sie etwas freundlicher.« Mit dem gewohnten

Sarkasmus fiel er anekdotenreich her über die bornierte Arroganz der Bürokratien in West und Ost, über die aggressive Spießigkeit hier wie dort, und über die Naivität des linken Zeitgeistes. Und er amüsierte sich über Freiburger Studenten, die sich von ihm seine eignen Gedichte interpretieren ließen, um damit ihre Professoren zu widerlegen. Doch »der Mann, der sich nähert, geht ohne Schatten«. »Einst fliege ich auf / zu den Gazellen des Lichts / sagt eine Stimme.« Dann wieder »Todesangst / wie stechendes Salz ins Fleisch gelegt«. Im Mai 1981 schrieben die Zeitungen, Peter Huchel sei gestorben. »In Wahrheit zog Itau, der Zigeuner, im hellen Juli, durchs Bischofslila der Disteln, für immer fort.«

Das Istituto Universitario Europeo, ein erhabenes Gemäuer hoch über Florenz, ein altes Kloster, die Badia Fiesolana. Sie versah diese Neugründung von Anbeginn mit Patina und Dignität, hohe Räume, Traumblicke über das Land. Und gespart hatte man an der Ausstattung nicht. Wir waren die ersten ricercatori, die ersten Forschungsstipendiaten. Das Institut – eine außeruniversitäre Promotionsanstalt – war als Expertenbrutstätte für die Brüsseler Bürokratie gedacht. Hier sollten in komfortablem Ambiente künftige Kader der Kommission gezüchtet werden – mithin ein Trauminstitut für den Karrierestart. Und verglichen mit dem Salär eines mittleren EU-Bürokraten nahm sich das Gehalt eines Staatssekretärs in Washington aus wie die Entlohnung eines koreanischen Kohlekumpels. All das hatte ich überhaupt nicht begriffen. Ich wollte forschen, wollte Entwicklung und Treiben multinationaler Konzerne durchleuchten, ihren Jobexport und das Ausspielen der Nationen gegeneinander im Konkurrenzkampf um Investoren. Sonst nichts. Das schien mir von allen vorstellbaren Forschungsfeldern die höchste Dringlichkeit zu haben. Schon beim ersten Meeting meines Departments gelang es mir, den größtmöglichen Schaden anzurichten. Ich hatte die beiden Professoren um eine Liste ihrer Publikationen gebeten, damit man die Schwerpunkte ihrer Interessen und Arbeit erkennen könne. Dem Department-Chef, belgischer Hochadel, zitterten die Hände. Er hatte fast nichts publiziert, war durch Beziehungen zu diesem Job gekommen. Unsere Feindschaft war sofort etabliert. Seine Verachtung war mit Händen zu greifen. Ich hatte nicht das geringste Gespür für die unsichtbaren doch ehernen Hierarchien und Standesunterschiede im romanischen Kulturkreis.

Dann, im Folgejahr, sollte eine internationale Konferenz über Geldtheorie stattfinden. Diese Tagung war das Love Baby des belgischen Hochadligen. Ich forderte stattdessen eine Konferenz über Arbeitslosigkeit in Europa und hatte dafür die Unterschriften der Mehrzahl der Stipendiaten gesammelt. Eine Mitwirkung der »ricercatori« bei solchen Entscheidungen war mitnichten vorgesehen. Doch zufällig kam es zu einem Besuch des französischen Premiers und der fragte interessiert: »Ich habe gehört, Sie machen eine Tagung über Arbeitslosigkeit in Europa? Eine sehr gute Sache!« Jetzt konnte man nicht mehr zurück. Gewiss wird es wegen dieser Tagung nicht einen einzigen Arbeitslosen weniger gegeben haben in Europa. Aber ein kleiner Triumph war das schon. Doch mein großes Vorhaben, Entwicklungsgesetzlichkeit und -dynamik multinationaler Konzerne in einer System- und Evolutionstheorie zu fassen und daraus folgend, soziale und politische Konsequenzen von Produktionsverlagerung und Globalisierung zu entwerfen, konnte ich nicht abschließen. Die Zeit war zu kurz oder mein Anspruch zu vermessen. Das Stipendium lief aus. Und Stipendiaten hatten keinen Anspruch auf Arbeitslosengeld.

Sozialistischer Realfeudalismus –
paradoxe Modernisierungsfalle

Zurück in Deutschland bekam ich ein Forschungsprojekt über »Zentrale Planwirtschaften« bewilligt. Nach zwei Jahrzehnten radikaler Ablehnung und Empörung bot sich die Chance eines analytischen Blickes auf diese Strategie. Trotz all seiner Fragwürdigkeit in der Realität, trotz der Perversion durch die paranoiden Exzesse Stalins und der Seinen – die These, dass der Idee eines rational geplanten Einsatzes der Ressourcen nicht nur auf Firmenebene, sondern auf der Ebene eines Landes letztendlich die Zukunft gehöre, diese These war noch immer für viele nicht ohne Faszination. Fast drei Jahre gab ich dafür her. Ich versuchte, mit höchstmöglicher Fairness diese Systeme zu analysieren, in Absehung von den durch miserable oder kriminelle Parteichefs verursachten Schäden. Ich begriff diese »Sozialismen« schließlich als Strategie zur Industrialisierung feudal erstickter Gesellschaften und damit als Übergang vom Feudalismus zum Industriekapitalismus. Mit feudalistischen Methoden wird der Aufbruch in eine Moderne durchzusetzen versucht. Das ist das Grundparadoxon dieser Strategie. Innerhalb der Kaderpartei des ihr von Lenin und Stalin gegebenen Zuschnitts dominieren feudale Elemente: Autoritätshörigkeit, bedingungslose Loyalität, eine fast orientalische Obrigkeitsverehrung und ein geradezu grotesker Kult um den jeweils 1. Sekretär der Partei. Belohnt werden feudalistische Tugenden wie Unterwürfigkeit, Gehorsam, Hingabe und Lobhudelei. Orden, Ehrenurkunden, Prämien und Privilegien bezeugen dem Mitglied die Dankbarkeit der Partei. Führertreue ist ebenso unabdingbar wie absolute Linientreue auch bei abrupt wechselnden Linien. Diese in sich selbst feudalistische »Partei«, ähnlich eher einem Orden, ist Instrument einer brachialen Modernisierung der Gesellschaft außerhalb der Partei. Tradierte Werte und Bindungen, soziale und religiöse, werden im Zeitraffer zerstört und ausgelöscht, alle anderen Machtzentren vernichtet, Eliten enteignet, entmachtet und teils beseitigt. Flächendeckend wird Lohnarbeit durchgesetzt. Erforderlich ist eine regimetreue Minderheit und die amorphe Passivität der Masse. Parteikader umgibt weithin eine Atmosphäre von Misstrauen und Angst. Ihre Kommunikation mit der sozialen Umwelt wird bis hin zu Isolation und Realitätsverlust gestört. Diese Isolation verstärkt ihren Zusammenhalt untereinander. Die Kader erfahren in der Indoktrination und relativen Isolation eine Neuformierung ihrer Identität. Wucherung des Repressionsapparates und politische Erstarrung sind die Konsequenz. Modernisierung wird begriffen als das Schaffen von Industrie-Kapazitäten, als Hinstellen von Fabriken plus Ausbildung der benötigten technischen Intelligenz, kaum als Zünden von Entwicklungsprozessen.

Nach dem Tod Stalins wurden die menschenverachtenden Elemente dieser Systeme abgemildert; verschwunden sind sie nicht. Wer obsiegt letztlich? Die außerhalb der Partei durchgesetzte Modernität oder der innerhalb der Partei konservierte und gezüchtete Feudalismus? Inzwischen hat die Geschichte diese Frage beantwortet.

Wäre aber nicht eine Planwirtschaft möglich und sinnvoll ohne das Schreckgespenst einer solchen Partei? 1942 hatten in Oxford Rosenstein-Rodan und andere Top-Ökonomen Vorschläge entwickelt, wie nach Kriegsende die Kolonien in die Moderne geführt werden könnten. Ihre Strategie zeigt eine verblüffende Ähnlichkeit mit Elementen des sowjetischen Modells, freilich ohne Zwangskollektivierung der Landwirtschaft und ohne Kaderpartei. Wo es an unmittelbar lebensnotwendigen Gütern fehlt und nur anderswo bereits ausgereifte Technologien übernommen werden, da kann Planwirtschaft einiges ausrichten. Es kam bekanntlich anders: England verlor seine Kolonien. Doch unübersehbar handelte es sich bei beidem, dem sowjetischen Vorgehen und dem britischen Entwurf, um Strategien des Entkommens aus der Vormoderne. Mit der von Marx gedachten Überwindung des Kapitalismus hatten sie nicht das Geringste zu tun. Je moderner eine Volkswirtschaft bereits war, desto destruktiver musste deshalb die sowjetische Strategie durchschlagen und desto größere Schäden mit sich bringen, wirtschaftlich und auch sozial. Die DDR und die Tschechoslowakei boten instruktive Beispiele. Freilich war, selbst ein Funktionieren des sowjetischen Modells vorausgesetzt, die Oktoberrevolution schlicht überflüssig. Denn Russland befand sich bereits mitten in der industriellen Revolution. Gebraucht wurde dort die bürgerliche Demokratie, kein Trotzkij, kein Lenin und ein Stalin gleich gar nicht. Doch selbst in vormodernen Gesellschaften hat sich das sowjetische System als Entwicklungsblockade entpuppt und als Weg in die politische Perversion. Das zeigt ein Blick auf postsowjetische Sultanate in Mittelasien, in denen ohne jedes Schamgefühl Parteibosse zu einer Art Monarchen mutiert sind.

Doch wenn das sowjetische Modell mit den Visionen und Vorstellungen von Karl Marx fast nichts zu tun hatte, dann waren diese doch mit dessen Scheitern auch nicht falsifiziert? Über postkapitalistische Gesellschaften, über Kommunismus und Sozialismus hatte sich Marx nur spärlich geäußert. Wie wären die Chancen einer sozialistischen, einer verstaatlichten und vernünftig durchgeplanten modernen Wirtschaft ohne den Spuk einer Einheitspartei, wie die Chancen einer stabilen Wohlstandsgesellschaft unter Ausschaltung der von Marx so eindringlich beklagten »Anarchie des Marktes«? Ihr Ruin bliebe unvermeidbar. Zum ersten bremst und lähmt das Ausschalten von Konkurrenz und freier Preisbildung die Durchsetzung von Innovationen. Zum zweiten ist damit verhindert, dass die nach Marx »gesellschaftlich notwendigen Kosten« der Herstellung einer Ware sich im Preis spiegeln. Wo es keinen funktionierenden Markt gibt, keine freie Konkurrenz, da kann sich der produktivere, der kostengünstigere oder qualitativ bessere Produzent nicht oder nur mühsam durchsetzen. Letztlich kann man dann von keiner Ware wissen, was sie eigentlich der Volkswirtschaft kostet, ob sie mit Verlust verkauft, also subventioniert wird oder nicht. Damit fehlen den Planern die elementaren Orientierungsmarken für rationales Entscheiden. Die gesamte Wirtschaft gerät in einen Blindflug. Die notwendigen Folgen sind Vergeudung und deshalb schließlich bittere Armut. Auch mit integrem, intelligentem und humanem Spitzenpersonal wären die Zentralen Planwirtschaften nicht zu retten gewesen.

Mit dieser Einsicht war für mich jedwedes Nichtzulassen marktwirtschaftlicher Konkurrenz in modernen Gesellschaften widerlegt. Sozialstaatlichkeit – unbedingt! Subventionen – wenn gut begründbar und solange man weiß, wo man was und wie stark subventioniert. Regulierung des Marktes – oft unverzichtbar! Doch eine Verstaatlichung der Wirtschaft muss jedes moderne Land in den Ruin treiben.

Dieses Forschungsprojekt hatte mich von den letzten Bedenken ob meiner Flucht befreit, von letzten Skrupeln, »die dort« allein gelassen zu haben. Dieses Wirtschaftssystem war nicht reformierbar. Man konnte nur warten, bis das Ganze kollabiert, bis, mit Marx gesprochen, der wachsende Widerspruch zwischen den Produktionsverhältnissen und den Produktivkräften, zwischen den Fesseln des Machtgefüges und den Notwendigkeiten wirtschaftlichen Fortschritts diesen Spuk hinwegfegt, und dann darauf hin wirken, dass dieser Kollaps friedlich bewältigt wird. Der Kapitalismus gehört gebändigt und reguliert, nicht abgeschafft. Das ist die Aufgabe dieser Epoche. Denn eine Alternative ist nicht sichtbar.

Überlebt die Wohlstandsdemokratie?

Die Unverzichtbarkeit eines Wirtschaftssystems, das seinen Fortschritt und seine beeindruckende Leistungsfähigkeit darauf gründet und gründen muss, dass jeder seinem Egoismus folgt, ist eine auch traurig stimmende Einsicht. Wer menschlicher, rücksichtsvoller, sozialer sein will als die Konkurrenz, wird vernichtet. Mitgefühl, soziale und ökologische Verantwortung werden vom Marktmechanismus bestraft, wegkonditioniert, rausselektiert. Nur Innovatoren können sich dergleichen leisten, solange ihre Innovation noch Sonderprofite abwirft. Deshalb gehört zu einem funktionsfähigen Kapitalismus unabdingbar ein starker gegenüber der Wirtschaft durchsetzungsfähiger Staat. Der muss dasjenige an Gemeinwohl und sozialen Notwendigkeiten garantieren, das für das Funktionieren einer zumutbaren Gesellschaft unverzichtbar ist und worauf ein Marktteilnehmer bei Strafe des Untergangs nicht Rücksicht nehmen darf. Und er muss in Erziehung und Bildung einen Wertekanon absichern, der den vom Markt verlangten Werten konträr entgegensteht und zugleich doch Existenzbedingung einer lebenswerten Gesellschaft ist. Der bekennende Egoismus als kategorischer Imperativ dieser ultraliberalen Epoche kann allein das soziale Zusammenleben nicht stabilisieren. Genau deshalb blickte ich alarmiert auf die rapide voranschreitende Befreiung von Firmen und Banken aus der Macht und Steuerungsfähigkeit der Staaten, auf das, was man heute Globalisierung nennt. Als regulierte Marktwirtschaft hat der Kapitalismus einen historisch beispiellosen Wohlstand entstehen lassen. Mit seiner Entstaatlichung wird diese Wohlstandsgesellschaft in ihren Grundfesten bedroht. Ihre Erosion trotz rasant wachsender Produktivität wurde unübersehbar. Wenn kein Sozialismus in einer modernen Wirtschaft funktionieren kann, dann ist die Domestizierung des Kapitalismus unter Bewahrung seiner Leistungsfähigkeit Voraussetzung einer lebenswerten Welt.

Anfang der 1980er Jahre bewilligte mir die Stiftung Volkswagenwerk ein Vierjahres-Projekt über deutsche multinationale Konzerne an den Universitäten Amsterdam und Konstanz. Deutsche Topfirmen, so damals der Konsens in den Medien, litten bitterlich unter zu dürftigen Renditen, deshalb unter zu wenig Kapital, stünden ausgezehrt vor einer Existenzkrise und würden geradezu vertrieben aus Deutschland. In einem großen Artikel im »Spiegel« 1983, just in der Woche vor der Bundestagswahl, hatte ich verdeutlicht, dass diese Crème de la Crème der deutschen Industrie bestens mit Kapital ausgestattet war, ihre Gewinne jedoch trickreich vor der Steuer verquetscht oder ins Ausland verschiebt und sich arm zu rechnen versteht. Das zog wütende Leserbriefe nach sich. Ein empörtes Schreiben von BMW-Chef von Kühnheim an den Chefredakteur bekam ich zur sorgfältigen Beantwortung. Einer Replik auf meine detaillierten Analysen und Zahlen würdigte mich Herr von Kühnheim nicht. Dann, einige Jahre später, wurde mein Buchmanuskript »Boom ohne Arbeitsplätze« erst vom »Spiegel«-Verlag angedruckt, dann verworfen, dann vom Kölner Verlag Kiepenheuer&Witsch mit großformatiger Werbung herausgebracht, von der »Zeit«, vom »Spiegel« und dann in den USA von »Business Week« ausführlich positiv rezensiert. Minutiös hatte ich dokumentiert, wie die Investitionen von Konzernen zu Hause in Deutschland stagnierten, ihre Beschäftigtenzahlen schrumpften und im Ausland geradezu explodierten und wie das Netzwerk der Steueroasen genutzt wurde. Die Folge: leitende Herren der Industrie protestierten bei allen Kuratoren der Stiftung Volkswagenwerk gegen mein Projekt. Weder auf eine Verlängerung noch auf einen Druckkostenzuschuss könne ich hoffen, so ließ man mich wissen. Der Projektbericht – Tausende Konzernbilanzen hatte ich am Großrechner analysiert, Hunderte im Detail bilanzkriminalistisch durchgeprüft – blieb unveröffentlicht. Wieder war eine Chance verpatzt, beruflich festen Boden unter die Füße zu bekommen. Doch ohne Resonanz war das Buch nicht geblieben, nicht bei Abgeordneten der SPD und der Grünen im Bundestag und auch nicht in den Chefetagen deutscher Konzerne.

Ich schickte Arbeitsergebnisse an Wolfgang Roth, damals wirtschaftspolitischer Sprecher der SPD im Bundestag. Seine Leute reagierten. Es kam zu Treffen, zu Kooperationen. Schließlich schlug man mir vor, mich um den Job des Wirtschaftsreferenten im Parteivorstand zu bewerben, im Ollenhauer-Haus in Bonn. Ich tat das und wurde abgelehnt. Hinter vorgehaltener Hand erfuhr ich, Anke Fuchs, gerade zur Generalsekretärin gekürt, habe Bedenken meiner DDR-Herkunft wegen. Sie fürchte einen neuen Guillaume. Der Osten ließ mich nicht los. Immerhin vermittelten mich die Genossen, betroffen von dieser Entscheidung, als Referatsleiter Wirtschaft in die Zentrale einer Gewerkschaft nach Hamburg. Unmotiviert für diesen Job war ich keineswegs. Und in der Aufsichtsratsarbeit konnte ich die vertraulichen Wirtschaftsprüferberichte großer Konzerne analysieren, die kaum ein Wissenschaftler zu Gesicht bekommt. Ich bekam Einblick in die Trickkisten kreativer Buchführung und war fasziniert, wie die Alchimie der Bilanzen Gold zu Staub verwandelten und in karibischen Oasentöchtern Staub wieder zu Gold. Wachsender Handlungsbedarf seitens der Politik wurde unübersehbar.

»Am Grunde der Moldau wandern die Steine...«

Dann die Wende. Ich stand emotional in Flammen, heulte vorm Fernseher. Im August, als Ungarn ausscherte, schien mir der Zusammenbruch unabwendbar. Ich wurde unter Kollegen angestarrt wie der letzte Rechtsradikale. 1969 hatte ich zu Carl-Friedrich von Weizsäcker gesagt, sobald absehbar sei, dass die Sowjetunion in Osteuropa nicht mehr militärisch eingreift, hält sich keines dieser Regime länger als sechs Monate – eine Prophezeiung, die ihm plausibel erschien. 1989 war es soweit. Am 9. Oktober war morgens klar: entweder sie schießen in Leipzig oder sie schießen nicht. Im ersten Fall haben wir einen deutschen Tiananmen, im zweiten Fall sind sie weg vom politischen Fenster. Ich war überrascht. Kein Kollege in der Gewerkschaft, auch niemand im Rundfunk und keine Zeitung zeigte irgendein Gespür, dass heute der für Deutschland entscheidende Tag sein wird. Die Dämme brachen. 70.000 Demonstranten – das ließ auch bei Hardlinern Ängste aufkommen. Bilder von gelynchten Geheimdienst-Kadern 1956 in Budapest standen wohl manchem vor Augen. Diesmal würde die Rote Armee kaum eingreifen. Und unüberhörbar gab es Dissens und Risse im Machtapparat. Eine Woche später, am 16. Oktober waren es wohl 150.000 auf dem Innenstadtring in Leipzig, am 23. oder 30. Oktober um die 300.000. Jeden Tag seit jenem 9. Oktober hatte ich mich gefragt: »Wann fällt Prag?« Es war wohl bei der Montagsdemo am 30. Oktober, da trat eine Schauspielerin mit langem blonden Haar auf den Balkon der Oper über dem Karl-Marx-Platz und sagte: »Ich singe ein Lied für unsere tschechischen Freunde:

Am Grunde der Moldau wandern die Steine.
Es liegen drei Kaiser begraben in Prag.
Das Große bleibt groß nicht und klein nicht das Kleine.
Die Nacht hat zwölf Stunden, dann kommt schon der Tag.

Es wechseln die Zeiten. Die riesigen Pläne
Der Mächtigen kommen am Ende zum Halt.
Und gehen sie einher auch wie blutige Hähne.
Es wechseln die Zeiten. Da hilft kein Gewalt …

Am 17. November begann dort die »samtene Revolution«, die samten freilich nur war im Umgang mit der Führungsclique des alten Regimes.

Rudolf Treumann und ich grübelten, wer in der DDR noch blutig losschlagen könnte, weil er seine Entprivilegierung fürchte und auch über hinreichende Bürgerkriegstechnik verfüge. Offiziersschulen mit ihrer Kettenhund-Erziehung? Es kam nicht so. Später sagte mir Hans Modrow, sein Hauptmotiv, die Treuhand zu gründen, sei es gewesen, diejenigen, die einen friedlichen Übergang noch hätten gefährden können, auf lukrative Posten im Zivilen zu hieven. Erst jetzt schien unser Leben sich wirklich zu fangen. Jede Flucht aus einer eingesperrten, unterdrückten Gemeinschaft oder Bevölkerung hatte etwas von Egoismus, so chancenlos und wirkungsarm man bei einem Verzicht darauf auch geblieben wäre. Dieses Schuldgefühl war in all den guten Jahren im Westen im Hintergrund spürbar geblieben. Es hatte mich ja auch zu dieser so katastrophal verratenen Fluchthilfe getrieben. Erst mit der Befreiung der Ostdeutschen und Osteuropäer hatten wir diese Last von der Seele. Erst jetzt konnten wir wirklich frei durchatmen.

Vor und nach der Nacht, in der die Mauer aufbrach, tagte in Düsseldorf der Wirtschaftsausschuss des DGB. Am Vortag kam ich mit der Idee, den in den Westen Einströmenden für ein Jahr eine kostenlose Schnuppermitgliedschaft in den Gewerkschaften anzutragen – dann wären sie erst mal dabei und viele würden wohl bleiben –, fand damit aber keine Resonanz. Die Kosten! Vormittags danach wurde jeder von uns zum Brainstorming aufgefordert, wie es mit seiner Branche drüben weitergehen solle. Der von der IG Chemie – die war stets der Rechtsausleger im DGB – sagte: »Platt machen und vom Westen aus beliefern! Die Kapazitäten haben wir sowieso.« Das war nicht gerade der Konsens im DGB, aber bald das vorherrschende Vorgehen der westdeutschen Wirtschaft und der »Treuhand«.

Rudolf schrieb ans Bundeskanzleramt und versuchte, die dort auf die kommenden Kosten der Wiedervereinigung einzustimmen. Die Antwort, sinngemäß: Das trägt sich fast völlig selbst. Das zahlen wir aus der Portokasse. Die endlich erreichte Befreiung durfte doch nicht der Inkompetenz bundesdeutscher Politik und kleinkarierter Interessen wegen in Misskredit geraten! Anfang 1990 waren Fachleute der Gewerkschaften zum Gespräch mit den Experten der wirtschaftlichen Wiedervereinigung der SPD-Fraktion in Bonn geladen. »Zehn Milliarden, mehr darf das im Jahr nicht kosten. Das ist die Vorgabe der Regierung.« Meine Reaktion: »Das reicht gerade mal für die Löhne in einem einzigen Monat. Wir brauchen etwa das Zwölffache.« Kopfschütteln, Unverständnis. Dieser Experte wurde dann im Bundeswirtschaftsministerium Koordinator für die Maßnamen in den Neuen Ländern. Deutlich über hundert Milliarden pro Jahr sind es bekanntlich geworden.

Im Begeisterungstaumel der Wiedervereinigung wären die Westdeutschen auch zu schmerzhaften Opfern und Einschnitten bereit gewesen, zu echtem Verzicht. Ein seltener Augenblick der Gemeinsamkeit war aufgekommen. Doch statt die Gunst der Stunde zu nutzen und das Notwendige politisch durchzusetzen, wurde dem Volk vorgegaukelt, das Ganze ginge fast kostenlos über die Bühne. Vermutlich wurde das vom politischen Spitzenpersonal sogar selbst geglaubt. Später, als die Kostenlawine anrollte, waren es vor allem die Sozialsysteme, die zur Ader gelassen wurden, die Renten-, die Kranken- und die Arbeitslosenversicherung. Damit trugen die Arbeitnehmer und die, denen man bald die Arbeit genommen hatte, die Hauptlast. Beides sind fast unbegreifliche und folgenschwere politische Fehlentscheidungen. Topverdiener und Vermögende kamen mit dem rührend geringen Solidaritätszuschlag bei der Einkommenssteuer davon. Und wer von denen damals nicht seinen Reibach gemacht hatte mit der Staatsknete für den Osten, der wurde in seinen Kreisen belächelt. Einer aus Königstein im Taunus erzählte mir, er kenne niemanden in seiner Nachbarschaft, der durch die Wende nicht zum Millionär geworden sei.

Anfang 1990 die erste Fahrt nach Leipzig. Schon im Zug wurde mir schlagartig klar, wovor ich eigentlich geflohen war. Stets hatte ich mir und anderen eingeredet, ich sei politischer Flüchtling, sei im Volk geschwommen wie der Fisch im Wasser. Eine süßliche Kitschkultur und zugleich eine aggressive Spießigkeit, die es kaum ertrug, wenn man den Schlips anders band – ich war auch vor diesem Volk geflohen, zumindest vor einem nicht gerade kleinen Teil dieser Bevölkerung. Doch war ich je irgendwo daheim gewesen, im Osten oder im Westen oder irgendwo sonst? Nach oder vor der Flucht? Nicht einen Augenblick hatte ich Heimweh gespürt, wohl aber Sehnsucht nach einem Zuhause. Immer wieder und fast stereotyp waren mir Träume von vergessenen Wohnungen gekommen. Die hatte ich jeweils angemietet, vor vielen Jahren, in schäbigen Altbauten. Olivgrün bis zur Schulterhöhe waren die Wände mit Ölfarbe gestrichen in Klo und Küche, irgendwann, wohl vorm Krieg noch. Nie war ich eingezogen, hatte aber vergessen, den Mietvertrag zu kündigen, laufe ratlos durch die Räume, die muffig riechen nach jahrzehntelangem Leerstand, muss blechen für die zu einer Horrorsumme aufgelaufenen Mietrückstände und weiß nicht, womit oder woher. Und dann, der Nachwendetraum: Ich komme zurück nach Leipzig, beziehe die alte Wohnung, kaufe sie sogar, und bereite alles vor für die Rückkehr meines alten Vaters. Dabei war der schon seit Jahrzehnten tot, verstorben kaum ein Jahr nach der Übersiedlung in das Allgäu an den Folgen eines Verkehrsunfalls.

Ich fuhr durch dieses Industriemuseum, das sich DDR nannte. Bislang einreisegehemmt und angewiesen auf die Berichte von Westjournalisten hatte ich stets geglaubt, es ginge dort im Osten nur langsamer *aufwärts* als im Westen. Ich lief durch meine Stadt und kämpfte wieder mit Tränen. Wer einen dem Tod entgegensiechenden Kranken nur in größerem Abstand sieht, bekommt den Verfall drastischer mit als die, die jeden Tag mit ihm leben. Dieses Ausmaß an Verrottung und Verfall, der Geruch aus heruntergekommenen Mietshäusern, einfallende Dächer, herunterhängende Balkons – das war ein brutaler Kontrast zu meiner Erinnerung. Die halbschlafende Triefigkeit der Leute dort, wo ich gewohnt hatte – ein bösartiger Dornröschenfluch schien das Leben halb erstickt zu haben. Doch es gab auch den Kontrast, fast Wunderbares, das mich wegschwimmen ließ. Wache, erwartungsvolle sensible Studenten. Ich fand ein »Café Augenblick« in einem prachtvollen, vernachlässigten Gebäude. Wunderbare Musik, Puccini. An den Wänden Holzschnitte zu Rilke-Gedichten. So hatte ich mir meine Stadt erträumt. Beim nächsten Besuch freilich war das Café verschwunden. Es hatte einem Steakhouse Platz machen müssen.

Die Gewerkschaft schickte mich in den Aufsichtsrat der MITROPA, der »Mitteleuropäischen Speise- und Schlafwagen-AG«, der einzigen Aktiengesellschaft, die es zum Ende der DDR daselbst noch gab. Einziger Aktionär war selbstredend der Staat. Als ich in die Sitzung kam, waren die anderen Herren aus dem Westen gerade dabei, die Chefs aus DDR-Zeiten erneut zu inthronisieren, den Kaderleiter als Arbeitsdirektor usw. ... Veto! Die nächste Sitzung dann in der Normannenstraße in jenem Kronleuchtersaal, wo Mielke seine Generäle vergattert hatte. Ein Triumphgefühl – der Blick auf Mielkes Schreibtisch und seine Telefone. Meine Frage dann, quer durch den Saal, an den Kaderleiter, ob er sich vorstellen könne, eine andere Aufgabe im Unternehmen wahrzunehmen, löste einen Eklat aus. »Mieser Stil!«, tobte der Aufsichtsvorsitzende, Chef der Reichsbahn damals, doch bald darauf wegen Stasibelastung abgelöst. Wir, die Arbeitnehmer, baten um eine Pause und beschieden dann, wir würden diese Frage um eine Sitzung vertagen. Bis dahin war der Kaderleiter zurückgetreten. Ein Durchatmen der Kollegen: »Sind wir froh, dass wir den los sind.«

Lafontaine bestritt 1990 einen Wahlkampf, in dem mit Händen zu greifen war, wie sehr ihm die Wiedervereinigung auf die Nerven ging. Im Parteivorstand hatten sie ihn gefragt, ob er denn nicht ein einziges Mal sagen könne, dass er sich freue über die Wiedervereinigung. »Nein, das kann ich nicht, weil ich mich nicht darüber freue.« Doch austauschen konnte man den Kanzlerkandidaten kurz vor der Wahl auch nicht mehr. Etwas später ließ er wissen, er freue sich über die Wiedervereinigung, weil sie den Ostdeutschen die Freiheit gebracht habe. Doch genau das war schlicht falsch. Zuerst hatten sich die Ostdeutschen die Freiheit erkämpft. Erst danach und deshalb erst war die Wiedervereinigung möglich.

Wendeschauer

»Das blaue Wirtschaftswunder« – das war der Titel meiner Stundensendung im SFB in der Nacht vor der Währungsunion: »Stellen Sie sich vor, liebe Hörer, Rumänien solle sich zur Marktwirtschaft durchwursteln, unter der Bedingung einer über Nacht geöffneten Grenze zu einem benachbarten Japan, wo man die gleiche Sprache spricht, ohne jeden Zollschutz und mit einer plötzlichen Aufwertung des Lei um 300 Prozent. Was glauben Sie, wie viel da von der rumänischen Industrie übrig bleiben würde.« Die Währungsunion war sozial und politisch unvermeidbar. Dagegen in Stellung gebracht hatte sich die Bundesbank. Ansonsten schwamm die veröffentlichte Meinung in Euphorie. Doch was man zum Abfedern der Folgen vorgedacht hatte, war belächelnswert wenig und oft genug das Falsche. Irgendwie lag ich schief mit meinem Kassandra-Gehabe, auch in meiner Gewerkschaft. »Du mit deiner Produktivität!«, wurde ich von einem verärgerten Top-Funktionär abgekanzelt, der sich auf Hunderttausende neue Mitglieder in seiner Branche freute.

Leider wurden solche Befürchtungen in erschreckendem Maße bestätigt. Der Grundsatz »Rückgabe vor Entschädigung« und die oft katastrophalen Fehlentscheidungen der Treuhand trugen zur explodierenden Arbeitslosigkeit noch das Ihre bei. In den zehn Jahren nach dem Mauerfall ist die Bevölkerungszahl in Ostdeutschland stärker noch geschrumpft als in den zehn Jahren vor dem Bau der Mauer. Der ostdeutschen Volksbewegung war eine ost-westdeutsche Bevölkerungsbewegung nachgefolgt. Hinzu kam der zwischenzeitliche Absturz der Geburtenraten – halb so hoch wie vor der Wende, halb so hoch wie im Westen und halb so hoch wie die Sterberaten. Nicht einmal 1945 hatte es einen solchen Einbruch gegeben. Gelegentlich war von der Ex-DDR als von einem deutschen Mezzogiorno die Rede. Doch der Mezzogiorno ist eine zurückgebliebene Region mit stabilen Sozialstrukturen. Ostdeutschland dagegen wurde ein mit hoher Dynamik wirtschaftlich kollabierendes Gebiet mit rapidem sozialem Wandel.

So hatte ich mir die Zeit nach der langersehnten Befreiung nicht vorgestellt. Viele Ostdeutsche hatten und haben sich mit einem Urkapitalismus herumzuschlagen, wie es ihn zuvor in Westdeutschland kaum noch gegeben hatte. Rotten von Glücksrittern, Drückerkolonnen und halbseidenen Unternehmern fielen in den ersten Jahren über die Neuen Länder her. Gestalten, denen im Westen kaum jemand irgendetwas abgekauft hätte, keine Versicherungspolice und keinen Kochtopf. Doch auch Manager angesehener Westfirmen nutzten die Angst und Unsicherheit ostdeutscher Belegschaften und die Rechtsunkenntnis ihrer Vertreter. Ein Gewerkschafter aus Rostock sagte mir, hier im Westen fühle er sich wie auf Fronturlaub. Erst hatten Viele riskiert, sich für das Recht auf freie Wahlen zusammenschießen zu lassen. Jetzt ging fast schon die Hälfte nicht mehr hin. Allzu Viele erlebten mit dem Abwickeln und Verschrotten ihrer ehemaligen Arbeitsstätten in der Industrie die Entwertung ihrer Lebensleistung. Arbeitslosigkeit, Angst davor und oft menschenverachtende Löhne wogen inzwischen für Viele schwerer als lange versagte Grundrechte und Freiheiten. Dass sich keine überwältigende Mehrheit der Ostdeutschen mehr begeistert zeigte über das Verschwinden der DDR, konnte kaum überraschen.

Schließlich sagte ich mir:»Deutschland braucht mich«, und bewarb mich bei Björn Engholm. Der war SPD-Chef, Kanzlerkandidat und Ministerpräsident Schleswig-Holsteins. Wie ein Phönix war er über der Schlamm-Offensive Uwe Barschels aufgestiegen. Ich bekam einen Job in Bonn, vertrat Schleswig-Holstein auf Arbeitsebene in den Ausschüssen für Wirtschaft, Verkehr und Fragen der Deutschen Einheit des Bundesrates. Ich verfolgte die Untersuchungsausschüsse des Bundestages zur DDR, erlebte dort einen weinenden Schalck-Golodkowski.

Ich war verblüfft ob der Ahnungslosigkeit des westdeutschen Establishments in Sachen DDR und all der Experten aus den Ostforschungsinstituten über die Zustände daselbst und auch darüber, wie entgegen klarer Einsicht dort am Katastrophenkurs festgehalten worden war. 1992 äußerte Günter Mittag, Befehlshaber der ostdeutschen Wirtschaft, schwer krank, an beiden Beinen amputiert, in einem Interview im Klinikum Berlin-Steglitz, dass ihm die Russen schon 1982 gesagt hätten:»Wir stehen bei Brest-Litowsk.«[67] Dennoch hat dieser Günter Mittag bis zum bitteren Ende seinen ruinösen Dogmatismus durchgedrückt.

---

67 Der »Vertrag von Brest-Litowsk« war der Kapitulationsfrieden von 1918, durch den das junge Sowjetrussland 1,4 Millionen km² Land, 60 Millionen Menschen und den Großteil seiner Schwerindustrie verloren hatte.

Die Regentschaft Erich Honeckers war für Deutschland offenbar ein Glücksfall. Er hatte der Bevölkerung seit den 1970er Jahren einen Lebensstandard gewährt, der nicht von der Wirtschaftsleistung abgedeckt war, und damit zunächst die soziale Stabilität gesichert. 1989 war die DDR dann ruiniert. Die Verschuldungsspielräume nach außen und innen waren ausgeschöpft. Industrie, Infrastruktur und Wohnkapital waren mangels notwendiger Erhaltungsinvestitionen verschlissen. Die Umwelt war schlimm geschädigt. 1990 hätte der Lebensstandard noch um etwa dreißig Prozent abgesenkt werden müssen, um die Verschuldung der DDR auch nur zu halten, so schrieb der Chef der Plankommission Gerhard Schürer im Oktober 1989 in seinem Bericht an Egon Krenz. Zahlungsunfähigkeit gegenüber dem Ausland stand unmittelbar bevor. Wäre ein auch nur *wirtschaftlich* »nachhaltiger« Kurs seit den 1970er Jahren gefahren worden, so wäre nur ein Lebensstandard vielleicht nahe an dem Rumäniens finanzierbar gewesen. Unruhen, die wahrscheinliche Folge, wären bis Mitte der 1980er Jahre niedergewalzt worden: ein deutscher Tiananmen. Honecker hat mithin um den Preis des wirtschaftlichen Ruins den inneren Frieden gesichert, solange keinerlei Chance bestand, aus dem sowjetischen Imperium auszubrechen. Und dann, als dank Gorbatschow eine solche Chance erstmals aufkam, hat er durch Starrsinn die DDR im Zeitraffer in den politischen Zusammenbruch getrieben, zum frühestmöglichen Zeitpunkt eines gewaltfreien Übergangs. Doch zweifellos wäre er verblüfft gewesen, hätte er dieses Resümee seines Wirkens zur Kenntnis bekommen.

In den Ausschüssen des Bundesrates war bisweilen ein atemberaubendes Maß an Unfairness und Ignoranz von Politikern aus Süddeutschland gegenüber der Lage und den Nöten der Ostdeutschen zu erleben. Den Zusammenbruch ihrer Landwirtschaft kommentierte damals der Minister eines Südlandes mit den Worten: »Sie machen da halt jetzt das durch, was wir alle früher auch durchgemacht haben.« Dass in der westdeutschen Landwirtschaft die Schrumpfung der Beschäftigung sich über Jahrzehnte hinzog und von einem Boom der Industrie komfortabel abgefangen worden war, während in der Ex-DDR beides zugleich im Zeitraffer wegbrach, dieser kleine Unterschied blieb außer Betracht.

Offenen Mundes fast verfolgte ich die Untersuchungsausschüsse zur Vereinigungskriminalität und schrieb mir die Finger wund an Rundfunkbeiträgen und in Zeitschriften, über Treuhandskandale, widerwärtige Affären teils heute noch aktiver FDP-Größen im Umgang mit ostdeutschen Giftmülldeponien, über die Rodung auch überlebensfähiger Teile der ostdeutschen Industrie, der Abwicklung selbst von Betrieben, die mit westdeutscher Technologie wenige Jahre zuvor hingestellt worden waren. Ich erfuhr, wie ostdeutsche Firmen durch die Westkonkurrenz ausmanövriert und vernichtet wurden, und das oft nicht durch Wettbewerbsdruck, sondern durch »Beratung« der Treuhand und mit sonstigen politischen Mitteln, oder schlicht zum Opfer von Gangstern und von bürokratischer Ignoranz und Dummheit in der Treuhand geworden sind. Aufbau Ost – Vermögensbildung West: engagiert, doch fast chancenlos versuchten redliche Abgeordnete, dem auf verschlungenen Wegen verschwindenden deutschen Staatsgeld nachzuspüren.

Die Polen, Rumänen, Ungarn, Tschechen und Bulgaren im vereinten Europa, jahrzehntelang nur ein abwegiger Traum – jetzt eine realistische Vision, freilich alles andere als unumstritten. Nicht wenige meiner Kollegen hätten die Wohlstandsfestung Westeuropa lieber abgeschottet. Die amputierte europäische Identität werde geheilt, die westliche Rationalität von dem fast metaphysischen Sarkasmus der Slawen ausbalanciert, hatte ich meinem leidenschaftlich engagierten Europaminister in die Redeentwürfe geschrieben. Eine kulturelle Symbiose war vorstellbar. Doch entstanden ist in Bulgarien,

Rumänien, Russland, der Ukraine und weniger extrem auch anderswo alsbald eine Symbiose kommunistischer Kakokratien und mafioser Netzwerke. Gebildet hat sich ein eigentümlicher Kriminalkapitalismus. Skrupellos krallte sich die politisch zunächst entmachtete Nomenklatura Filetstücke aus dem vormaligen Volkseigentum nun direkt und de jure als Privatbesitz, sicherte ihren exzessiven Wohlstand mit Spezialkräften aus den aufgelösten Sicherheitsdiensten und saugte diese Völker aus. Arroganz, Machtgehabe und Brutalität dieser Nouveau Riche der alten Kader sprechen jeder Rechtsstaatlichkeit Hohn. In einigen scheinbefreiten Nationen sind sie heute die eigentlich Mächtigen. Zum Absturz des Lebensstandards noch weit unter das Niveau von 1989 haben diese Wende-Perversionen massiv beigetragen. Absehbare Folge war die Suche nach Sündenböcken, das Hochkochen ethnischer Konflikte, die Hatz auf Minderheiten. »Tod den Zigeunern!«, »Ethnische Säuberung!« – Losungen, die ich an der Alexander-Newski-Kathedrale im traditionell eher bürgerlich-friedlichen Sofia lesen musste. Und »Hitler lebt!« am grell verschmierten sowjetischen Kriegsdenkmal dieser Stadt. Postkommunistische Neofaschismen blieben bekanntlich auch Deutschland nicht erspart, hochgetrieben von Angst, Chancenlosigkeit und tiefgreifenden Entwertungserlebnissen. Hoyerswerda, Rostock – Fanale des Aufbruchs in die neue Epoche? Am schlimmsten schockiert hat die geradezu wohlwollende Passivität der Polizei. In meiner Herkunftsprovinz Sachsen marschierten und marschieren Springerstiefel und Glatzen und fahren Wahlergebnisse ein, die mich frösteln lassen.

Die Rundfunksender immerhin zahlten gut. Auf diese Weise wurde auch ich zum Profiteur der Vereinigungskriminalität. Der Hörfunk war mein Ventil geworden, mentale Überlebensbedingung. Im WDR konnte ich mein Sendungsbewusstsein ausleben, ein wenig zumindest. Hier hörten mindestens zehntausend Menschen zu, so tröstete ich mich. In voller Passivität herunterzuwürgen, was Woche für Woche an Fehlern und Infamien im Zuge dieser Wiedervereinigung zu erfahren war, an profitabler Heuchelei und gnadenlosem Egoismus, das wäre nicht verkraftbar gewesen. Bewirkt haben meine Attacken im Äther wohl wenig. Doch ich zehrte von der Illusion, es gebe so etwas wie ein Lebewesen »Öffentlichkeit«. Das würde alles wahrnehmen und verarbeiten, sei beeinflussbar und auch lernfähig.

Engholm war bald weg vom politischen Fenster. Sein Amt in Kiel übernahm eine Frau, die nicht im Entferntesten sein Format hatte und eine Sensibilität für die Nöte der Ostdeutschen gleich gar nicht. Damit kamen auch die Motive, derentwegen ich diesen Job gesucht hatte, kaum noch zum Tragen. Allzu sehr hatte mich Deutschland wohl doch nicht gebraucht. Angesichts dessen, was sich wirtschaftlich und auch sozial auf dem Territorium der Ex-DDR abspielte, hatte unsere triumphale Freude, unser Erlöstsein ob der politischen Befreiung doch bald einige Grauschleier bekommen.

Anderes steht heute im Brennpunkt. Längst haben sich die Bedrohungen der Globalisierung in den Vordergrund geschoben, die von ihr erzeugten Krisen, Ängste und Hysterien. Erst in den nächsten Jahrzehnten werden die Folgen voll durchschlagen und sie werden Millionen den politischen Rattenfängern zutreiben. Nach Faschismus und Kommunismus erweist sich jetzt die Globalisierung als die dritte totalitäre Ideologie des verflossenen Jahrhunderts. Totalitär ist sie in der Tat. Denn sie durchdringt alle Lebensbereiche, duldet keinen Widerspruch und keine Alternativen. Wer sich ihr entziehen will, dem wird der Untergang angedroht. Wie die Faschismen und Stalinismen verheißt sie Glück und beispiellosen Wohlstand und produziert Armut, Verzicht, Verfall und Regression. Und wie diese wird sie wegen eines elementaren und offenkundigen Konstruktionsfehlers unter schweren Opfern und mit gigantischen Kosten scheitern. Diese Globalisierung politisch zu bändigen, durch Schaffung einer »Global Governance«, durch internationale politische Strukturen, bevor Sozialstaat und Demokratie vor die Hunde gegangen sind – das ist das Gebot dieser Epoche.

Doch von vielen, die mit Feuer, Ideen und Provokationen, mit sozialer Kreativität die Epoche aus ihren alternativenblind erstarrten Untergangsroutinen holen sollten, von Außenseitern, Wissenschaftsanarchisten und Querdenkern, werden verstaubte Sozialismen aus den Rumpelkammern geholt, wird Markt und Wettbewerb in toto geächtet. Der Horrorvision ungebändigter Globalisierung wird schon wieder jenes andere, historisch unter enormen Opfern falsifizierte Horrormodell entgegengestellt, das auf den ersten Blick als vom reinen Gemeinschaftssinn getragen erscheint. Diese Versuchung gewinnt an Kraft. Die Brutalisierung des Kapitalismus wird dabei oft einem Wegfall von »Systemkonkurrenz« zugeschrieben. Doch diese Systemkonkurrenz gab es schon lange nicht mehr. Der Osten hatte jede Strahlkraft verloren. Technische Durchbrüche in Kommunikation, Transport und Informationsbewältigung haben die rasante globale Verschmelzung der Finanzmärkte auf den Weg gebracht und die globalisierten Hungerlohnindustrien in China, Indien, Bangladesh und anderswo desgleichen. Meine Arbeiten zu den Lähmungs- und Verarmungszwängen marktferner Sozialismen zum einen und zur Unheilträchtigkeit des totalen Marktes zum anderen geben mir vielleicht Chancen, einseitigen Sichtweisen entgegenzuwirken, ohne jeweils sofort dem dazu konträren Dogmatismus zugeordnet zu werden.

Tiefschlag

Gegen Ende der 1990er Jahre bekamen wir ein fast tausendseitiges Manuskript. Das hatte Dietrich Koch an Carl-Friedrich von Weizsäcker geschickt. Mit Sorgfalt hatte er vermieden, dass irgendeiner der Haftgefährten oder einer der damaligen Akteure von diesem Papier erfuhr. Doch Herrn von Weizsäcker wollte er beeindrucken. Der freilich hat das voluminöse Papier, ohne es anzulesen, an uns weitergereicht. Geboten wurde darin eine seltsame Darstellung der Ereignisse in der Haft und in den Jahren zuvor. Es verschlug uns die Sprache. Von so ziemlich anderen Geschehnissen als den erlebten war hier offenbar die Rede und von anderen Menschen als meinen Freunden. Charly, Annerose, Günter, Rudolf, alle waren im Manuskript zu Stasi-Kollaborateuren geworden und in späteren Darstellungen auch Harald und ich. Das Ganze war eine raffinierte Collage von Bruchstücken aus Stasi-Akten, Mutmaßungen, Unterstellungen und Lügen. Ich sei nicht etwa von Langfermann alias IM Boris Buch verraten worden, sondern habe die von mir organisierte Flucht in Kenntnis seiner Wandlung zum DDR-Fan selbst an ihn verraten. Wer zahlt wohl für eine kommerzielle Flucht und verrät sie dann selbst?

In diesem Manuskript und in nicht wenigen Vorträgen, Publikationen und im Internet schrieb Dietrich Koch sich nunmehr auch öffentlich die Kreation eines »schwierigen« Zeitauslösemechanismus zu. Sein Bruder, der nicht das Geringste mit unserem Protest in der Kongresshalle zu tun gehabt hatte, wurde nun zum Mitakteur. In meinem Auftrag habe Dietrich Koch mit seinem Bruder ein solches Ding konstruiert und die ganze Vorrichtung in meinem Keller zusammengebaut, wobei ich ihm »zur Hand« gegangen sei. Doch weder hatte er einen Zeitauslöser für diese Protestaktion gebaut noch war er damit beauftragt worden. Weder bin ich ihm bei irgendetwas »zur Hand gegangen« noch war er je in diesem Keller gewesen. Davon abgesehen war nicht dort das Konstrukt mit Wecker und Transparent zusammengebaut worden. Dieser für jeden Hausbewohner einsehbare Raum wäre dafür völlig ungeeignet gewesen. Der Zeitauslöser war die Idee und Arbeit von Harald. Und er war so verblüffend einfach, dass es dafür nicht der geringsten Veränderung am verwendeten Wecker bedurfte. Es wurde ja nur ein Nagel mit einem daran gebundenen Bindfaden in die Lücke zwischen der Flügelschraube auf der Rückseite des Weckers und ihrem Flügel gesteckt.

Dietrich Koch wurde im Laufe der Zeit fast zum eigentlichen Akteur unseres Protestes in der Kongresshalle. Über dergleichen wäre achselzuckend hinwegzusehen. Im Grunde ist es völlig belanglos, ob und von wem vor Jahrzehnten welches Blech verbogen worden ist und dieser Streit lächerlich. Dass sich jemand im Rückblick heroisiert und das schließlich vielleicht selbst glaubt, dabei auch Fakten verrückt, verdrängt und erfindet, das kommt schon vor und keineswegs selten bei Menschen, die aus den Fängen des MfS oder ähnlicher Seelenzerstörungsanstalten entlassen worden sind. Doch es ist etwas anderes, wenn jemand nachweisbar ehrverletzende Behauptungen von solcher Tragweite in Kenntnis ihrer Falschheit verbreitet.

Seit einem Jahrzehnt nunmehr verunglimpft Dietrich Koch die Leidensgenossen aus der Haft und die Akteure des Protestes in der Kongresshalle öffentlich als zusammengebrochene, fragwürdige Charaktere und Kollaborateure der Stasi, während er, abgesehen davon, dass er im Verhör eingeräumt hat, ein Weckerklingeln verhindert zu haben, dichtgehalten habe. Sein inzwischen in drei Bänden publiziertes Papier[68] zielt durchgehend auf die Herabwürdigung der damaligen Freunde. Als logische Voraussetzung für diesen Zweck muss er für seine Person etwas vorweisen, das er im Gegensatz zu den anderen nicht gestanden habe. Diesem Zweck eben dient die Behauptung, damals den Zeitauslöser konstruiert und das der Stasi vorenthalten, sowie vom Maler des Transparentes

68   Dietrich Koch, Das Verhör. Zerstörung und Widerstand. Drei Bände, Dresden 2000.

gewusst und auch dies verschwiegen zu haben. In gemeinsamen Briefen haben Günter, Annerose, Charly, Harald und ich uns von seinem Papier distanziert. Immerhin wurden durch diese Verunglimpfungen die Freunde von einst wieder enger zusammengeführt.

Es kam noch härter. Seit dem Jahr 2002 etwa verbreitet Dietrich Koch im Internet, dass Harald und ich gar nicht geflohen seien, sondern schon kurz nach der Kongresshallenaktion von der Stasi gegriffen, binnen einer einzigen Nacht zu Agenten verwandelt und mit einem raffinierten Täuschungsmanöver von östlichen Geheimdiensten an der türkischen Küste ausgesetzt wurden. Damit propagiert er Verdächtigungen, die den Straftatbestand der Verleumdung und der falschen Anschuldigung erfüllen. Dass ihm die Falschheit dieser Aussagen nachweisbar bekannt ist, ist aufgrund seiner genauen Kenntnis von Stasi-Dokumenten (OV »Atom«, OV »Provokateur«, »OV Architekt«, »OV Heuchler«), der Haftbefehle, Fahndungsanordnungen und Einschätzungen des MfS, die er zwei Jahre zuvor selbst zitiert hat, belegt.

Zeitgleich verbreitet er damit zwei einander logisch ausschließende Behauptungen über Professor Harald Fritzsch und mich. In der einen habe die Stasi die Protestaktion auf der Bühne der Leipziger Kongresshalle dank des Denunzianten Langfermann 1970 in den Verhören aufklären können, in der anderen habe sie uns schon 1968 unmittelbar nach dieser Aktion festgenommen und dann freundlicherweise sogleich als Agenten in den Westen bugsiert. Evident falsch und spinös sind beide. Und niemand weiß das dank seiner Recherchen in den Stasi-Dokumenten genauer als Koch selbst. Deren intensive Durchforstung nach irgendeinem Indiz für seine Agentenfiktion hat natürlich nicht den geringsten Anhaltspunkt erbringen können. Sein Kommentar: »Seltsam, die Akten wirken wie gesäubert.« ist fast schon ein amüsantes Beispiel eines logischen Zirkelschlusses. Wenn gegen einen

Verdächtigten sich absolut nichts finden lässt, dann ist das besonders verdächtig.

Aggressivität wird durch Gegenaggressivität belohnt und durch deren Verweigerung bestraft, gewiss. Lange versuchten wir, damalige Freunde und Leidensgenossen aus der Haft, die Verleumdungen zu ignorieren. Doch jetzt *mussten* Harald und ich uns rechtlich zur Wehr setzen. Meine Arbeit im Verfassungsorgan Bundesrat und auch meine Aufgaben im Bundestag wären unvereinbar gewesen mit der unwidersprochenen Hinnahme dieser Verleumdungen. Auch Haralds exponierte Position in der Wissenschaftswelt würde Schaden nehmen. Wir erstatteten Strafanzeige »wegen Verleumdung, übler Nachrede und falscher Anschuldigung«. Die Staatsanwaltschaft beim Landgericht Berlin nahm Ermittlungen auf und beantragte schließlich Strafbefehl gegen Dietrich Koch. Doch der wurde vom Gericht abgelehnt: Das seien nur Mutmaßungen und deshalb noch vom Recht auf freie Meinungsäußerung abgedeckt. Denn hin und wieder hatte er in seinen Texten floskelhaft eingeflochten, diese Darstellungen seien »Hypothesen, die freilich den Kriterien einer exakten wissenschaftlichen Theorie« genügten. Damit, so das Gericht, handle es sich ja nicht um Behauptungen und damit auch nicht um Anschuldigungen – eine haarsträubende Fehlentscheidung. Denn falsche ehrenrührige Tatsachenbehauptungen finden sich dort sehr wohl.[69] Unvermeidlich kam es zu Auseinandersetzungen auch rechtlicher Art zwischen Koch und früheren Haftgenossen. In deren Verlauf erlitt Günter einen Schlaganfall. Seither ist er nicht mehr arbeitsfähig, halbseitig gelähmt.

Was war die Funktion all dieser Stasi-Unterstellungen? Was brachte Koch dazu, seine Kraft und Intelligenz seit über einem Jahrzehnt damit zu vergeuden, ein verunglimpfendes, abwegiges Bild der früheren Freunde zu verbreiten, auch von denen, die in der Haft weit Schlimmeres durchgemacht hatten,

---

69 So lautet schon eine Überschrift in einem von Koch ins Internet gestellten Pamphlet zu unserer Flucht »Wie zwei Physiker die Öffentlichkeit täuschten«. Das ist eine klare Sachbehauptung und keine Hypothese.

die ihn mit ihren Aussagen entlastet hatten und selbst zu mehr als doppelt so hohen Freiheitsstrafen verurteilt worden waren als er? Warum hat er nicht eine unverzerrte und faire Dokumentation der Geschehnisse gegeben und damit einen sinnvollen Beitrag zur Aufarbeitung dieses Systems? Es hätte ihm weniger Arbeit und weit mehr Resonanz und Anerkennung gebracht. Versuchte er, davon abzulenken, dass er selbst es war, der durch seine Erzählungen im sozialen Umfeld vor der Haft die Stasi auf die Fährte gebracht und damit die Teilaufklärung unserer Protestaktion verursacht hatte? Die Informationskette über den Kongresshallenprotest – angefangen von Dietrich Koch, über Annerose Niendorf, Karlheinz Niendorf, Ajax (Jürgen Rudolph) bis hin zu Inge Bender (IM Annette) ist ja in den Akten offenkundig.[70] Koch zitiert zwar dazu Vermerke über die Berichte der IM Annette zum Kongresshallenprotest, doch ausgespart wird von ihm dabei die entscheidende Notiz des Vernehmers mit dem Rückschluss von Jürgen Rudolph auf Niendorf und dann auf Welzk als Akteur.[71]

Unser Fall ist zum Paradigma geworden, wie Stasi-Dokumente missbraucht werden können. Im Übrigen ist niemand von uns um Einwilligung gebeten noch auch nur informiert worden, dass Dietrich Koch diese Dokumente über uns einsehen und publizieren darf. Dies ist ein klarer Verstoß gegen das Stasi-Unterlagengesetz (§ 32 Absatz 3.4). Dass diese Dokumente, auch Verhörprotokolle, mit den vollen Namen der Betroffenen zirkuliert werden – auch dafür gab es keine Anfrage und keine Einwilligung. Wäre ich gefragt worden, hätte ich freilich die Einwilligung zur Dokumenteneinsicht sofort gegeben. Etwas zu Verbergendes konnte in meinen Akten ja nicht enthalten sein. Dass sie gezielt zu irreführenden, ehrverletzenden Collagen verwendet würden, das hätte ich mir nicht vorgestellt. Als ich im Jahr 1968 die Vorrichtung mit dem Transparent auf den Schnürboden der Kongresshallenbühne montiert hatte, da stand klar vor Augen: Greifen sie dich,

---

70 BStU, MfS AOP 4318/76 TV1, Bd. 3, Blatt 8–10: Bericht der »IM Annette« Abschrift vom 10.3.70; BStU, Lpzg. AU 335/72, Bd. 2, Blatt 103: Aktenvermerk des Vernehmers von Annerose Niendorf vom 28.7.1970, handschriftlich.
71 Dietrich Koch 2000, S. 167 f.

verschwindest du für nicht wenige Jahre in Bautzen oder einem ähnlich erbaulichen Ort. Das drohte jedem von uns. Dieses Risiko hatten wir in Kauf genommen. Doch hätte ich damals gewusst, welche Kübel an Jauche nach dem so innig herbeigesehnten Zusammenbruch dieses Regimes öffentlich ungestraft über mich ausgegossen würden, niemals hätte ich mich zu dieser Protestaktion verstiegen.

Mit aufwändigem Einsatz und geschicktem Marketing haben Dietrich Koch und sein damals völlig unbeteiligter Bruder sich inzwischen als die Hauptakteure unseres Protestes gegen die Kirchensprengung im öffentlichen Bewusstsein verankern können. Gewiss, zu der Aussage, *er* sei es gewesen, der einst, im Jahre 1968, das Transparent gemalt habe, hat er sich seit seiner Verhaftung nicht mehr verstiegen. Treumann, der Maler, war ja im Westen und musste sich nicht mehr tarnen. Auch hat Koch nie behauptet, er habe gar das Transparent auf der Kongresshallenbühne angebracht. Zu viele Dokumente stünden dem entgegen. Dennoch greifen er und sein Bruder zu Aktionen, die in der Öffentlichkeit genau diesen Eindruck vermitteln und von den Medien unhinterfragt aufgegriffen werden. »Brüder Koch entrollen erneut Protestplakat gegen Kirchensprengung«, titelte eine Boulevard-Zeitung, als sie irgendwann in den letzten Jahren in Leipzig eine Nachzeichnung jenes Transparentes entrollt hatten. Beim assoziativ wahrnehmenden Leser verfestigt sich damit die Überzeugung, diese beiden hätten auch 1968 das Transparent entrollt, denn sie entrollten es jetzt ja *wieder*.

In verschiedenen Internetforen beschreibt Dietrich Koch denn auch die Protestaktion, ohne auch nur die Namen der Hauptbeteiligten und Organisatoren zu nennen. »*Koch hatte dazu zusammen mit seinem Bruder Eckhard den Weckerauslösemechanismus gebaut. Nachdem zwei Beteiligte spektakulär in den Westen geflohen waren, verhaftete der Staatssicherheitsdienst fast zwei Jahre später mehrere Leipziger, darunter Koch.*«[72] Weder Rudolf

Treumannn, der Maler des Transparentes, noch Harald Fritzsch, Mitinitiator der Aktion und Konstrukteur des Zeitauslösemechanismus, noch Stefan Welzk, der diesen Protest insgesamt organisiert, die Teile beschafft und das Transparent auf der Kongresshallenbühne während der laufenden Vorbereitungsarbeiten für die Veranstaltung aufgehängt und damit das größte Risiko getragen hatte, werden auch nur erwähnt.

Wolfgang Tiefensee, bis 2005 Oberbürgermeister von Leipzig und danach Verkehrsminister in der Bundesregierung und Beauftragter für die Neuen Länder, reagierte in einem Gespräch erstaunt: »Ach, das sind gar nicht die Brüder Koch, die damals auf der Kongresshallenbühne das Transparent aufgehängt haben. Wie doch Geschichte geklittert wird!« Expressis verbis haben die beiden das auch nicht gesagt, nur eben sich wohldurchdacht in Szene gesetzt.

Bilanz

Wie sieht die Hinterlassenschaft aus an Zerstörungen, Resonanzen und sonstigen Folgen aus unseren Versuchen, kriminell zu werden nach dem politischen Strafrecht der DDR? Der Protest in der Kongresshalle – vielen in Ostdeutschland mag er etwas gegeben, mag sie bewegt haben. Messbar ist das nicht. Werner Schulz, ostdeutscher Bürgerrechtler, in der Wende für das Neue Forum am zentralen Runden Tisch, und dann im Bundestag parlamentarischer Geschäftsführer von Bündnis 90/Die Grünen, sagte 2001 in einem »Spiegel«-Interview: »Wir kannten die Bilder aus dem Westen, zum Beispiel dieses berühmte Spruchband ›Unter den Talaren Mief von tausend Jahren‹. Aber das Transparent, das im Juni 1968 in Leipzigs Kongresshalle runtergelassen wurde, das kennt im Westen niemand. … Was meinen Sie, was da los war, wie das provoziert hat. Aber die Bilder unseres Protestes landeten in den Archiven

72   http://www.sed.stasiopferinfo.com/phpBB2/viewtopic.php?t=504&sid=24 5231bbb3bcded89d9034858859b46a, http://www.was-fuer-ein-leben.de/ anschauendb.php?ida=198 [Stand: 10. 01. 2011].

Ehren Urkunde

PAULINERVEREIN

*Bürgerinitiative zum Wiederaufbau
von Universitätskirche und Augusteum
in LEIPZIG*

Hiermit ernennen wir in Dank und Anerkennung

Herrn Dr. **Stefan Welzk**

zum

Ehrenmitglied.

Leipzig, 25. März 92

*Prof. Dr. Franz-Viktor Salomon
– Vorsitzender –*

Ehrenmitgliedsurkunde im Paulinerverein von Stefan Welzk

der Stasi, nicht in Zeitungsredaktionen.«[73] In Leipzig ist schon
kurz nach der Wende eine Bürgerinitiative namens »Paulinerverein« zum Wiederaufbau der weggesprengten und am
Stadtrand verscharrten Universitätskirche entstanden. Harald,

---

73   Spiegel 12/2001 S. 56 f.

Rudolf, Günter und ich wurden Ehrenmitglieder. Vorsitzender wurde zwischenzeitlich der in New York lebende Nobelpreisträger der Medizin Professor Blobel. Ende der 1990er Jahre traten Dietrich Koch und sein Bruder Eckhard Koch diesem Verein bei und engagierten sich intensiv. Eckhard Koch wurde schließlich einer der stellvertretenden Vorsitzenden. Doch dann lähmten die Brüder Koch mit zahllosen Streitigkeiten und persönlichen Querelen die Arbeit der Bürgerinitiative. Diese hatte in einem mühsamen Ringen endlich erreicht, dass der Neubau auf dem Grundstück der Universitätskirche wenigstens in seiner groben Form an diese erinnert. Mit überwältigender Mehrheit wurden die Brüder Koch in einer Vollversammlung ausgeschlossen. Doch gerichtlich setzten sie die Ungültigkeit dieser Entscheidung durch und fristen dort nunmehr ein seltsames geächtetes Schattendasein. Jetzt steht diese Bürgerinitiative in fast verzweifeltem Streit mit der Universitätsleitung, ob die fragwürdige Betongotik dieses Gebäudes nur eine Aula beherbergen soll oder doch im Innern eine Gestaltung bieten, die der gesprengten Kirche nahekommt und die geretteten Kunstwerke der ursprünglichen Kirche aufnimmt, auch die Kanzel.

Doch wie steht es im Rückblick um die Betroffenen, die da mitgemacht haben bei Protest, Flucht und Fluchthilfe, in der Gegenkultur unserer subversiven Abende, oder sonst irgendwie reingeraten sind in das Ganze?

Harald Fritzsch, der damals den Zeitauslöser erdacht und uns dann durch das sturmbewegte Schwarze Meer gesteuert hatte, konnte von Anbeginn bei Werner Heisenberg arbeiten. Dann, in den USA, hat er gemeinsam mit Nobelpreisträger Murray Gell-Mann die Quantenchromodynamik entwickelt, Basistheorie zum Verständnis der beobachtbaren Elementarteilchen und damit zur Entstehung des Kosmos. Heute steht

25 Jahre nach der Sprengung: Stefan Welzk und Harald Fritzsch vor dem Eingang der 1974 errichteten Karl-Marx-Universität. Das 2007 abgerissene Marx-Relief trug den Namen »Aufbruch«

sie, in der dort sinnvollen Kürze, in gymnasialen Physiklehrbüchern. Nach vieljährigem Vagabundieren zwischen den erlesensten Forschungsstätten rund um den Globus verblieb er schließlich an der Ludwig-Maximilians-Universität in München, wurde Ordinarius für theoretische Physik. Seine populärwissenschaftlichen Bücher, »Quarks – Urstoff unserer Welt«, »Vom Urknall zum Zerfall«, »Die Verbogene Raumzeit«, »Eine Formel verändert die Welt. Newton, Einstein und die Relativitätstheorie« und andere, wurden vielfach übersetzt. Zähneknirschend musste ihm die DDR 1984 gar freies Geleit zusichern. Die im Zweijahresturnus stattfindende große internationale Konferenz zur Hochenergiephysik, zur Elementarteilchenforschung, in Moskau geplant, stand des Afghanistankrieges wegen dort unter der Boykottankündigung der USA und anderer Nationen des Westens. Als Kom-

Quelle: Max-Planck-Gesellschaft

Quelle: Privatarchiv Welzk

links: Rudolf Treumann bei einem Vortrag im Jahr 1999
rechts: Boris Slavov im Jahr 1998

promiss wurde Leipzig gewählt. Doch die Wissenschaftler aus
den Westländern stellten ihr Kommen unter die Bedingung,
dass auch Harald unbehelligt teilnehmen könne. Vor einigen
Jahren wurde er zum Präsidenten des Verbandes deutscher
Naturforscher und Ärzte gewählt, des Dachverbandes der
deutschen naturwissenschaftlichen Verbände.

Rudolf Treumann, mein Freund in Potsdam und Maler
des Protest-Transparentes, war dank des Schicksals Fügung
knapp einer Verhaftung entgangen. Seine Flucht wäre
wegen seiner Mitarbeit im sowjetischen Interkosmos-Satel-
litenprogramm zwangsläufig zugleich als Spionage geahndet worden. Er konnte seine Forschung am Max-Planck-
Institut für extraterrestrische Physik in München fortsetzen,
pendelte einige Jahre zwischen Zürich und München und

wurde daselbst schließlich, wie zuvor schon Harald, Professor an der Ludwig-Maximilians-Universität und verfasste Bücher im Grenzbereich zwischen Wissenschaft, Literatur und Philosophie.

Borislav Slavov, mein bester Freund aus den Studienjahren, der uns mit nicht geringem Risiko bei der Flucht unterstützt hat, hatte sich in Dubna bei Moskau mit einem Professor aus Münster angefreundet. Er wurde eingeladen, dort seine Doktorarbeit zu schreiben, durfte schon 1969 fahren und hat 1972 promoviert. Ich habe ihn gedrängt, in die Partei einzutreten – gemäß meiner Überzeugung, dass ohne Andersdenkende im politischen Establishment ein Systemwechsel schwieriger und härter ausfallen würde. Zurück in Sofia wurde er schließlich Parteisekretär seiner Fakultät, hat diese recht gut abschirmen können und die eingehändigten Denunziationen leise entsorgt. Im Sommer 1989 hatte ich ihn dafür gewonnen, eine bulgarische Filiale von Greenpeace zu gründen. Doch diese Idee wurde von Greenpeace abgeblockt: Man sei mit dem gerade gegründeten Büro in Moskau ausgelastet. Dabei wurde Bulgarien das einzige Land, in dem Umweltschäden, vor allem Chlorvergiftungen im Raum um Ruse, die Wende ausgelöst und vorangetrieben haben. Nach der Wende wurde Borislav Ordinarius für Kernphysik in Sofia.

All die anderen aus unserem Kreis in Leipzig hatten Schlimmes durchzustehen. Günter Fritzsch, Studienfreund und Mitinitiator unserer subkulturellen Abende, hochsensibel und geradlinig, war einer der von der Stasi am übelsten Malträtierten. Dass man ihm »Menschenhandel« für sein wahrlich nur marginales und eher zufälliges Einbezogensein in eine Fluchtvorbereitung angehängt und zusammen mit seiner Teilnahme an unseren Abenden mit sechs Jahren Zuchthaus geahndet hatte, zeigt, wie schwer es in dieser Ordnung war, strafrechtlich immun zu bleiben und sich dennoch nicht im

Freundeskreis zu isolieren. Nach der Haftentlassung im Zuge der Amnestie kamen die schikanösen Jahre als Hilfsarbeiter in der Industrie, stigmatisiert und ständig observiert. 1976 endlich durfte er mit Frau und Kindern ausreisen und konnte sinnvoll wissenschaftlich arbeiten, am Max-Planck-Institut für Biophysik in Frankfurt. Aber der Preis war in diesem Fall bei weitem zu hoch. Im Hinblick auf Günter muss ich mich in der Tat nach der Ambivalenz und Verantwortbarkeit von Resistance in solchen Systemen fragen. Günter hat Haft, Vernehmungen und Prozess in dem ergreifenden Buch »Gesicht zur Wand. Willkür und Erpressung hinter Mielkes Mauern« verarbeitet.

Und da ist Dietrich Koch, jener damals zuletzt von mir noch in die Vorbereitung des Kongresshallenprotestes Einbezogene, der unverzüglich mit diesem Wissen hausieren ging, wovon dann von einer IM Einschlägiges der Hauptabteilung XX des MfS in Berlin gemeldet wurde. Er schreibt sich heute eine Widerstandsleistung zu, die ein anderer erbracht hat. Verurteilt zu zweieinhalb Jahren und anschließender Einweisung in eine psychiatrische Einrichtung war er im September 1972 abgeschoben worden. Sein berufliches Leben verbrachte er nach dem Freikauf bis zur Berentung in einem Fachbereich der Gesamthochschule Essen. Seit mehr als zehn Jahren verliert er sich in einer verzerrt einseitigen und wahrheitsfernen Ausschlachtung des damaligen Geschehens und der Verunglimpfung der Leidensgefährten und Akteure. Mental ist er wohl in den Fängen der Stasi geblieben. Doch er kanalisiert seine Aggressivität statt auf diese – die ist ja verschwunden – auf die einstigen Gefährten. Deshalb habe ich nach Jahrzehnten der Abneigung gegenüber einem solchen Unterfangen doch die Notwendigkeit einer Niederschrift wie der hier vorgelegten eingesehen, der Fairness und der historischen Gerechtigkeit wegen.

Annerose Niendorf und Stefan Welzk 1993 vor der ehemaligen Leipziger Stasi-Zentrale, heute Sitz der Bundesbeauftragten für die Stasi-Unterlagen

Da ist Annerose Niendorf, die junge Mutter von Zwillings-babys, die wegen dieser IM Annette alias Inge Bender und des IM Boris Buch alias Bernard Langfermann fast zwei Jahre in die Mangel der Stasi-Verhöre genommen wurde und nahezu drei Jahre absitzen musste, ständig in Angst, ihre Kinder unwiederauffindbar zu verlieren. Sie und Charly, Karl-Heinz Niendorf, hatten einmalig Fluchtinformationen weitergegeben, an Alexander Heyn, und dem dann ver-geblich die Flucht auszureden versucht. Und sie hatten an unseren Abenden teilgenommen und die falschen Bücher im Schrank. Beider Verurteilung zu fünfeinhalb Jahren war auch nach DDR-Normen maßlos. Sie sind zu ihren Knaststrafen gekommen wie zum Jackpot in einer Unglückslotterie. Die am schlimmsten Geschädigten sind dabei wohl die Kinder. Annerose wurde nach dem Freikauf Lehrerin in Hamburg. Charly setzte dort zunächst sein Mathematikstudium fort. Rasch und einvernehmlich ließen sich die beiden scheiden.

Der Denunziant Langfermann, wurde der zur Verantwortung gezogen? Die Stasi hatte ihn noch als »IMF« »qualifizieren« wollen, als inoffiziellen Mitarbeiter im Feindgebiet. Doch nach seinem Eintritt in die SEW, die »Sozialistische Einheitspartei Westberlins«, war er für Agenten- und weitere Spitzeldienste unbrauchbar geworden.[74] Als ich etwa um 1980 Charly informierte, der Spitzel, der all die Verhaftungen ausgelöst hatte, könne nach all meinen Analysen nur dieser Langfermann gewesen sein, winkte er müde ab. Null Interesse, sich wieder in diese traumatische Geschichte reinzuhängen. 1991 wurde vom Bezirksgericht Leipzig das Urteil gegen Annerose Niendorf auf ihren Antrag hin formal aufgehoben: »Es steht damit zur Überzeugung des Senats fest, dass der Antragstellerin schweres Unrecht zugefügt wurde.«[75] Doch eine Strafanzeige und der Versuch eines Klageerzwingungsverfahrens von Annerose gegen Langfermann wurden von der Staatsanwaltschaft beim Kammergericht Berlin abgeschmettert, da ihre Verurteilung *keine* Rechtsbeugung darstelle. Damit fehle eine rechtswidrige Vortat, zu der Herr Langfermann Beihilfe geleistet habe, der im Übrigen der Staatssicherheit ja nur »einen wahren Sachverhalt« mitgeteilt habe.[76] Nach dieser Sichtweise dürfte jedwede Spionage straffrei bleiben. Dass Langfermann nachweislich mindestens von Januar bis September 1970 im direkten Auftrag der Stasi tätig war, nach Leipzig gereist und das Ehepaar Niendorf aufgesucht, in eine von ihm bereits verratene Fluchthilfe weiter hineinmanövriert und dann dem MfS berichtet hatte, ist nach dieser Rechtsauffassung nicht strafbar. Für Interviews und Stellungnahmen steht er nicht zur Verfügung. Auch zu keinerlei Äußerung des Bedauerns hat er sich bereitgefunden. Heute ist in einigen Stasi-Akten sein »Klarname« Langfermann säuberlich, offenbar mit Rasierklinge, rausgeschnitten. Von ihm selbst oder von Kumpeln nach der Wende? Oder schon vorher?

---

74 MfS 1373/74 Bd.1 BStU 130, Abschlussbericht vom 27. 11. 1973.
75 Bezirksgericht Leipzig Az.: 31-232/90, S. 6.
76 Staatsanwaltschaft bei dem Kammergericht, Geschäftszeichen Zs 1954/96 v. 2. 12. 1996.

Und der Oberrichter Poller, der jene selbst nach DDR-Standards skandalösen Urteile auf dem Gewissen hat, sofern er über ein solches verfügt? Nach der Wende ist er nach Frankfurt am Main verzogen und verzehrt dort seine Pension. Auch gegen ihn wurde der Strafantrag von Annerose Niendorf abgewiesen, da seine Urteile dem damals geltenden Recht entsprochen hätten.

Da ist jener Ajax, bürgerlich Jürgen Rudolph, lebenshungriger Vollblut-Anarchist, der von großer Resistance träumte, der eine enge Freundschaft mit dieser IM »Annette« zu haben geglaubt hatte und dessen auf dem Papier fantasiertes Netzwerk von Widerstandsgruppen der Stasi in die Hände fiel. Zweieinhalb Jahre hatten sie ihm angehängt, doch er wurde von der Amnestie erlöst. Nach der Haft hat er keinen Boden mehr unter die Füße bekommen, ist nach und nach dem Alkohol nahegetreten und vor wenigen Jahren verstorben. Diesen hochbegabten, mitreißenden und sozial hoch engagierten Menschen haben sie zu zerstören vermocht.

Und da ist jener »asoziale«, »arbeitsscheue« Maler Michael Flade, der sich um die Babys der Verhafteten gekümmert hatte, und dann selbst verhaftet wurde wegen des falschen Verdachtes, das Transparent gemalt zu haben. Nach der Amnestie wurde auch er irgendwann rausgelassen aus der DDR. Nach Scheitern seines Verlages und privater Wirren wegen hat er sich in West-Berlin die Pulsadern durchgetrennt.
    Diese beiden mussten damals mit der Staatsmacht in Konflikt kommen. Ihre Renitenz war stark genug, das irgendwann unvermeidbar herbeizuzwingen.

Lothar, auch Freund aus Studienzeiten, den sie zu vier Jahren verurteilt hatten, wegen »schwerer Republikflucht«, staatsfeindlicher Gruppenbildung et cetera und von dessen spiritueller Sensibilität Professor von Weizsäcker fasziniert war, wurde und blieb Pfarrer im anthroposophischen Bereich. Vor drei Jahren hat er sein Denken, Zweifeln und Begreifen, seinen Versuch einer Versöhnung von Naturwissenschaften, Spiritualität und Religion in einem Buch »Glauben oder Wissen? Der Mensch zwischen Naturgesetz und Gott« vorgelegt. Kürzlich ist er an den Folgen eines Hirntumors gestorben, in jenem Pflegeheim, das er selbst als Pfarrer betreut hatte.

Und da bin ich, der sich blindlings verschulden wollte für die Flucht von Freunden und einer Person auf den Leim ging, die von der APO zur Stasi konvertiert war. Ohne diese denunzierte Fluchthilfe wäre es nicht zu den ersten Verhaftungen gekommen und zur Teilaufklärung des Coups in der Kongresshalle vielleicht erst später. »Gut gemeint« ist bekanntlich das Gegenteil von gut.

Die Betroffenen kamen nach schlimmen Jahren rüber. Doch zählt man zusammen, was für einen Freikauf pro Kopf so hingeblättert werden musste, so verdankt mir die DDR einiges an Hartwährung, während ich dem Westen pekuniär ziemlich teuer gekommen bin. In meine fast gnadenlose Risikobereitschaft hatte ich Freunde einbezogen – es war ja so vieles überraschend gutgegangen – hatte sie zu Risiken verleitet, die kaum verantwortbar waren, wenn man nicht bereit war, im Ernstfall mit allem abzuschließen. Das konnten sie nicht sein. Mir selbst ist bei all dem kein Haar je gekrümmt worden.

Und was ist aus der weggesprengten Universitätskirche geworden? Wäre im Krieg im besetzten Polen oder Frankreich eine alte Kirche zerstört worden, weil sie Zentrum widerständigen Geistes war, ihr Wiederaufbau nach der Befreiung wäre unumstritten gewesen. Jetzt entsteht dort eine Betongotik, deren Außenansicht sich harmonisch in die

30 Jahre nach der Sprengung erinnerte die Installation »Paulinerkirche« von Axel Guhlmann an den ehemaligen Sakralbau

angrenzende Glasbetonwelt einfügt und die gewesene Kirche zitiert. Dabei wäre ein originalgetreuer Bau kaum teurer gekommen. *Über* dem Kirchenschiff wird das Rechenzentrum der Universität untergebracht. Das Schiff wird nach derzeitigem Entscheidungsstand durchschnitten von einer Glaswand, welche die Akustik beeinträchtigt und die Nutzung als Konzertraum erschwert. Die Pfeiler sollen zum Teil nur als Lichtsäulen angedeutet werden. Jeder gotische Bau ruht ja ausschließlich auf seinen Pfeilern, die Mauern haben keine Stützfunktion. Macht sich Leipzig mit dieser Kreation zum Gespött des kulturellen Europas? »LEIPZIG IST NICHT DRESDEN!« – diese, im Hinblick auf die wiedererschaffene Dresdner Frauenkirche triumphierend gemeinte Losung, platziert von Studentenvertretern, hing lange am Augustusplatz, an der Front des nach der Sprengung hingestellten Universitätsneubaus, der den Charme eines Wehrkreisersatzamtes atmete. »Statthalter der Zerstörung« hatte Rudolf Treumann die Blockierer eines Wideraufbaus genannt. Bald werden Magnifizenz und Spektabilitäten diese neue Aula festlich in Besitz nehmen. Gern würde ich voranschreiten mit der Losung: »Unter den Talaren Banausen und Barbaren!«

Und was wurde und wird aus meinem Ostdeutschland? Dass sich dieses Gebiet zu keiner Wirtschaftswunderregion mehr wandelt, dass für die nächsten vierzig Jahren man nur noch hoffen können soll, in diesen doch ziemlich alten und jetzt schnell alternden »Neuen Ländern« zumindest ein paar Wachstumskerne zu sichern, damit hat das politische Topmanagement sich abgefunden. Blutet diese Region weiter aus? Bis 2030 wird dort die Zahl der Menschen im Arbeitsalter noch einmal um fast ein Drittel schrumpfen[77]. Altersarmut wird zum Normalfall. Die Nettorenten werden im Durchschnitt unter das Niveau der Grundsicherung fallen, wegen langer Zeiten von Arbeitslosigkeit und niedrigen Löhnen[78].

77 Deutschland Report 2030, Prognos AG Basel 2006.
78 Geyer, Johannes und Steiner, Viktor, Künftige Altersrenten in Deutschland: Relative Stabilität im Westen, starker Rückgang im Osten, Deutsches Institut für Wirtschaftsforschung, Wochenbericht 11/2010.

Der Stand der Bauarbeiten im Jahr 2010: die Diskussion um die Art des Wiederaufbaus der Universitätskirche ist nicht abgeschlossen

Manche sind eben in Hamburg oder Stuttgart aufgewachsen, andere in Eberswalde oder in Gera. Erneut sehen sich die Menschen dort als Verlierer der Geschichte und allzu viele sind es auch. Ostdeutschlands Schicksal ist bereits Geschichte geworden. Nicht einmal Gott kann die Vergangenheit noch ändern. Das können nur die Historiker.

Zum Autor

Stefan Welzk, Jahrgang 1942, studierte Physik in Leipzig.
Nach der Protestaktion gegen die Universitätskirchensprengung floh er 1968 in den Westen. Er war u. a. Forschungsstipendiat der Max-Planck-Gesellschaft bei Carl-Friedrich
von Weizsäcker und des British Council in London, wurde
in Philosophie und in Wirtschaftswissenschaft promoviert,
arbeitete in Florenz und Amsterdam über Globalisierung und
danach im Bundesrat. Er ist als Sachbuchautor und Journalist
bekannt und schreibt für Rundfunk und Zeitschriften.

Thomas Mayer

Helden der Deutschen Einheit

20 Porträts von Wegbereitern
aus Sachsen

160 Seiten, Paperback
ISBN 978-3-374-02801-6
EUR 14,80 [D]

War 1989 das Jahr der Friedlichen Revolution, so ist
1990 das der Deutschen Wiedervereinigung. In 20
Porträtgeschichten stellt Thomas Mayer, Chefre-
porter der Leipziger Volkszeitung, Menschen aus
Sachsen vor, die durch ihr besonders Engagement zu
Wegbereitern der Einheit wurden.

EVANGELISCHE VERLAGSANSTALT
Leipzig

www.eva-leipzig.de